Das Ende der Beziehung?

Edition Psychologie und Pädagogik

Psychoanalytische Pädagogik Band 14
Herausgegeben von Christian Büttner,
Wilfried Datler, Annelinde Eggert-Schmid Noerr und
Urte Finger-Trescher

1 Christian Büttner, Gewalt vermeiden in gesellschaftlichen Konflikten. Erwachsenenbildung zur Auseinandersetzung zwischen Institutionen und „neuen Protestbewegungen"
2 Bernd Niedergesäß, Förderung oder Überforderung? Probleme und Chancen der außerfamilialen Betreuung von Kleinstkindern
3 Monika Jonas, Trauer und Autonomie bei Müttern schwerstbehinderter Kinder. Ein feministischer Beitrag
4 Hans-Georg Trescher, Theorie und Praxis der Psychoanalytischen Pädagogik
5 Christian Büttner / Urte Finger-Trescher / Martin Scherpner (Hg.), Psychoanalyse und soziale Arbeit
6 Helmuth Figdor, Kinder aus geschiedenen Ehen: Zwischen Trauma und Hoffnung. Eine psychoanalytische Studie
7 Christian Büttner / Urte Finger-Trescher (Hg.), Psychoanalyse und schulische Konflikte
8 Christian Büttner, Kinder und Krieg. Zum pädagogischen Umgang mit Haß und Feindseligkeit
9 Annelinde Eggert-Schmid Noerr, Geschlechtsrollenbilder und Arbeitslosigkeit
10 Heiner Hirblinger, Pubertät und Schülerrevolte
11 Urte Finger-Trescher / Hans-Georg Trescher (Hg.), Aggression und Wachstum
12 Mario Muck / Hans-Georg Trescher (Hg.), Grundlagen der Psychoanalytischen Pädagogik
13 Roland Kaufhold (Hg.), Annäherung an Bruno Bettelheim
14 Annelinde Eggert-Schmid Noerr / Volker Hirmke-Wessels / Heinz Krebs (Hg.), Das Ende der Beziehung? Frauen, Männer, Kinder in der Trennungskrise

Das Ende der Beziehung?

Frauen, Männer, Kinder in der Trennungskrise

Herausgegeben von
Annelinde Eggert-Schmid Noerr, Volker Hirmke-
Wessels und Heinz Krebs

Matthias-Grünewald-Verlag • Mainz

Die Deutsche Bibliothek – CIP-Einheitsaufnahme
Das **Ende der Beziehung?** : Frauen, Männer, Kinder in der Trennungskrise / hrsg.
von Annelinde Eggert-Schmid Noerr ... – Mainz : Matthias-Grünewald-Verl., 1994
  (Psychoanalytische Pädagogik ; Bd. 14)
  ISBN 3-7867-1803-2
NE: Eggert-Schmid Noerr, Annelinde; GT

Umschlag: Harun Kloppe, Mainz
Foto: Wolfram Heidenreich, Haltern am See
Satz: Studio für Fotosatz und DTP, Ingelheim
Druck und Bindung: Weihert-Druck, Darmstadt
ISBN 3-7867-1803-2

Inhalt

Einleitung 7

Rosemarie Nave-Herz
Trennung und Scheidung im historischen Vergleich 12

Ulrike Prokop
Relativierung der „Normalfamilie" – Konsequenzen für die weibliche
und männliche Identitätsbildung 26

Bärbel Bauers
Kinder aus Scheidungsfamilien – Seelische Folgen von Trennung
und Verlust unter Berücksichtigung geschlechtsspezifischer
Unterschiede 46

Felicitas Weis
Trennung und Trennungsangst als zentrales Thema der
Paar- und Elternbeziehung 66

Karin Flaake
Abschied von der Kindheit. Weibliche Adoleszenz, Körperlichkeit
und Trennungsprozesse in der Mutter-Tochter-Beziehung 77

Annelinde Eggert-Schmid Noerr
Entfernung und Wiederkehr. Zur Bedeutung adoleszenter Ablösungskonflikte für männliche Berufsidentitäten 90

Heinz Krebs
Traditionelle Familienstrukturen und geschlechtsspezifische
Verarbeitungsformen in der Trennungsberatung 103

Helmuth Figdor
Zwischen Aufklärung und Deutung. Zur Methode und Technik
psychoanalytisch-pädagogischer Beratung von Scheidungseltern ...133

Die Autoren und Autorinnen 168
Die HerausgeberInnen 170

Einleitung

Seit Mitte der sechziger Jahre läßt sich ein deutlicher Prozeß der zunehmenden Vervielfältigung und Individualisierung der außerfamilialen und familialen Lebensformen beobachten. Die traditionelle Kleinfamilie mit ihrer klassischen Arbeitsteilung, in der die Frau für die Hausarbeit, die Kindererziehung und der Mann für die Regelung der Außenbeziehungen und die Existenzsicherung durch Erwerbsarbeit zuständig sein sollte, kann nicht mehr als allgemein verbindliche Normalform des Zusammenlebens betrachtet werden. Die verstärkte Nachfrage der Frauen nach Bildung, beruflicher Ausbildung sowie Erwerbsarbeit verursacht einen Wandel der Leitbilder, welche die Gleichheit der Geschlechter in Beruf, Partnerschaft, Ehe und Familie einfordern. Ein Frauen benachteiligender Arbeitsmarkt sowie ihre fast unveränderte Zuständigkeit für die Erziehung der Kinder setzen gleichberechtigten Beziehungen zwischen den Geschlechtern jedoch enge Grenzen. Das Aufbrechen der Geschlechtsrollengegensätze, die Suche nach Liebe, Freiheit und Selbstverwirklichung zeigen sich auch in der zunehmenden Zahl der Single-Haushalte und spiegeln sich in den steigenden Trennungs- und Scheidungszahlen, der sprunghaft gestiegen Zahl von „Ehen ohne Trauschein", Eineltern- und Stieffamilien wider.

Psychoanalytische Pädagogik beschäftigt sich mit den persönlichen Auswirkungen dieses gesellschaftlichen Wandels im Hinblick auf die Lebensbedingungen von Frauen, Männern und Kindern. Sie erforscht die geschlechtsspezifischen Ablösungs-, Trennungs- und Verlusterfahrungen im Verlauf der Entwicklung von der Kindheit über die Adoleszenz bis zum Erwachsenwerden. Die besondere Ausprägung der Liebes- und Arbeitsbeziehungen der Individuen wird auf ihre lebensgeschichtlich geprägten psychodynamischen Wurzeln hinterfragt. Diese Gesamtheit der Lebenserfahrungen werden in Beruf, Partnerschaft, Ehe und Familie eingebracht und prägen die sozialen und privaten Geschlechterbeziehungen. Damit die veränderten Beziehungsarrangements als Alleinlebende, Kleinfamilie, Eineltern-, Stief- und unverheiratete Fortsetzungsfamilien eine Chance für ein erfüllteres Leben sein können, müssen die Beziehungen immer neu ausgehandelt werden. Im Falle von Ablösung, Trennung und Scheidung wird die Labilität der menschlichen Beziehungen besonders offenkundig und die Verarbeitung dieser Krisen in und zwischen den Generationen ist weder Erwachsenen noch Kindern und Jugendlichen unmittelbar möglich.

In den pädagogischen Arbeitsbereichen und Praxisfeldern der sozialen Arbeit müssen sich die professionell Beteiligten häufig mit den Ursachen und Auswirkungen der enttraditionalisierten Lebenswelten bei Frauen, Männern, Eltern und Heranwachsenden auseinandersetzen. Die Individuen müssen sich mit den Fragen der Selbstverantwortung und Selbstgefährdung ihres Lebens und Liebens beschäftigen und eine Identität jenseits traditioneller Festlegungen entwickeln. Wenn Paar- oder Elternbeziehungen sich auflösen, wird dies besonders offenkundig. Die Sozialisationsbedingungen der Heranwachsenden bleiben von den Identitätskonflikten ihrer Eltern nicht unberührt und in der Folge entstehen vielfältige Problemlagen und Risiken, die ihr seelisches Gleichgewicht im Entwicklungsverlauf erschüttern. Depressiver Rückzug oder aggressive Formen der Auseinandersetzung können die Folge davon sein. Psychoanalytische Pädagogik befaßt sich nun mit den Fragen: „Wo liegen die Grenzen des progressiv gewendeten Umgangs mit Ablösung, Trennung, Verlust und Trauer im Lebenslauf?" und: „Wie und unter welchen Bedingungen eröffnen sich Möglichkeiten der Entwicklungsförderung bei Trennungs- und Scheidungskrisen von Kindern, Jugendlichen und Eltern?"

Das vorliegende Buch entstand in Anlehnung an eine vom „Frankfurter Arbeitskreis für Psychoanalytische Pädagogik" 1993 durchgeführte Tagung zum Thema „Trennung und Scheidung – Geschlechtsspezifische Bewältigungsformen aus der Sicht der Psychoanalytischen Pädagogik", die ein großes Echo auch im deutschsprachigen Ausland fand. Die Beiträge in diesem Band sind zu einem Teil überarbeitete Fassungen der Manuskripte, die Gegenstand der Hauptvorträge und Arbeitsgruppen waren, zu einem anderen Teil sind die Aufsätze neue Arbeiten, die im Zusammenhang mit der Tagung entstanden und der inhaltlichen Breite des Themas Rechnung tragen.

Die hier versammelten Arbeiten geben einen Einblick in das Spektrum psychonanalytisch-pädagogischer Zugangsweisen zu dem gegenwärtig gesellschaftlich und fachwissenschaftlich vieldiskutierten Thema der Bewältigung von Ablösungskrisen, Trennungsprozessen und Scheidungsfolgen unter geschlechtsspezifischen Gesichtspunkten. Die Beiträge wenden sich nicht nur an eine breite Fachöffentlichkeit von Pädagogen/innen, Sozialarbeiter/innen, Psychologen/innen und Mediziner/innen, sondern auch an persönlich von diesen Konflikten Betroffene, die ebenfalls zahlreich an der Tagung des Frankfurter Arbeitskreises teilnahmen. Dieser Band soll über Ursachen, Genese und Psychodynamik des Wandels außerfamilialer und familialer Lebensformen informieren und einen Beitrag zur Entwicklung förderlicher Perspektiven in der psychoanalytisch-pädagogischen Arbeit leisten.

Die Beiträge des Bandes ordnen sich nach vier Schwerpunkten: Während zunächst, in den beiden ersten Arbeiten, Familienstrukturen in historischer und soziologischer Perspektive erörtert werden, widmen sich die daran anschließenden beiden Arbeiten den psychischen und psychodynamischen Aspekten von Familienauflösungen. Dabei wird die Bedeutung von Trennungskonflikten für die Eltern-Kind-Beziehung und für die Paarbeziehung näher beleuchtet. Zwei weitere Arbeiten thematisieren unter geschlechtsspezifischen Gesichtspunkten Ablösungsprozesse im lebensgeschichtlichen Verlauf. Die drei letzten Beiträge legen den Akzent auf Fragen nach den Möglichkeiten und Grenzen psychosozialer Beratung bei Trennung und Scheidung.

Trennung und Scheidung werden oft als Katastrophe erfahren. Aber: war dies schon immer so? **Rosemarie Nave-Herz** befaßt sich mit dem Wandel familialer Strukturen im Verlauf der Geschichte. Sie kontrastiert heutige Familienstrukturen mit solchen aus vorindustriellen Zeiten. Die Rückbesinnung auf die Historie ermöglicht es, die eigene Standortgebundenheit zu erkennen. Dabei erweisen sich die häufig als natürlich angesehenen Verhältnisse als Wunschbilder eines intakten Familienlebens, die auf die Vergangenheit projiziert werden. Die Autorin legt die geschlechtsspezifische Arbeitsteilung unserer Gesellschaft als eine Wurzel dieser familialen Bilder frei.

Die historische Veränderung der Familienstrukturen ist auch Gegenstand des Essays von **Ulrike Prokop**. Mit der zunehmenden Auflösung der traditionalen Rollenaufteilungen zwischen den Geschlechtern wird die Kleinfamilie zu einer Lebensform unter anderen. Adoleszente Lebensentwürfe und typische Generationenkonflikte verdeutlichen: Die individuelle Biographie hängt immer weniger von familialen Vorgaben ab und ist viel mehr auf die Durchsetzung von Individuierungsvorgängen bezogen. Paarbeziehungen und das Verhältnis zum eigenen Kind werden mit Wünschen überfrachtet, die nur schwer einlösbar sind und die bei Trennung und Scheidung zur Desillusionierung führen. Die Autorin verdeutlicht, daß Individuierung auch hinsichtlich der Handlungsperspektiven immer nur geschlechtsspezifisch konkretisiert werden kann.

Wie verarbeiten Kinder die Trennung oder Scheidung ihrer Eltern? **Bärbel Bauers** befaßt sich mit den seelischen Folgen dieser Verlusterfahrung. Ihr Beitrag fächert aus psychoanalytischer Perspektive entwicklungspsychologische und familiendynamische Aspekte des Trennungserlebens auf. Anhand zentraler intrapsychischer Konflikte von Jungen und Mädchen sowie typischer Muster der Krisenbewältigung wird deutlich: Die ungelösten Beziehungskonflikte der Eltern können für die Kinder zu einem entscheidenden Problem werden. Elterliche Konfliktdynamiken beeinträchtigen dann das kindliche Erleben so, daß sie sich nachhaltig auf die Ausgestaltung von deren späteren Beziehungen auswirken.

Auch **Felicitas Weis** befaßt sich mit den psychodynamischen Hintergründen von Trennungserfahrungen. In ihrem Beitrag geht es um die Trennung von Paarbeziehungen. Anhand eines Fallbeispiels zeigt sie die hohe Bedeutung unbewußter Phantasien für die Ausgestaltung von Liebesbeziehungen und auch für deren Beendigung auf. Im Rekurs auf psychoanalytische Persönlichkeitstheorien werden Trennungskonflikte als Re-Inszenierung frühkindlicher Erfahrungen verstehbar. Aber nicht nur dies. Es wird auch deutlich, wie sehr sie Versuche sind, eingeschliffene Verarbeitungsmuster zu überwinden und zu einem Neuanfang zu gelangen.

Daß Trennungen zwar Krisensituationen darstellen, aber auch Wachstumschancen enthalten, zeigt auch **Karin Flaake** am Beispiel der Mutter-Tochter-Beziehung. Sie legt dar, daß die Problematik der Löslösung auf der Schwelle zum Erwachsenwerden nicht allein in äußeren Abgrenzungen liegt, sondern daß vor allem innere Ablösungsprozesse eine große Rolle spielen. Diese sind wesentlich verknüpft mit der sich verändernden Körperlichkeit der Tochter und ihrem Kampf um eigene Erlebnisräume, insbesondere im Bereich der Sexualität. Die Entwicklung einer geschlechtlichen Identität der Tochter kann aber auch bei der Mutter zu einem Reifungsprozeß führen und das Verhältnis zur eigenen Weiblichkeit verändern.

Um die Balance zwischen der Bindung an innere Elternbilder und der emotionalen Trennung von diesen, die notwendig ist für die Ausgestaltung eigener Liebes- und Arbeitsbeziehungen, geht es auch in dem Beitrag von **Annelinde Eggert–Schmid Noerr**. Sie untersucht männliche Berufsbiographien aus dem sozialen Bereich. Dabei zeigt sich, daß nicht vollzogene Trennungen von überständigen familialen Erwartungen und uneingelöste Abgrenzungswünsche von elterlichen Forderungen auch die beruflichen Verläufe beeinflussen. Die spätere Überformung durch institutionelle Vorgaben und Strukturen versperrt häufig den Blick darauf, daß lebensgeschichtliche Konfliktmuster nicht nur die Bilder von Männlichkeit prägen, sondern maßgeblich auch die der Berufseinschätzung und Berufsausübung.

In dem Beitrag von **Heinz Krebs** steht ein zentraler Konflikt der Scheidungs-und Nachscheidungsberatung im Vordergrund. Von den BeraterInnen wird oft erwartet, daß sie Unvereinbares miteinander vereinbaren. Sie sollen den Betroffenen helfen, ihre Wünsche nach der Verwirklichung privater Lebenspläne mit der Erfüllung traditioneller Rollenvorstellungen und Familienleitbildern zu vermitteln. Letztere haben – obwohl objektiv längst überständig – wenig an normativer Kraft verloren und werden auch in theoretischen Konzepten oft fortgeschrieben. Normierte Vorstellungen vom „richtigen Leben" erweisen sich aber oft als entscheidende Sperre bei der Lösung familialer Konflikte. Sie tragen dazu bei, daß familiale Krisen als defizient und abweichend interpretiert werden und blockieren so die eigenständige Suche nach Lösungen. Dem muß die Trennungsberatung Rechnung tragen.

Helmuth Figdor legt – ausgehend von den psychodynamischen Hintergründen der Reaktionsweisen und Schwierigkeiten bei der Verarbeitung von Trennung und Scheidung – ein Konzept der psychoanalytisch-pädagogischen Beratung von Scheidungseltern vor. Dabei werden Zielsetzungen, Settingfragen, methodisches Vorgehen und Ergebnisse der psychoanalytisch-pädagogischen Elternberatung grundlegend und praxisnah aufgezeigt. Im Zentrum dieses Vorgehens steht das Bewußtmachen abgewehrter Emotionen wie etwa Schuldgefühle und Aggressionen. Anders aber als in der analytischen Psychotherapie geht es in der psychoanalytisch-pädagogischen Elternberatung nicht um die umfassende Bearbeitung unbewußter Konflikte, sondern um Probleme, die unmittelbar mit dem Trennungsprozeß und der Beziehung zu den Kindern verbunden sind. Dies erfordert ein eigenständiges Verfahren, das hier um das Konzept der „verantworteten Schuld" und die Technik der „aufklärenden Interventionen" zentriert ist.

Rosemarie Nave-Herz

Trennung und Scheidung im historischen Vergleich

In dem folgenden Beitrag geht es nicht darum, eine genaue historische Entwicklungsgeschichte der Trennungen und Scheidungen sowohl aus der Sicht der Kinder[1] als auch aus der der Eltern nachzuzeichnen, sondern es soll mit Hilfe der historischen „Rückblende" das Besondere der Jetzt-Zeit herauszustellen versucht werden. Die Rückbesinnung auf die Geschichte bietet nämlich die Chance, die eigene historische Standortgebundenheit zu erkennen und weiterhin zu prüfen, ob die bisher als natürlich angesehenen Verhaltens- und Einstellungsweisen bei Trennung und Scheidung von Familienmitgliedern als historisch gewachsene zu gelten haben.

Weiterhin haben wir häufig falsche Vorstellungen von der Familie in der Vergangenheit, die zuweilen – und das ist das Verhängnisvolle – zur Legitimation für heutige Veränderungswünsche – zumeist auf politischer Ebene – herangezogen werden. Mein Beitrag soll deshalb auch eine aufklärerische Komponente enthalten.

Zunächst zu den beiden Begriffen „Scheidung" und „Trennung". „Ehescheidung" stellt den letzten formalen Akt eines sukzessiv erfolgten Kündigungsprozesses an den Partner dar, während sich „Trennung" auf die Entscheidung zu einer getrennten Lebensführung, schließlich zur getrennten Haushaltsführung, aber auch auf die Eheauflösung durch Verwitwung beziehen kann. Dieser Hinweis ist unter historischer Perspektive wichtig, da es überwiegend nur die letztgenannte Form der Eheauflösung in früheren Zeiten gab. Weiterhin sei einleitend betont, daß es Trennungen und Scheidungen von Familienmitgliedern in unserem Kulturbereich immer gegeben hat und sogar in weit stärkerem Ausmaß als heute. Aber die auslösenden Bedingungen, die zur Entstehung von familialen Trennungsprozessen führten, waren andere als heute, und vor allem war derselbe Tatbestand – Trennung – ein-

---

[1] Für diesen Teil habe ich Abschnitte meines Aufsatzes „Trennungs-und Ablösungsprozesse der Kinder von ihren Eltern" (Nave-Herz 1993) stark überarbeitet und ergänzt.

gebettet in einem anderen gesellschaftlichen Kontext, anderen gesellschaftlichen Lebensverhältnissen und Familienbeziehungen als gegenwärtig.

Im ersten Teil meines Beitrages möchte ich an verschiedensten Beispielen aufzeigen, daß in früheren Zeiten Trennungen von Familienangehörigen, sei es von der Mutter, sei es von dem Vater oder auch vom Kind viel gegenwärtiger waren als heute (trotz unserer hohen Scheidungszahlen), und zwar in jeder Phase des Lebensverlaufs, und deshalb wähle ich im folgenden die einzelnen Lebensphasen als Systematik. Ferner ist zu prüfen, inwieweit dieser Wandel in den kontextuellen Bedingungen für die heute häufig gegebenen psychischen Trennungsproblematiken als mitverursachend anzusehen ist, und deshalb soll im 2. Teil meines Beitrages ausführlich und konkret auf die gesellschaftlichen Veränderungen, insbesondere auf den Wandel der Eltern-Kind-Beziehung, eingegangen werden.

Bei der gewählten Methode, der Kontrastierung unserer heutigen Familienbeziehungen mit „früheren" heißt „früher": vorindustriell. Denn die Industrialisierung zog derart tiefgreifende Veränderungen auf das Familienleben nach sich, daß diese von den Familiensoziologen als Trennungslinie zwischen den früheren und unseren heutigen Familienformen betrachtet wird.

Heute erfolgen Trennungsprozesse im Kindesalter von einem Elternteil vornehmlich durch Scheidung oder Trennung der Eltern; dagegen in der vorindustriellen Zeit weit überwiegend aufgrund von Tod, Kindesaussetzung oder ihrer Weggabe an andere Personen oder Institutionen.

Der Tod war in der vorindustriellen Gesellschaft allgegenwärtig und eher zu erwarten als heute eine Trennung der Eltern durch Scheidung. So war z.B. vor 100 Jahren 1/3 aller Ehen bereits nach 20 Jahren aufgelöst, heute besteht 1/3 aller Ehen erst nach 40 Jahren nicht mehr. Deshalb merken einige Forscher sarkastisch an: Da es die Eheauflösungen durch Tod eines Partners nicht mehr so häufig gäbe, hätten statt dessen die Ehescheidungsquoten zugenommen. Derartige Behauptungen verkennen aber, daß die Ursachen auch Einfluß auf den Verarbeitungsprozeß nehmen können, wenn auch zunächst die Reaktionsformen auf den Verlust – nämlich gleichgültig, ob es sich um einen Verlust durch Tod oder Scheidung handelt – gleich erscheinen, wie z.B. das Unvermögen, die Wirklichkeit zu akzeptieren, die Wut u.a.m. Der Unterschied in der Trennung durch Tod gegenüber Scheidung liegt vor allem in der Endgültigkeit der Situation, in der Hoffnungslosigkeit auf eine Rückkehr.

Wenn auch manche Kinder lange Zeit benötigen, um die neue

Situation anzuerkennen; irgendwann muß dennoch die Einsicht erfolgen. Lassen Sie mich zur Illustration einen Ausschnitt aus den Lebenserinnerungen von Helene Lange vorlesen, der gleichzeitig zeigt, daß man zum Zeigen von Emotionen damals anders eingestellt war. Sie schreibt: „Meine Mutter hat das innige Glück ihrer Ehe und Mutterschaft nur kurz genießen können; sie starb im März 1855, als mein ältester Bruder im neunten Jahr stand, ich selbst fast sieben, der Jüngste fast fünf Jahre alt war. Sie erlag der Schwindsucht, der meines Großvaters vier blühende Töchter zum Opfer fielen. Das Vaterhaus behielten wir; zum Mutterhaus ist uns, soweit das möglich war, das Haus meines Großvaters durch meiner Mutter älteste Schwester Tante Helene geworden. Ich habe meine Mutter schmerzlich vermißt, hätte es aber um die Welt niemand merken lassen. Immer malte ich mir abends im Bett aus, daß sie doch vielleicht nicht tot sei und eines Tages wiederkommen könne. Erst als ich meinen Vater einem Händler, der ihm irgend etwas für seine Frau aufdrängen wollte, sagen hörte: 'Mine Fro liggt sit twee Johr up'n Karkhoff' -, erst da wurde mir klar, daß meine mit den Jahren immer mehr gewachsene Sehnsucht nie mehr gestillt werden und das Regiment der Hausdamen ein dauerndes sein würde" (Lange 1921).

Kinder erlebten früher zudem den Tod gegenwärtiger als heute, wo sie ihn häufig nur in vermittelnder Weise durch das Fernsehen und hierdurch nicht der Realität entsprechend wahrnehmen. Die damaligen Kinder erlebten den Tod unmittelbar durch Beobachtung. Ariès schreibt in seinem Buch „Studien zur Geschichte des Todes im Abendland": „Der Tod war eine öffentliche Zeremonie ... Wichtig war, daß Eltern, Freunde oder Nachbarn zugegen waren. Man führte die Kinder herein: keine Darstellung eines Sterbezimmers bis zum 18. Jahrhundert ohne einige Kinder. Man vergegenwärtige sich die Sorgfalt, mit der Kindern heute die gesamte Sphäre des Todes vorenthalten wird" (Ariès 1976, 24). Rutschky weist ferner darauf hin, daß „Kindern vom 16. bis weit ins 19. Jahrhundert bei den Zeremonien des Todes wichtige Aufgaben (zufallen). Nicht allein, daß sie selbstverständlich bei allen Hinrichtungen dabei sind, zu diesem Zweck schulfrei bekommen, es ist die Aufgabe der Schulkinder (jedenfalls bestimmter Gruppen), den Verurteilten zum Richtplatz zu begleiten und mit Kirchenliedern zu trösten und auf das Sterben vorzubereiten. Es gehörte zu den Pflichten des Lehrers, mit einem Kinderchor die Leichen in seinem Kirchspiel abzuholen und zum Friedhof zu bringen, wobei er und die Kinder Anspruch auf Geld oder Bewirtung hatten ... Tod und Begräbnis waren deshalb auch ein beliebtes 'Kinderspiel', das vielleicht von Erwachsenen als Vorausdeutung auf einen nahen Todesfall aufgefaßt, sicher nicht als roh und geschmacklos untersagt worden ist" (Rutschky 1983, 98-100).

Die Lebenszeit war damals, insbesondere für Frauen, kurz, vor allem infolge von Geburtskomplikationen, Kindbettfieber u.a.m. Im Gegensatz zu heute erlebten Kinder im übrigen, wenn sie überhaupt ihre Großeltern erlebten, eher ihren Großvater als ihre Großmutter. Wegen der geringen Lebenserwartung war es in der vorindustriellen Familie kein seltener Fall, daß das Kind zwar Eltern hatte, aber keine biologischen. Eine Wiederheirat bei Tod eines Ehepartners war nämlich häufig, mit Ausnahme der völlig Besitzlosen. Wenn nun z.B. der Vater oder die Mutter starb, der überlebende Elternteil wieder heiratete, nach dessen Tod der Stiefvater oder die Stiefmutter eine neue Ehe einging, dann hatte das Kind – wie zuvor gesagt – zwar Eltern, aber keine leiblichen.

Der Tod, nämlich im Säuglings- und Kindesalter, aber auch der frühe Erwachsenentod hatte ferner zur Folge, daß es gar nicht die Familie in der vorindustriellen Zeit gab, sondern schon damals viele verschiedene Familientypen – wie heute – nebeneinander: Alleinerziehende Mutter-Familien, alleinerziehende Vater-Familien, Stief-Familien, Adoptionsfamilien. Diese Familienformen sind also keineswegs neue Erscheinungen, sondern waren sogar stärker verbreitet gewesen als heute.

Wenn wir weiterhin an frühere Zeiten und an ihre Familienstrukturen denken, so fällt uns zumeist die Schwabsche Ballade ein, die wir während unserer Schulzeit auswendig zu lernen hatten. Ich zitiere den Anfang: „Urahne, Großmutter, Mutter und Kind in dumpfer Stube beisammen sind." Zu Schwabs – des Autors – Zeiten war diese beschriebene Familienstruktur jedoch Seltenheit – entgegen weit verbreiteter Vorstellungen. Mitterauer – ein bekannter österreichischer Familienhistoriker – spricht sogar vom Mythos der „Drei-Generationen-Familie". Die geringe Lebenswahrscheinlichkeit, das häufig hohe Heiratsalter – wir nennen es sogar das european marriage pattern – ließen es gar nicht zu, daß die Drei-Generationen-Familie in der Realität so häufig vorkam, und dann häufig auch nicht „unter einem Dach" oder „in dumpfer Stube" zusammenlebend – wie es in der zitierten Ballade heißt.

In der vorindustriellen Zeit und im vorigen Jahrhundert lebten nur dort mehrere Generationen zusammen, wo es die ökonomischen, auch die wohnungsmäßigen Verhältnisse zuließen. Das galt selbst für die Familien auf dem Lande: nur dort, wo ein Bauernhof groß genug war, daß er Wohnraum und Unterhalt für drei Generationen bot, wo es die materiellen Bedingungen zuließen, daß ein „Ausgedinge" eingerichtet werden konnte, konnte die Drei-Generationen-Familie in Erwägung gezogen werden.

Die von Schwab beschriebene Vier-Generationen-Familie ist erst heute Wirklichkeit geworden, und ihr Umfang hat fast sprunghaft zugenommen, wenn die Generationen auch ebenso in der Gegenwart keine Wohngemeinschaften bilden. Steigend ist sogar heute der quantitative Anteil von Fünf-Generationen-Familien. Dieser genannte Sachverhalt – das sei nochmals ausdrücklich betont –, nämlich daß Angehörige unterschiedlicher Familiengenerationen (von vier bis zu fünf) so zahlreich und über längere Zeit – wenn auch räumlich getrennt – gleichzeitig leben und sich gegenseitig erfahren, ist ein völlig neues historisches Phänomen. Es ist eine Folge der ökonomischen Bedingungen und vieler anderer Faktoren und vor allem der gestiegenen Lebenserwartung.

Viele Menschen blieben in der vorindustriellen Zeit im Alter sogar kinderlos. Einerseits war nur ein Teil der Bevölkerung überhaupt verheiratet (es gab sogenannte Heiratsverbote), zum anderen gab es auch bei Verheirateten Kinderlosigkeit trotz vieler Geburten aufgrund der hohen Säuglings- und Kindersterblichkeit, also durch Trennung. Für viele galt das gleiche Schicksal, was Imhoff in seinem Buch „Die gewonnenen Jahre" als Fallbeispiel anführt: „Es ist eines jener ergreifenden, erschütternden, in unseren heutigen Augen grausamen Dokumente, an denen die ganze Sammlung unserer siebentausend Ausdrucke eben nicht arm ist: Wer bräuchte da lange Kommentare? Jeder Leser versuche sich selbst einer Interpretation dieses Bildes! ... Kein einziges der neun geborenen Kinder vollendete auch nur sein erstes Lebensjahr. Länger als höchstens sieben Monate hatten die Eltern keines ihrer Kinder behalten können. Und zu viert lebten sie ein einziges Mal, nämlich als am 19. März Zwillinge zur Welt kamen. Das, was wir heute als ‚Familienglück' bezeichnen würden, währte nicht lange, schon nach drei Monaten starben den Eltern die beiden Säuglinge im Abstand von nicht einmal zwei Wochen wieder weg. Der eine am 9., der andere am 18. Juni. Es war für die Eltern die letzte Chance gewesen, eine Familie zu bilden. Die Frau hatte ihr 43. Altersjahr bereits überschritten. Die Aussichten auf eine erneute Schwangerschaft schwanden rapide und waren bald gleich Null. Das Ehepaar lebte indes – kinderlos – noch volle 15 Jahre zusammen. Dann starb auch der Mann. 28 Jahre lang hatte die Ehe gedauert. Neun Kinder waren in ihr zur Welt gekommen, und nun lebte die Frau noch weitere 12 Jahre allein, ohne Mann, ohne ein einziges ihrer Kinder. Sie starb schließlich im Alter von 72 Jahren" (Imhof, 1981, 41).

Einleitend verwies ich darauf, daß in der vorindustriellen Zeit Trennungen zwischen Eltern und Kindern nicht nur durch Tod (sei es der Mutter, des Vater oder des Kindes) erfolgten, sondern auch durch Kindesaussetzung oder durch die Weggabe an andere Personen oder Institutionen.

Die Aussetzung von Säuglingen war in der Vergangenheit relativ stark verbreitet, was wir heute oft gar nicht wahrhaben wollen, weil es unseren gegenwärtigen normativen Vorstellungen völlig widerspricht. Es war die existentielle Not, die zuweilen Eltern zwang, sich von ihren Kindern zu trennen, in der Hoffnung, die anderen, die Geschwister hierdurch vor dem Hungertod bewahren zu können, und in dem Wunsch, der Aussetzling möge gefunden und ihm eine bessere Überlebenschance gegeben werden. Bei ledigen Müttern kam noch hinzu, daß sie damit auch Diskriminierungen entgehen wollten (vgl. Flecken 1981, 79).

Die Kindesaussetzung stand auch keineswegs unter Strafe, selbst nicht zu allen Zeiten seitens der Kirche. Sie mußte aber geschehen sein, ehe das Kind getauft und damit ein Recht auf Leben erworben hatte, sonst galt sie als Mord. Neben den Säugling pflegte man deshalb z.B. Salz zu legen, als Zeichen, daß er die Taufe noch nicht empfangen hatte (vgl. Graf von Pfeil 1979, 286).

Vor allem im 17. und 18. Jahrhundert mit dem Rückgang der Säuglingssterblichkeit stieg die Not in den unteren Schichten nunmehr auch aufgrund der höheren Kinderzahlen in den Familien stark an und führte dazu, daß sich immer mehr Eltern entschlossen, sich von ihren Säuglingen durch Aussetzung oder Abgabe an Findelhäuser zu trennen. Die Zahl der ausgesetzten Kinder war regional sehr unterschiedlich. In Nürnberg waren es jährlich nur ca. 20 – 36; dagegen wurden an das Pariser Findelhaus über 20.000 Kinder jährlich abgegeben. Diesem hatte im übrigen auch Rousseau, der berühmte Philosoph, seine fünf Kinder anvertraut.[2]

Das Schicksal dieser Kinder war aber zumeist, entgegen der Hoffnung der Eltern, hiermit so gut wie besiegelt. Wie alle diesbezüglichen Statistiken von Findelhäusern, Arztberichten u.a.m. zeigen, war ihre Überlebenschance gering. Ob aufgrund der Trennung von den Eltern oder der schlechten hygienischen Ausstattung der Findelhäuser oder wegen der großen Ansteckungsgefahr in der Unterbringung in

---

[2] Vgl. hierzu die sehr ausführlichen Angaben und vielen Statistiken über Findelanstalten, Waisenhäusern und Fernammen bei A. Peiper (1957, 186).

großen Sälen, der schlechten Ernährung, ist heute nicht mehr auszumachen. Vermutlich verstärkten sich alle diese Faktoren gegenseitig.

Ferner war es nichts Außergewöhnliches, Säuglinge und Kleinkinder in frühem Alter an Verwandte wegzugeben, vor allem dann, wenn diese kinderlos waren, oder an die Kirche, was sogar eine Auszeichnung für die Kinder darstellte. Die Überlebenschance dieser Kinder war weit höher als die der ausgesetzten.

Flecken berichtet aufgrund von Analysen autobiographischer Berichte, daß in Arbeiterfamilien im 19. Jahrhundert eine befristete Weggabe von Kindern noch sehr verbreitet gewesen war: „Zum Teil wurden diese Maßnahmen notwendig, um über zeitlich begrenzte Krisensituationen, die jedoch Wochen oder Monate dauern konnten (hinwegzukommen). Die ständige materielle Unsicherheit, die sich in Fällen von Arbeitslosigkeit verschärfte, machte es oft unumgänglich, die Kinder wegzugeben, da das Geld nicht einmal zur Deckung des existenziell notwendigen Nahrungsbedarfs reichte" (Flecken 1981, 77). Die befristete Weggabe von Säuglingen an Ammen auf dem Lande war bei uns – im Gegensatz zu Frankreich – nicht derart üblich.

Viele der Kinder, die ihre Säuglings- und Kleinkinderphase im Elternhaus verbrachten, mußten dieses jedoch – im Vergleich zu heute – auch in einem relativ frühen Alter verlassen, was auch eine Form von Trennung der Familienmitglieder ist. Ebenfalls aufgrund wirtschaftlicher Not trachteten nämlich die Eltern, möglichst bald ihre Kinder – wie es hieß – „von der Kost" zu bekommen. Nach Gilles begann diese Trennung mit dem 7. oder 8. Lebensjahr. Spätestens mit 14 Jahren lebte die Mehrzahl in anderen Haushalten als Mägde, Knechte, Diener oder als Lehrlinge in den Häusern ihrer Meister, als Klosterschüler u.a.m. (vgl. Gillis 1980, 18 und 30). Sie hatten schon wegen der damals hohen Arbeitszeiten und wegen der örtlichen Entfernung selten Gelegenheit, ihre Eltern zu sehen.

Nur auf größeren Bauernhöfen, wo man zahlreiche Arbeitskräfte brauchte, hielt man möglichst viele Kinder möglichst lange im Hause, weil man ihnen, im Unterschied zum Gesinde, keinen Lohn zahlen mußte. Dadurch konnte es hier zu einem längerfristigen Zusammenleben von Eltern und Kindern kommen (vgl. Mitterauer 1989, 184).

Im Vergleich zu unserer heutigen Zeit bezog sich der Trennungs- und Ablösungsprozeß der Kinder von ihren Eltern also sogar häufig auf beide Elternteile. Und trotz aller heute ansteigenden Scheidungsraten – so ist festzuhalten – ist die Kontinuität in den familialen Beziehungen über so lange Zeit des Lebens hinweg nie derart intensiv zwischen Eltern und Kindern und den Eheleuten wie heute gewesen! Und genau das – wenn auch nicht allein – produziert auch die Dramatik der heutigen Trennungen, worauf ich nunmehr eingehen werde. Dazu ist es notwendig, auf noch weitere Veränderungen im Eltern-Kind-Verhältnis einzugehen; des Umfanges wegen beschränke ich mich im folgenden auf den emotionalen Aspekt der Eltern-Kind-Beziehung.

Die uns heute als so selbstverständlich geltende emotional affektive Zuwendung der Eltern zu ihren Kindern war keineswegs in unserem Kulturbereich immer gegeben. Shorter hat die provokatorisch klingende These aufgestellt: „Die Mutterliebe zu Kleinkindern ist eine Erfindung der Moderne. In der traditionellen Gesellschaft standen die Mütter der Entwicklung und dem Glück ihrer Kinder unter zwei Jahren gleichgültig gegenüber. In der modernen Gesellschaft ist ihnen das Wohlergehen ihrer kleinen Kinder wichtiger als alles andere" (Shorter 1975, 256). Liebe ist hier als Spontanität und als ein Einfühlungsvermögen gekennzeichnet, als Zärtlichkeit und liebevolle Vertrautheit. Schon vor ihm hatte Ariès (1975) auf die viel emotionslosere Beziehung der Oberschicht zu ihren Kleinkindern hingewiesen.

Inzwischen gibt es eine Reihe von Forschungsergebnissen und Abhandlungen, die alle zunächst darauf hinweisen, daß es nicht um die Frage gehen kann, ob es Mutterliebe in der vorindustriellen Zeit überhaupt gegeben hat oder nicht, sondern sie bestätigen die These, daß die Mutter-Kind-Beziehung damals eine andere Qualität besaß (vgl. Schütze 1986). Auf die Frage, warum die Mutter-Kind-Beziehung eine andere Qualität hatte und warum es die affektiv-emotionale Beziehung der Mutter zum Säugling nicht in diesem Maße gegeben hat, werden in der Wissenschaft unterschiedliche Antworten gegeben.

Die sachliche Beziehung zwischen Müttern und ihren Kindern, d.h. gerade zwischen Müttern und ihren Säuglingen, was uns heute besonders unverständlich erscheint, wird zum einen ökonomisch begründet, nämlich verursacht durch die damaligen materiellen Existenzbedingungen bzw. durch die Existenznot. Dagegen hat diesen Sachverhalt de Mause psychogenetisch zu erklären versucht. Zum anderen wird auch das Zusammenfallen von hoher Geburtenzahl bei gleichzeitiger hoher Säuglingssterblichkeit als eine Ursache für das Fehlen einer affektiv-emotionalen Beziehung zwischen Mutter und Kind genannt. Man muß jedenfalls bedenken, daß die verheirateten Frauen in ihrem Leben, wie sich aufgrund von Nachberechnungen aus Kirchenbüchern ergab, durchschnittlich acht bis zehn Geburten bzw. alle 1,5 bis 2,5 Jahre eine zu überleben hatten. Über die Hälfte der Kinder starb im Säuglings- und Kleinkinderalter (vgl. Cipolla und Borchardt 1971). So bedeutet fehlende Emotionalität auch Vermeidung seelischer Schmerzen. Shorter weist dagegen darauf hin, daß u.U. die fehlende mütterliche Zuneigung die hohe Säuglingssterblichkeit bedingt haben könnte. Erst im 16. und 17. Jahrhundert soll sich diese Haltung langsam verändert haben. In breiten Bevölkerungskreisen dagegen, so argumentiert Shorter, hielt sich dieses Mutter-Kind-Verhältnis mindestens bis in das letzte Viertel des 18. Jahrhunderts hinein, und in einigen Schichten und Regionen herrschte es erheblich länger.

Eine sachlichere Beziehung, also eine weniger stark emotional affektive, wie es heute von der Mutter in Hinwendung zu ihrem Säugling erwartet wird, darf nicht etwa mit Vernachlässigung oder völliger Gefühlsarmut assoziiert werden. Ferner konnten psychische Zuwendungen auch von anderen Personen gegeben werden; der Mutter wurde aber nicht – wie heute – das Monopol dieser Gefühlsbeziehung zugesprochen, oder diese Art bzw. Qualität der Zuneigung als Forderung an sie gestellt.

Dieser Prozeß der Emotionalisierung und Intimisierung der familiären Binnenstruktur begann im Bürgertum; bestimmte Strukturveränderungen und Distanzierungsprozesse waren zu seiner Entstehung notwendig, auf die ich nunmehr eingehen möchte.

In der vorindustriellen Zeit – so habe ich bereits betont – war die große Haushaltsfamilie nicht etwa der einzige oder dominante Familientyp, sondern es hat immer verschiedene Familienformen nebeneinander gegeben, wie bei uns heute. Aber für alle Familientypen galt die fehlende Distanzierung zwischen Familienmitgliedern und familienfremden Personen. Die Kinder waren z.B. gegenüber den Knechten und Mägden in der bäuerlichen Familie nicht bevorrechtigt, zuweilen sogar waren sie wegen ihres Alters die letzten Glieder in der hierarchischen Reihe, was bereits die Tischordnung symbolisierte. Ebenso gab es keine räumliche Trennung zwischen dem Familien- und Produktionsbereich. Das zeigt sich schon an der Wohnweise. Man lebte in einem Allzweckraum. Außer der Küche hatte kein Raum – von sehr kleinen Schlafräumen abgesehen – einen präzisen Verwendungszweck. So schreibt z.B. Ariès: Weder der Bauer noch der Handwerker, der Händler oder irgendein Geschäftsmann „verfügte über Lokalitäten zu rein beruflichen Zwecken. Alles wurde in denselben Zimmern abgewickelt, in denen man mit der Familie lebte" (Ariès 1976, 541). Dort aß man, schlief, arbeitete und empfing die Besucher, pflegte Kranke, versorgte Säuglinge und Alte. Gleichzeitig spielten hier die Kinder. Die Zimmer waren öffentliche Räume, nicht Zufluchtstellen vor der Öffentlichkeit. Hinzu kommt, daß man sich das Haus als das beständigste vorstellen muß; seine Bewohner wechselten. Das gilt nicht nur für die ausscheidenden und kommenden Lehrlinge, Gesellen, Knechte und Mägde, die nicht lebenslang in demselben Haus blieben, sondern mehrfach, zuweilen sogar häufig, ihre Herrschaft wechselten und infolge wirtschaftlicher Krisen wechseln mußten, sondern auch für die Familienangehörigen selbst. Vor allem in der bäuerlichen Hausgemeinschaft – so schreibt Mitterauer – verging kaum ein Jahr, daß nicht eine Person hinzukam oder ausschied, sei es durch Weggang oder Tod (vgl. Mitterauer 1977, 80). Und selbstverständlich muß diese frühe Erfahrung des Kommens und Gehens andere Auswirkungen auf Trennungsprozesse gehabt haben als heute.

Diese skizzierte Lebensform sollte einem langsamen Veränderungsprozeß unterliegen, der sich in Deutschland über Jahrhunderte erstreckte und seine volle Ausprägung im vorigen Jahrhundert fand und bis heute fortdauert: Das Haus verlor den Charakter eines öffentlichen Versammlungsortes. Die Intimisierung entwickelte sich und ließ die Familie zu einer eigenen geschlossenen Gemeinschaft mit Exklusivcharakter werden.

Wie bereits betont, waren Voraussetzung für die Entstehung der Emotionalisierung und Intimisierung der Familienstruktur bestimmte Distanzierungsprozesse, und zwar die Trennung zwischen Wohn- und Arbeitsstätte und die zwischen Familienmitgliedern und familienfremden Personen. Der Prozeß der Trennung zwischen Arbeits- und Wohnstätte hat bereits vor der Industrialisierung begonnen, nämlich bei den Beamten und bei den wohlhabenden Bürgerfamilien, den reichen Kaufmanns- und Handelshäusern; die Industrialisierung verstärkte ihn. Erst im 18., 19. und zum Teil sogar erst im 20. Jahrhundert griff er auf alle übrigen Stände über und „verschaffte sich" – wie Ariès es nennt – „tyrannisch Gehör" (Ariès 1976, 25).

In den vermögenden Familien in der vorindustriellen Zeit begann man nämlich ab dem Ende des 17., vor allem dann ab dem 18. Jahrhundert, „vor die Tore zu ziehen" (Nahrstedt 1972, 261ff.). Das heißt, die Kontore und Büros der wohlhabenden Handels- und Bankbetriebe verblieben im Stadtzentrum, und die Familie zog aus und weg in eine extra für das Familienleben bestimmte, vom Stadtzentrum etwas entfernte, neuerbaute Villa.

Kennzeichen dieses modernen Hauses war die Unabhängigkeit, die Vereinzelung und Spezialisierung der Zimmer, die durch die Einrichtung von Fluren gewährleistet wurde. Flure waren eine neue Bauweise, die es weder zuvor im Bauern-, noch im Handels- oder Handwerkshaus in dieser ausgeprägten Weise je gegeben hat. Selbst in Schlössern konnte man diese nicht finden, es gab nur „Durchgangszimmer".

Mit der räumlichen Absonderung wurde die Möglichkeit der Aufhebung der totalen sozialen Kontrolle zwischen allen Haushaltsangehörigen geschaffen, und ferner war mit ihr die Trennung zwischen Familienangehörigen und familienfremden Personen – vor allem zum Dienstpersonal – möglich.

Dieser Distanzierungsprozeß zu familienfremden Personen wurde unterstützt durch die Ausprägung bestimmter neuartiger Umgangsformen: durch Veränderung der Anrede zwischen den Eheleuten und dem Dienstpersonal, dem getrennten Eingang für Warenanlieferungen und für Bedienstete, bis hin zur Klingelschnur im Wohnzimmer, mit der die Herrschaft ihre Dienstboten herbeirief, usw. Gleichzeitig setzte sich erst seit jener Zeit sehr langsam die Auffassung durch, Kindern sei eine eigenständige Phase zuzubilligen und sie seien nicht nur als kleine Erwachsene zu betrachten.

Auf die vielen Fakten, die an diesem Veränderungsprozeß mitgewirkt haben, kann hier nicht eingegangen werden; infolge ihrer gegenseitigen Verflechtung ist ferner kaum auszumachen, welche als verursachende, auslösende oder bedingte Faktoren anzusehen sind. Aber vor allem hatten die Aufklärung mit ihrer Anerkennung des Individuums und ihrer Diesseitsbejahung und die Ideen der Romantik dieser Entwicklung den Weg gebahnt. Weiterhin verstärkten das Bestreben der Bürger, den Adel in bestimmten Bereichen nachahmen zu wollen, und insbesondere die Veränderungen in den Produktionsbedingungen – vor allem die Industrialisierung – diesen Prozeß.

Mit der räumlichen Trennung der beiden gesellschaftlichen Teilbereiche – dem der Erwerbstätigkeit und dem des Familienlebens – war gleichzeitig eine Trennung psychischer Ebenen verknüpft. Der Arbeitsbereich wurde – zumindest dem Anspruch nach – immer zweckrationaler, dem Familienbereich wuchs als spezialisierte Leistung – wie Luhmann es nannte – die emotionale Bedürfnisbefriedigung ihrer Mitglieder zu, wobei vor allem der Ehefrau diese Aufgabe zuerkannt wurde.

Überhaupt hatte die Entwicklung der Trennung von Arbeits- und Familienstätte eine besondere Auswirkung auf die Frauen, weil sie gleichzeitig die hauswirtschaftlichen von den erwerbswirtschaftlichen Tätigkeiten schied und damit erstmalig eine Gruppe von Frauen allein auf den familialen Innenbereich verwiesen wurde.

Im Laufe des 19. und 20. Jahrhunderts – wie bereits betont – dehnte sich dieser Distanzierungsprozeß allmählich auf die Familien aller sozialen Schichten aus: auf die Handwerker-, Kleingewerbe- und Kleinkaufmannsfamilien, dann auf die Arbeiterschaft. Das familiale

Leitbild wurde die auf die Eltern und Kinder beschränkte Lebensform mit Exklusivcharakter.

Die Abnahme der Mehrkinder-Familien in den letzten Jahren verwies die Kinder oder das Kind in noch stärkerem Maße nur noch auf die Eltern, da die Geburtenreduktion dazu führte, daß vielfach das Geschwister-Subsystem fehlte, das ein gewisses Gegengewicht zum Elternsystem bildete.

Dafür zeigen eine Reihe von empirischen Erhebungen, daß die Kleinkinder – aber auch bereits schon die Säuglinge – heutzutage eine stärkere Betreuung durch ihre Väter als noch vor 30 Jahren erfahren, daß nunmehr auch Väter ein expressives Verhalten gegenüber ihren Kindern zeigen, was ihre Väter und Großväter weit von sich gewiesen und als „unmännlich" bezeichnet hätten. Um nicht falsch verstanden zu werden: Väter haben sich – im großen und ganzen – immer aktiv an der Erziehung ihrer Kinder beteiligt, entgegen der häufig in der Wissenschaft vertretenen These über das „Nicht-Vorhanden-Sein" oder – wie es in der Literatur genannt wurde – über die „Sozialisationsschwäche des Vaters" (vgl. Rosenbaum 1988, 246ff.). Aber die Intensität und die Art des väterlichen Verhaltens hat sich verändert. Oder umgekehrt formuliert: Mit der Mutter-Rolle ist heutzutage nicht mehr das Monopol auf expressives Verhalten in Pflege- und Betreuungssituationen verknüpft, das ihr – wie gezeigt – in den vergangenen 200 Jahren neu zugewiesen worden war. Die affektiv-emotionale Beziehung zwischen Müttern und Kindern hat sich also immer stärker auch auf die Vater-Kind-Beziehung ausgebreitet.

Dieses nun von zwei Seiten frühzeitig an das Kleinstkind herangetragene Anerbieten, affektiv-emotionale Beziehungen zu begründen, und die damit zumeist erfolgte Ausprägung dieser Qualität von Beziehung zu den Eltern bietet – wie allgemein bekannt – eine notwendige psychische Stütze beim Heranwachsen in unserer hochkomplexen, sehr differenzierten sowie spezialisierten – und damit überwiegend zweckorientierten – Gesellschaft.

Was aber zu Bedenken Anlaß gibt, ist die Koppelung dieser „Stütze" mit einem Exklusivanspruch. Denn historisch gesehen – von Ausnahmen abgesehen – waren noch nie die Eltern derart allein die Hauptträger und wollten auch nicht die hauptsächlichsten Bezugspersonen für ihr Kind oder für ihre Kinder sein wie in unserer Zeit.

Die notwendige und wünschenswerte positive Eltern-Kind-Beziehung wird jedoch durch ihren Exklusivcharakter im Falle der Trennung der Eltern zum besonderen Problem. Emotionalität, Zugewandtheit usw. muß aber nicht unbedingt mit dem Anspruch auf Exklusivität verbunden sein, sondern ist anderen Ursprungs: entspricht z.b. dem Bedürfnis nach Einzigartigkeit, dem Wunsch nach Gebraucht-Werden usw. und stellt somit z.t. eine Kompensationsmöglichkeit zu unserer immer stärker aus Großorganisationen bestehenden und damit anonymisierten Gesellschaft dar.

Es bedarf eigentlich keiner weiteren Worte mehr. Das Kind ist – historisch gesehen – in eine „Zwickmühle" geraten. Durch die Exklusivität der Eltern-Kind-Beziehung kann die Stütze, die das Kind durch seine Eltern hierdurch erfährt und benötigt, im Falle der Trennung der Eltern zum „Fallstrick" für das Kind werden, mit allen bekannten Folgen.

Literatur:

Ariès, P.H.
1975   Geschichte der Kindheit. München, Wien
1976   Studien zur Geschichte des Todes im Abendland. München
Cipolla, C.M. und K. Borchardt
1971   Bevölkerungsgeschichte Europas. München
Flecken, M.
1981   Arbeiterkinder im 19. Jahrhundert – eine sozialgeschichtliche Untersuchung ihrer Lebenswelt. Weinheim
Gillis, J.R.
1980   Geschichte der Jugend – Tradition und Wandel im Verhältnis der Altersgruppen und Generationen in Europa von der zweiten Hälfte des 18. Jahrhunderts bis zur Gegenwart. Weinheim
Imhof, A.E.
1981   Die gewonnenen Jahre – Von der Zunahme unserer Lebensspanne seit drei Jahrhunderten und von der Notwendigkeit einer neuen Einstellung zu leben und zu sterben. München
Lange, H.
1921   Lebenserinnerungen. Berlin
Mitterauer, M.
1977   Die Entwicklung zum modernen Familienzyklus. In: Mitterauer, M. und R. Sieder (Hg.): Vom Patriarchat zur Partnerschaft. München
1989   Entwicklungstrends der Familien der europäischen Neuzeit. In: Nave-Herz, R. und M. Markefka (Hrsg.): Handbuch der Familien- und Jugendforschung, Bd. 1 Familienforschung. Neuwied
Nahrstedt, W.
1972   Die Entstehung der Freizeit. Göttingen
Nave-Herz, R.
1993   Trennungs- und Ablösungsprozesse der Kinder von ihren Eltern. In: Menne, K., H. Schilling, und M. Weber (Hg.): Kinder im Scheidungskonflikt. Weinheim
Peiper, A.
1957   Chronik der Kinderheilkunde. Leipzig
Pfeil, H.S. Graf von
1979   Das Kind als Objekt der Planung. Göttingen

Rosenbaum, H.
1988   Typen väterlichen Verhaltens – Der Vater in deutschen Arbeiterfamilien am
       Ausgang des Kaiserreiches und in der Weimarer Republik. In: Zeitschrift für
       Sozialisationsforschung und Erziehungssoziologie (ZSE), H. 8.
Rutschky, K.
1983   Deutsche Kinderchronik – Wunsch- und Schreckensbilder aus vier Jahrhunder-
       ten. Köln
Schütze, Y.
1986   Die gute Mutter – Zur Geschichte des normativen Musters „Mutterliebe".
       Bielefeld
Shorter, E.
1975   Der Wandel der Mutter-Kind-Beziehungen zu Beginn der Moderne. In:
       Geschichte und Gesellschaft, Zeitschrift für historische Sozialwissenschaften,
       H. 1.

Ulrike Prokop

Relativierung der „Normalfamilie" – Konsequenzen für die weibliche und männliche Identitätsbildung

1. Familienformen – einige grundsätzliche Gedanken zur Entwicklung des menschlichen Zusammenlebens

Ich möchte meinen Überlegungen einige grundsätzliche Gedanken voranstellen. Wenn wir im historischen Prozeß Grundfiguren der Persönlichkeitsbildung betrachten, so lassen sich idealtypisch der agrarisch-vorbürgerlichen Welt, der bürgerlichen Welt und der Gegenwart drei Grundmuster zuordnen. Ich möchte diese im folgenden umreißen. Ich beginne mit der *bürgerlichen Welt.* In der bürgerlichen Familie ist der zentrale Wert „Unaustauschbarkeit": In der Kernfamilie bestehen spezifische, personale Bindungen, sowohl zwischen Eltern und Kind, als zwischen den Ehegatten. Diese Familienbeziehungen unterscheiden sich (zumindest im Selbstverständnis der Beteiligten) grundsätzlich von den Beziehungen zu allen anderen Menschen. Die zweite Dimension, die für die bürgerliche Familie kennzeichnend ist, ist die „Kontinuität". Die Vorstellung einer dauerhaften, lebenslangen Bindung bestimmt das Selbstverständnis – auch wenn diese Dauer in der Realiät keineswegs immer gegeben ist. Die dritte Struktur der bürgerlichen Familie ist das hierarchische Verhältnis zwischen den Generationen. Deren Zentrum ist der Ausschluß der Kinder vom sexuellen Geheimnis der Erwachsenen. Eine zeitliche Einordnung dieses Familientyps ist nicht einfach, denn er entwickelt sich seit dem 18. Jahrhundert im gebildeten Bürgertum und verbreitet sich im Lauf des 19. Jahrhunderts im Mittelstand. Dieses bürgerliche Familienmodell wird jedenfalls im Verlauf des 19. Jahrhunderts das „Ideal der Normalfamilie". Demgegenüber werden alle anderen Familienformen der Gesellschaft als Abweichung erlebt.

Vergleichen wir nun die bürgerliche Familie mit älteren Formen familialen Zusammenlebens. Ich nenne diese Lebensordnung die *agrarisch-vorbürgerliche Welt.* Bekanntlich spielte die Kernfamilie für den alltäglichen Umgang bis ins 18. Jahrhundert keine ausschlaggebende

Rolle. Mutterschaft trennte sich auf – leibliche Mutter, Amme, im Haus lebendes Gesinde. Die Elternschaft ist in der Lebenspraxis aufgeteilt auf verschiedene Personen von unterschiedlichen Verwandtschaftsbeziehungen. Die personale Bindung ist nicht unbedingt die zwischen Eltern und Kindern. Dennoch spielt selbstverständlich der Rechtsstatus eine entscheidende Rolle. Die Stellung des Kindes in der Geschwisterreihe, das Geschlecht, das jeweilige Erbrecht bestimmen die Position. Von hier aus werden aber nicht die unmittelbaren Beziehungen gestaltet. Wir können also davon sprechen, daß es eine „formale Unaustauschbarkeit" der Beziehungen gibt. Das heißt: Entscheidend ist die Legitimität der Blutsverwandten. Diese stiftet aber keine „Nähe-Beziehungen". Die Hierarchie der Generationen ist gleichbedeutend mit der Unterordnung aller Hausbewohner unter das Regiment des Hausvaters und, ihm unterstellt, der Hausmutter. Es gibt im Haus nur ein einziges Paar. Dieses repräsentiert die ältere Generation. Die Mitglieder des Gesindes sind rechtlich den Kindern gleichgestellt. Für sie trägt der Hausvater die Verantwortung. Kindheit im modernen Sinn ist nicht ausgebildet. Das Kind wird als unfertiger Erwachsener erlebt. Es soll möglichst rasch Verantwortung übernehmen, erwachsen werden. Sexualität ist weniger tabuiert als untersagt.

Ich bezeichne nun die Familie der Gegenwart als „post-bürgerliche Form". Eines ihrer wichtigsten Kennzeichen, das sie von der „bürgerlichen Familie" unterscheidet, ist die „Austauschbarkeit" der Mitglieder der Kernfamilie aufgrund von häufigen Trennungen der Eltern. Das heißt, Kontinuität ist nicht garantiert, aber anders als in der agrarisch-vorbürgerlichen Familie existiert zugleich eine extreme personale Bindung. Die emotionale Bindung von Mutter und Kind, von Vater und Kind ist normalerweise intensiv. Die Verbindung von persönlicher Beziehung und Formen der Trennung schafft neuartige Beziehungsformen. Was die „Generationenschranke" betrifft, so ist hier die Enthierarchisierung und Enttabuierung auf der Ebene der Werte charakteristisch. Dennoch bleibt selbstverständlich die hierarchische Verfügungsmacht der Älteren über die Kinder bestehen. Auch hier geht es um komplizierte Balancen. Das sexuelle Geheimnis als Kernstück der Trennung zwischen Kindern und Erwachsenen ist in der Familie der Gegenwart zumindest partiell aufgehoben. Sowohl durch die Veränderung der Scham- und Peinlichkeitsgrenzen als durch die visuellen Eindrücke der Medien findet eine frühe Konfrontation mit der Sexualität statt.

Ich möchte im folgenden einige Aspekte der Familie der Gegenwart beschreiben. Es geht also um die „post-bürgerliche Form".

2. Neue Formen des Zusammenlebens in der „postbürgerlichen" Familie

Ich möchte uns zunächst einige bekannte Phänomene vor Augen stellen – so etwas wie ein Tableau der Veränderungen in den Familienstrukturen.

Diese Veränderung betrifft alle Industrieländer. In Deutschland wird inzwischen fast jede dritte Ehe geschieden. In Großstädten fast jede zweite. In ländlichen Gebieten ca. jede vierte Ehe. Immer weniger Geschiedene entschließen sich zu einer neuen Heirat.

Die Heiratszahlen stagnieren. Demgegenüber steigt die Scheidungsquote bei wiederverheirateten Paaren, wie bei Eltern mit kleinen Kindern. Viele Paare leben ohne Trauschein zusammen. Die Zunahme der unehelich geborenen Kinder (1990 ca. 10% der Geborenen) – all das verweist auf die Entstehung von neuen Lebensformen. Die Richtung der Entwicklung wird durch die Zusammensetzung der Haushalte signalisiert. In urbanen Zentren wie Hamburg, Frankfurt, München liegt der Anteil der Einpersonenhaushalte bei 50% mit steigender Tendenz (der Anteil der Einpersonenhaushalte an den Haushalten insgesamt beträgt 35%). Immer mehr Menschen leben allein. Die Hälfte der Alleinlebenden entsprechen den Stereotypen des Single-Daseins – junge, ledige Berufstätige – sonst sind es ältere verwitwete Personen, überwiegend Frauen.

Für die Lebensperspektiven beider Geschlechter hat diese Entwicklung unterschiedliche Konsequenzen. Beide Geschlechter sind auch unterschiedlich in der Veränderung engagiert. Für die Frauen wird die ökonomische Absicherung über die Ehe hochriskant. Entsprechend orientieren sich die jungen Frauen auf einen Beruf hin. Seit den 60er Jahren ziehen die Mädchen in der Ausbildung gleich. Ihre schulischen Abschlüsse sind besser als die der Jungen – aber: Mädchen entscheiden sich für einfachere Ausbildungsgänge. In den vergangenen 10 Jahren hat die Studienbereitschaft von Abiturientinnen von 80% auf 63% nachgelassen; bei Jungen von 90% auf 73%.

Mädchen wollen heute einen Beruf. Ich zitiere aus einer Befragung, die Eva Blum bei 14jährigen Hauptschülerinnen im Einzugsgebiet Frankfurts durchführte: Frage: Lohnt es sich, eine Ausbildung zu machen?:

> „Ich bin doch nicht blöd, ich will später nicht von einem Mann abhängig sein. Ich möchte einen Beruf. Wer weiß, ob ich überhaupt heirate."

[andere]: „Ja, weiß ich denn, ob ich ewig verheiratet bleibe und abhängig vom Mann bin, was ich wirklich nicht sein will."

[andere]: „Und was ist, wenn ich verheiratet bin und will dann noch arbeiten gehen? Meinst Du, ich gehe als Putzmädchen?"

[andere]: „Und wenn ich nicht verheiratet bin und laufe als Putzweib herum, kriege ich überhaupt keinen Mann."[1]

Mädchen mit Hauptschulabschluß streben heute ebenso in den Beruf, sie sind ebenso an Selbständigkeit orientiert, wie Realschülerinnen und Abiturientinnen. Das ist ein ökonomisch begründeter Zwang, wie ein Wunsch: nach Selbständigkeit und Erfahrungsreichtum.

Angesichts der Lage auf dem Arbeitsmarkt ist die Rivalität der Geschlechter damit auf beiden Ebenen angesagt: im Beruf durch die Konkurrenz um Stellen, in der Familie durch das Wanken der alten Arbeitsteilung. Männer scheinen die Veränderung eher passiv aufzunehmen. Laut sind nur Emanzipationslust und Schmerz der Frauen.

Auf seiten der Männer besteht der Unterschied zu den 60er Jahren vor allem in rhetorischen Zugeständnissen, denen aber kaum Taten folgen.

Noch Mitte der 70er Jahre faßte Helge Pross ihre Untersuchung über das Selbstverständnis der Männer der Bundesrepublik zusammen: „Der Mann ist stärker. Er will den Beruf und Familienernährer sein. Die Frau ist schwächer, sie will ihre heutige Familienrolle und nur zeitweilig einen, dann auch nur anspruchslosen Beruf, und sie will zum Mann aufschauen können." Dagegen ergeben die Untersuchungen heute beim Mann für die Emanzipation der Frau „verbale Aufgeschlossenheit bei weitgehender Verhaltensstarre" wie Ulrich Beck sich ausdrückt. 1985 zeigte die repräsentative Studie von Sigrid Metz-Göckel und Ursula Müller: „Väter kochen nicht, waschen nicht, sie wischen nicht. Sie beteiligen sich so gut wie gar nicht an der Hausarbeit. Sie begnügen sich mit einem finanziellen Beitrag zur Haushaltsführung und zur Kindererziehung." Entsprechend gilt die mehrheitliche Akzeptanz der „Hausmann-Rolle" nur für die *anderen* Männer.

Vor zehn Jahren erklärte die Mehrheit der Männer die Benachteiligung der Frau im Berufsleben noch mit ihrer mangelnden Qualifikation. Da diese Argumente nicht mehr zu halten sind, werden heute andere Verteidigungswälle bezogen. Die Mutterrolle (Metz-Göckel,

---

[1] Die Autorin verzichtete auf Zitatnachweise, um den Essay-Charakter ihres Beitrages zu wahren.

1985): 61% der Männer sieht in der Familienbelastung der Frau den entscheidenden Hinderungsgrund für die Karriere. 80% der Männer befürworten, daß die Frau zu Hause bleibt, wenn Kinder unter 10 Jahren in der Familie zu versorgen sind.

Metz-Göckel kommentiert: „Die Frauenfrage zur Kinderfrage zu machen, das ist die stabilste Bastion gegen die Gleichstellung der Frau. Zwar soll die Frau Familienmutter sein, aber keine Hausfrau alten Typs. Gewünscht ist die Selbständige, die ihre Angelegenheiten und die der anderen Familienmitglieder eigenständig und verantwortlich regelt und damit zur Entlastung des Mannes beiträgt. Dieser Spielart der Emanzipation gewinnen Männer sogar viele positive Seiten ab. Selbständigkeit darf sich nur nicht gegen *sie* wenden." Wenn Frauen Forderungen stellen, Interessen durchsetzen wollen, ist es mit der Harmonie zu Ende. Die meisten Männer geben sich der Illusion hin, die Gleichstellung der Geschlechter sei mit der Beibehaltung der alten Arbeitsteilung ohne weiteres vereinbar. Sie täuschen sich über die Widersprüche zwischen Worten und Taten mit biologischen Begründungen hinweg. Von der Gebährfähigkeit der Frau wird – nach wie vor – auf die dauerhafte Zuständigkeit für Kind, Hausarbeit und Familie und daraus auf Berufsverzicht und Unterordnung im Beruf geschlossen.

Die Chance, die in der veränderten Situation für Männer liegen, werden für sie von den Nachteilen überdeckt: mehr Hausarbeit, weniger Karriere, mehr Konkurrenz. Die Möglichkeit, die alleinige Führerrolle aufgeben zu können, sich zu entlasten und damit in Konsequenz ein anderes Engagement in Beruf und Familie zu entwickeln, wird wenig gesehen. Auch Männer äußern in den letzten 10 Jahren ein stärkeres Bedürfnis, Gefühle und Schwächen zu zeigen. Sie empfinden zunehmend, daß die Polarisierung zwischen dem Berufsmenschentum des Mannes und der Intimität und Emotionalität der Frau auch für sie selbst gefährliche Abhängigkeit bringt, denn das nichtgeteilte Leben mit Frau und Kindern rächt sich in Entfremdungsgefühlen. Es bleibt aber unverkennbar, daß es für Männer eine Stärkung ihres traditionellen Männerbewußtseins ist, wenn sie als leistungsfähige Ernährer funktionieren. Das männliche Geschlechtsrollenstereotyp schließt nach wie vor Karriere und traditionelles männliches Rollenverhalten zusammen.

Wir verstehen daher wohl, warum die in ihrer Geschlechtsrollenidentität durchaus unsicheren 14jährigen Hauptschüler die ganze Palette der Macho-Argumentation vor uns ausbreiten. Die Mädchen in der Klasse wollen alle einen Beruf und einmal selbständig sein. Die Jungen sind verunsichert und wissen auch nicht, wie sie sich mit den Mädchen anfreunden sollen. Um so mehr lassen sie alle Zugeständnisse beiseite, um zu zeigen, daß sie Männer sind. Sie greifen die virulenten Selbstbilder der Väter auf und wenden sie provokativ gegen die Mädchen.

Was hätten die Männer zu gewinnen? Ich habe schon darauf hingewiesen, daß für Männer nach wie vor alte Rollenidentität und selbständige Existenzsicherung zusammenfallen. Die Fremdversorgung durch die Ehepartnerin ist Männern historisch unbekannt.

In den Phantasiebildern beider Geschlechter spiegelt sich das Fortbestehen alter Muster neben neuen Orientierungen, insbesondere bei den Mädchen.

Das traditionelle Modell spiegelt sich in einem projektiven Aufsatz zu dem Thema: *„Schreibe einen Roman, in dem du selbst die Hauptrolle spielst."* Beide Geschlechter greifen bei der Antwort virtuos auf das Repertoire der Medienwelt zurück. Für die Jungen der Hauptschule im Alter von 13–14 Jahren sind die Identifikationsangebote in der Kämpferwelt des Western und im Sciencefiction wichtig. Sie nehmen *diese* Muster auf, keine anderen Geschichten. Die Mädchen benutzen dagegen die Liebesdramatik von Prüfung und Erkenntnis der wahren Liebe in der Bewährung. In keiner Jungen-Erzählung kam ein Paar vor. In keiner Mädchen-Erzählung fehlte das Paar. Ich stelle zwei exemplarische Geschichten vor. Ein 14jähriger Hauptschüler schreibt:

„Einer gegen die Curtissippe
Er war allein mit dem Gesetz"
Curtis stand jetzt vor mir, ich brauchte nur zu ziehen. Jahrelang war ich dem Mörder meines Vaters und der Mutter auf der Fährte gewesen und hatte mir schon 1000 mal diesen Augenblick vorgestellt. (Nun war es soweit.) Eisig lief es mir den Rücken herunter. Er stand an der Theke des Blue River Saloons und kippte grade einen Whisky hinunter. Dieses Schwein, kaum 1,70 groß, mit seinen Rattenaugen und dem spitzen Schnurrbart hatte meine Eltern auf dem Gewissen. Er war es, der mir vor Jahren alles nahm, was mir etwas bedeutete. Ich wollte ihn anrufen, da drehte er sich um und zog eine Grimasse, die ich nie vergessen werde. Er schaute mich nur kurz an und zog an seiner Zigarre. Das war er, der Mörder. Das Blut pochte mir in den Adern, ich wollte etwas sagen, doch ich bekam keinen Ton heraus. Ich mußte an meinen Vater denken. Ich schluckte. Auf einmal riß es mich auf, mein Körper zuckte und ich rief: „Curtis, du Mörder!" Dabei kippte meine Stimme über. Er zuckte zusammen und begriff in Sekundenbruchteilen. Jetzt ging alles sehr schnell, er riß den Revolver hoch, doch da bohrte sich ihm meine Kugel direkt in die Stirn. Er sackte zusammen. Sein Revolver fiel auf den

dreckigen Boden. Rauch stand im Raum. Die Leute im Saloon sprangen kreischend zur Seite. Nun war er tot, doch ich fühlte keine Befriedigung in mir. Kitzelnde Nervosität stieg rasch in mir auf und ich drehte mit einigen Griffen eine Zigarette. Wieder mußte ich an meinen Vater und meine Mutter denken. Ich hatte sie gerächt.
Jetzt dachte ich an seine Brüder. Es waren drei berüchtigte Revolvermänner. Ich ging in Samuels Shop und kaufte mir ein neues Winchester Gewehr und Kugeln für meine 45er Peacemaker."

Die Jungen zeigen in ihrer Phantasie eine starke Tabuierung gerade der Bereiche, die für die Mädchen zentral sind. Beziehungen zu Frauen, zärtliche Gefühle, Nachgiebigkeit, Kompromisse werden in der Phantasie ausgeschlossen. Sie wollen sich durchsetzen, ihre Aggression ausleben und mit einem Gegner Kräfte messen. Körpergefühle sind assoziiert mit Größenwahn und Phantasie von Unverletzlichkeit. Der Umgang mit den Problemen der Adoleszenz ist bei Mädchen und Jungen ganz verschieden: Für die Jungen steht der Wert des Durchsetzens nach außen im Zentrum; für die Mädchen ist es der Wert, „sich richtig zu verhalten". Die Jungen kämpfen darum, so viel Macht zu haben, daß sie von Liebe unabhängig werden – und dabei sind, wie die extremen Situationen zeigen, mit denen sie ihren Gefühlen Ausdruck verleihen, die seelischen Kosten (Ausgrenzung von Angst und Abhängigkeitsgefühlen, Verleugnung) sehr hoch. Die Mädchen kämpfen um Anerkennung und Macht dadurch, daß sie sich liebenswert machen oder so darstellen, und sie begreifen das durchaus als Machtmittel. Die Schülerin Melanie verteidigte die Stärke der Frauen: „Wenn wir nicht wären, hätten die Männer keine Freude, die brauchen uns." Nach ihrer Meinung besteht die Stärke der Frauen in ihrer Anziehungskraft. – Das war ein wichtiger Punkt, und die Pädagoginnen fragten, was sie mit Anziehungskraft meine. Es kamen alle diese Dinge wie Schminken, schön aussehen, verführen etc. heraus. Es war jedoch schwierig, dies als ein passives Verhalten hinzustellen. Das berichtet Eva Blum aus ihrer Arbeit mit vierzehnjährigen Hauptschülerinnen.

Vergleichen wir männliche und weibliche Sichtweisen dieser Jugendlichen. So beschreibt eine 13- bis 14jährige Hauptschülerin den „Roman, in dem sie selbst die Hauptrolle spielt":

„Die Zeit der Bewährung"
Morgen würde Frank für zwei Jahre nach Brasilien fahren. Dies war die letzte Nacht mit Sabine. Sie waren gerade dabei, auf ihre Verlobung anzustoßen, als sie plötzlich ein merkwürdiges Geräusch hörten. Es

schien vom Erdgeschoß zu kommen. Plötzlich hörten sie etwas poltern. Es brach entzwei. Sabine war wie gelähmt. Zum Glück lief Frank sofort die Treppen hinauf. Am Fußboden lagen lauter Scherben von einer Vase. Als ich seine Schritte hörte, versuchte ich zu fliehen, aber er konnte mich noch im letzten Moment schnappen. Erstaunt sah er mich an und fragte: „Was machst du hier und warum hast du die Vase heruntergeschmissen." „Ich ... ich wollte dich nur warnen, stotterte ich vor mich hin. Jetzt endlich ließ er mich los. Sofort erfaßte ich die Chance und haute ab. Mehrmals noch ging ich zu dem Heidehäuschen und immer, wenn ich es sah, fragte ich mich, warum ich die Vase kaputtgemacht habe. Doch ich kann mir keine Antwort darauf geben. In der Zeit, wo Frank in Brasilien war, sorgte ich für sein Häuschen. Nun war ich schon achtzehn. Fünf Jahre hatte ich nichts von Frank gehört. Außer ein paar Briefen, in denen er schrieb, daß er noch länger in Brasilien bleiben würde. Auch bat er mich, daß ich weiterhin für sein Haus sorgen soll, was ich natürlich gern tat. Nach fünf Jahren endlich kam er wieder. Bei seiner Ankunft war ich gerade bei ihm gewesen, das war mir natürlich sehr peinlich. Seine erste Frage lautete: „Was machst du, wenn du mit der Schule fertig bist?" Ich zog die Schultern nach oben. Plötzlich fragte er mich: „Willst du nicht heiraten?" Verwundert fragte ich zurück: „Wen denn?" „Mich zum Beispiel." Zuerst dachte ich, er sei übergeschnappt. Doch dann gab er mir einen zärtlichen Kuß. Er versprach, daß er es ernst meinte mit der Heirat. Doch da fiel mir seine Verlobte ein und sofort fragte ich: „Und was ist mit deiner Verlobten?" Sicher antwortete er mir: „Darüber brauchst du dir keine Sorgen zu machen. Das ist jetzt alles vorbei, du kannst mir glauben." Wieder wollte er mich küssen. Doch als ich es bemerkte, rannte ich davon. Am nächsten Morgen kam er zu mir. Er wollte wissen, ob ich mit ihm Baden gehe, begeistert sagte ich zu. Unterwegs gestand ich ihm, daß ich ihn schon vor fünf Jahren geliebt habe. Da gestand er dasselbe. Von nun an wußten wir, daß wir zusammengehören. Nichts konnte uns mehr trennen."

Die Charakterisierung der beiden Personen: Die Verfasserin – fährt nicht weg; ist ausgeschlossen; weiß nicht, was sie tut; sucht „abzuhauen", haut ab; stottert, redet, kann aber nicht ausdrücken, was sie fühlt; versorgt das Heidehäuschen; erwartet keinen Dank; macht keine Pläne für die Zunkunft; zweifelt, ob er sie wirklich will; hat Angst vor Sabine. Der erträumte Frank – fährt fünf Jahre weg; verlobt sich mit Sabine; ist aktiv: läuft, schnappt im richtigen Moment zu; stellt klare Fragen zur Situation; macht Heiratsantrag; küßt sie; übernimmt Probleme allein in sicherer Regie. Die Verfasserin beschreibt in der „Ich-Form" weniger ihr reales Verhalten als ihre Ängste und die Vorstellung, wie ihr die Angst genommen werden könnte. Die größte Angst, um die sich alles übrige kristallisiert, bezieht sich darauf, Wünsche nach Liebe auszusprechen und deutlich zu machen und damit das Risiko einzugehen, abgelehnt zu werden. Die Aktivität des erträumten Gegenüber nimmt ihr das ab: daß sie ihn liebt, erkennt sie nur nach einem garantiert ernstgemeinten Heiratsantrag. Am Ende folgt das stehende Bild einer Sicherheit auf ewig. Der Weg zu Liebe und Anerkennung führt nicht über die Ausformung eigener Bedürfnisse, sondern über die Belohnung für altruistische Taten; so wie die Eltern das Kind lieben, weil es brav war, während die Eltern weg waren. Obwohl der Aufsatz sehr stark auf erotische Wünsche und Phantasien schließen läßt, ist auch die Sexualität, das Küssen, etwas, vor dem sie davonläuft (um sich fangen zu lassen).

Diese Phantasiemuster der Jugendlichen sind sterotyp. Das hat mit ihrer Verunsicherung zu tun und muß nicht bedeuten, daß diese Starrheit das Ganze ausmacht. Es ist ein „virtuelles Selbst", daneben besteht der Wunsch nach Verständigung zwischen den Geschlechtern; nach einer Entlastung beider von den Zwängen der Polarisierung.

Wenn sich auch Männer gegen die Vorgaben ihrer Geschlechtsrolle wenden, hat das gute Gründe. Auch in der Berufsfixierung der Männerrolle sind Widersprüche enthalten. Nur ein sicheres Einkommen ermöglicht dem Mann, dem Männlichkeitsideal des guten Ernährers und fürsorglichen Ehemannes und Familienvaters nachzukommen. Im Umkehrschluß bedeutet dies, daß der Mann sein Bestes in der Arbeit geben muß, Karrierezwänge verinnerlicht, sich selbst verausgaben, ja ausbeuten muß. Und er muß parieren im Betrieb. Auf der anderen Seite bleibt er, der Berufsmensch, auf ein harmonisches Heim, für das die Frau steht, angewiesen. Die Verkörperung des Berufsmenschentums macht also die Männer in besonderem Maß emotional unselbständig. Sie binden sich ein in eine Arbeitsteilung, bei der sie wesentliche Seiten ihres Selbst und ihrer Fähigkeiten im Umgang mit sich selbst an die Frau delegiert haben. Im gleichen Ausmaß werden sie verletzbar.

In der Ehe können die Konflikte der Geschlechter noch verborgen bleiben – im Fall von Trennung und Scheidung treten sie offen hervor: als Kampf um das Kind und um die ökonomische Sicherung.

Betrachten wir als Kennzeichen der Moderne eine zunehmende Auflösung traditionaler Bindungen und Rollenzuschreibungen, ein Prozeß, der nun auch die Geschlechterrollen als Relikt erscheinen läßt. Die Betonung der eigenen unverwechselbaren, selbstverantwortlichen Biographie, das Ich-Erleben wird auch für die Frauen zentral. Die

Aspekte der Weiblichkeit, Liebe, Mutterschaft, sind etwas – sozusagen neben dem Ich –, das sich als Kontinuität eigener Erfahrung davon abhebt.

Fünf Bedingungen sind für die Veränderung traditionaler Weiblichkeit und damit für die Rollenteilung von Bedeutung:

– Die Verlängerung der Lebenserwartung und die größere Aktivität im Alter. Die Aktivitätsphase fällt nicht mehr mit der Mutterschaft zusammen. Eine Frau von 45 Jahren hat heute noch eine große Spanne Leben vor sich. Sie braucht Aktivitätsfelder.

– Die zunehmende Isolierung der Hausfrau durch soziale Mobilität und Abgrenzungstendenzen der Kleinfamilie. Hausfrauenexistenz ist heute im überwiegenden Fall eine isolierte Arbeitsexistenz in historisch ungekanntem Ausmaß.

– Empfängnisverhütung und Schwangerschaftsabbruch ermöglichen eine größere Kontrolle in der eigenen Lebensplanung der Frauen.

– Die materielle Versorgung über Ehe und Familie kann nicht mehr als selbstverständlich angenommen werden.

– Die Angleichung der Bildungschancen bildet die Voraussetzung für den Einstieg von Frauen in qualifizierte Berufslaufbahnen.

Die hier benannten Faktoren setzen Frauen aus der traditionellen Ordnung des weiblichen Lebenszusammenhanges ein Stück weit frei. Diese Vorgänge sind nicht revidierbar.

Auf der anderen Seite sind die Frauen unter den Bedingungen von Massenarbeitslosigkeit und der Verdrängung aus dem Arbeitsmarkt zwar freigesetzt von der Eheversorgung, aber nicht frei zu einer selbständigen Sicherung durch Erwerbsarbeit. Und die Bindung an die Mutterschaft verstärkt dieses Zwischenstadium zusätzlich. Fast 70% aller alleinerziehenden Mütter müssen mit ihren Kindern mit weniger als 1.200 DM im Monat auskommen. Sie und die Rentnerinnen stellen den größten Anteil aller Sozialhilfeempfänger. Aber Kinder sind auch „gewollte Hindernisse" im Konkurrenzkampf und der Anlaß für eine bewußte Entscheidung gegen ökonomische Eigenständigkeit und Karriere. Die Frauen befinden sich im Widerspruch zwischen ihrer Identifizierung mit den Werten von Fürsorge für Kind und Familie und ihrer Berufsorientierung. Sie suchen beides auszubalancieren. Zugleich tragen vor allem sie das soziale Risiko: fehlende soziale Sicherung, geschlossene Türen des Arbeitsmarktes und die Hauptlast der Familienarbeit.

Die Individualisierung im Sinne einer größeren Selbstbezogenheit und einer Abweisung von vorgegebenen Strukturen bedeutet auch Verlust von selbstverständlich vorgegebenen Daseinsformen und Sozialbeziehungen. Wo alles auf Wahl und Entscheidung beruht, alles hergestellt werden muß – Freundschaften, Bekanntschaften, Freizeit-beschäftigungen – wo alles auf Widerruf geschieht, auf Zeit – so lange es der eigenen Entwicklung entspricht – da konzentriert sich die Hoffnung auf einzigartige Nähe, auf Leidenschaft und Unterstützung in der Zweierbeziehung. Den Trennungen und Scheidungen entspricht nicht das Ende des Traumes von der großen Liebe, im Gegenteil. In den Idealisierungen der modernen Liebesehe spiegelt sich noch einmal der Weg der Moderne. Die Überhöhung ist das Gegenbild zu den Verlusten, die diese hinterläßt.

Elisabeth Beck-Gernsheim konstatiert: „Weniger das materielle Fundament und die Liebe, sondern Angst vor dem Alleinsein hält Ehe und Familie zusammen. Was jenseits von ihr droht oder befürchtet wird, ist bei allen Krisen und Konflikten vielleicht das stabilste Fundament der Ehe: Einsamkeit."

Insofern kann nicht einfach von einer Auflösung der Familie gesprochen werden. Das Verhältnis von Familie und individueller Biographie lockert sich. Die lebenslange Einheitsfamilie wird zum Grenzfall. Die Regel wird ein Hin und Her zwischen verschiedenen Familien auf Zeit und nicht-familialen Formen des Zusammenlebens. Es schält sich im Lebensverlauf die Eigenständigkeit der weiblichen und männlichen Einzelbiographie heraus. Jeder erlebt sozusagen mehrere Teilfamilien und familienferne Lebensformen und daher mehr und mehr sein persönliches Leben als einzelne/r.

Es gibt eine Umkehr der Priorität von Familie und Individualbiogra-phie. Die Individualisierung zeigt sich im Längsschnitt der Biographie, nicht so sehr in der Momentaufnahme der Formen des Zusammenle-bens. Neben die Extreme Familie und Nichtfamilie tritt in der Praxis wie in der Antizipation die Form eines Gesamtlebenslaufs mit unter-schiedlichen Lebensformen. Der Wechsel zwischen Familienformen und anderen Formen des Zusammen- oder Alleinlebens wird zur Norm des Mit- und Gegeneinanders. Die Konflikte zwischen den Geschlechtern durchziehen alle diese Formen.

Während in der Idee der Liebe das Paradox des Wunsches nach ewiger Dauer, Treue und Verläßlichkeit und der vollkommenen Sponta-neität und radikalen Entfaltung des jeweiligen Ich herrscht, scheint *eine* Beziehung vom Zwang der selbstverantworteten Selbst-verwirklichung entlastet: die Beziehung zum Kind. Das schafft die moderne Sehnsucht nach dem Kind als dem Glück des kreatürlichen Daseins und einer unaufkündbaren und unaustauschbaren Bindung.

Die Resignation angesichts der Konflikte in den Paarbeziehungen läßt das Kind zum Bezugspunkt neuer Hoffnungen werden: als Garant von Dauer und als Verankerung des eigenen Lebens. Verschiedene Neuerungen werden von hier aus selbstverständlich, wie die aus eigenem Entschluß allein mit ihrem Kind lebende Mutter. Symptomatisch ist der Einstellungswandel: zu Beginn der 80er Jahre halten es nicht einmal die Hälfte der befragten Mädchen in der BRD für wichtig, daß eine Frau mit Kind verheiratet ist. Darin drückt sich nicht nur die Abkehr von der Institution Ehe als einzig legitimer Lebensform aus, sondern auch die Skepsis gegenüber der Partnerschaft: Partner kommen und gehen – das Kind bleibt. Wie Elisabeth Beck-Gernsheim im Anschluß an empirische Untersuchungen feststellt: Immer mehr Frauen berichten, daß sie überrascht, überwältigt werden von der Intensität ihrer Gefühle zum Kind. Sie erleben, so heißt es, eine Bindung und Liebe, wie sie sie keine sonst kennen. Die Veränderungen des Bandes zwischen Mutter und Kind in den letzten Jahrhunderten zeigen, daß solche Äußerungen der Mutterliebe nicht „Natur" sind. Das Band zwischen Mutter und Kind war vor dem 18. Jahrhundert weit weniger gefühlsbestimmt.

Fragen wir nach soziologischen Aspekten dieser Intensivierung mütterlicher Gefühle, so sehen wir sie vor allem in der Steigerung des Anspruchs auf Erleben, ein Anspruch, der auch die Frauen ergreift. Heute gehört für viele das Kind in der Phantasie zur Steigerung des Lebensgefühls dazu. Und zwar deshalb, weil die Beziehung zum Kind grundsätzlich anders ist als die zu einem erwachsenen Partner. Hier ist etwas vorgegeben: umfassend, unkündbar und dauerhaft. Und die Beziehung zum Kind scheint – zumindest in den ersten Jahren – eine stabile und enttäuschungssichere Form der Hingabe zu erlauben, wo die Frau sich ausliefern kann ohne die Angst, verletzt und verlassen zu werden.

Die Phantasien über das Kinderhaben, die Motive für den Kinderwunsch, die Phantasmen der Mutterschaft bedeuten nun keine einfache Umsetzung in ein einheitlich vorgegebenes Verhalten.

Was das Verhalten angeht, fällt vor allem das enorme Ausmaß der Verunsicherung auf, das für Eltern aller sozialen Schichten charakteristisch ist. Eine junge Frau sagte im Interview mit der Soziologin Beate Szypkowski:

„Daß man auch immer die Angst davor hat, wie wird das und machst du's richtig. Daß ich in der Zeit also jetzt sehr viel nachdenke, was die Erziehung bei mir, von meinen Eltern zu mir, was da vielleicht schief gelaufen ist. Wieso ich in der einen oder anderen Situation, oder

Nichtsituation, wieso ich so oder so reagiere, und wodurch das ausgelöst wird. Daß man unheimlich tiefgreifende Fragen an sich selbst auch stellt. Und alles in Frage stellt, auch einfach weil man Angst hat, bei dem Kind irgendwie denselben Mist zu machen, um dem Kind etwas zu ersparen. Und andererseits, man ist ja auch nicht vollkommen. Probleme wird das Kind sicher haben, aber man will's halt so gering wie möglich halten, ne?"

Zu der Bedeutung, die das Kind als phantasierter Erlebnisinhalt, als Projektionsleinwand für ungelebte und utopische Wünsche der Eltern erhält, tritt eben diese Unsicherheit, wie der ideale Umgang mit dem Kind auszusehen habe.

Die Verwissenschaftlichung der Familie macht Elternschaft zu einer verantwortungsvollen Aufgabe und stellt vor allem die Mutter unter den Zwang permanenter Legitimation und Reflexion. Die Ratgeber-Literatur empfiehlt „erst alles gründlich durchdenken und dann einen sicheren Entschluß fassen." Nichts geht mehr spontan. Alles läuft über den Kopf. Besonders empfänglich sind die Frauen der Mittelschicht mit hoher Ausbildung, das heißt jedoch nicht, daß Frauen in anderen Millieus von der pädagogischen Botschaft nicht berührt werden.

Der Wandel im Elternverhalten, den wir heute beobachten, folgt einer inneren Logik. Die ursprünglichen Sicherheiten, die die Beziehung zwischen Eltern und Kind einst regulierten, die die Erwartungen und Aufgaben bestimmten, sind zunehmend verloren gegangen. Wo es um pränatale Diagnostik oder den Schadstoffgehalt in Lebensmitteln, sogar in der Muttermilch geht, hilft traditionales Wissen nicht weiter und auch nicht der Rückgriff auf das eigene Gefühl.

Gerade die ökologischen Gefahren werden im Binnenraum der Familie in immer neue Aktivitätswellen und Pflichten der Mütter übersetzt. Andererseits bieten sich Wissenschaft und Expertentum zwar als Problemlösung an, doch entstehen oft genug widersprüchliche oder konkurrierende Interpretationen. Bisherige Erkenntnisse werden als Irrtümer entlarvt. Ganze Positionen (Erziehungsstile) werden in verhältnismäßig kurzen Phasen revidiert. In ungekanntem Ausmaß erscheint Erziehung als Aufgabe.

Der Förderungsanspruch an das Kind wird immer weiter vorangetrieben. Das Kind erscheint in wachsendem Maße gestaltbar, die Eltern als verantwortliche Macher dieses Kindes. So werden etwa körperliche Behinderungen, die um die Jahrhundertwende noch schicksalhaft hingenommen werden mußten, zunehmend behandelbar und korrigierbar. In der Psychologie setzt sich die Auffassung durch, ein Unterlassen von Förderung in den ersten Lebensjahren sei gleichbedeutend mit verlorenen Entwicklungschancen. Der kulturell vorgegebene Druck verschärft sich. Das Kind kann immer weniger hingenommen werden so wie es ist, mit seinen körperlichen und geistigen Eigenarten. Möglichst alle Mängel sollen korrigiert werden, alle Anlagen sollen entwickelt werden; ein neuer Markt entsteht, mit immer neuen Programmen für das allseits entwickelte Kind. Offenkundig setzen sich die Leitbilder der Entfaltung der kindlichen Persönlichkeit auf vielen Ebenen in tatsächliches Erziehungshandeln um. Fortwährender Einsatz der Eltern, und das heißt faktisch der Mütter, ist verlangt. Diese müssen zunächst einmal Informationsarbeit leisten, denn es gibt eine zunehmende Kluft zwischen verfügbarem und kulturell gefordertem Wissen über Kinder.

Die Inszenierung der Kindheit entspringt nicht nur einer bloßen Laune der Eltern. Sie hat vielmehr ihren objektiven Grund darin, daß unter den Bedingungen der mobilen Gesellschaft Erziehung und Förderung des Kindes ein Teil der Arbeit zum Statuserhalt ist. Wo der Zwang regiert, durch individuelle Anstrengungen den eigenen Platz zu sichern, da wird er schon ins Kinderzimmer hineingetragen. Die Kindererziehung ist eingespannt zwischen Aufstiegswunsch und Abstiegsbedrohung. Die Familie steht heute unter einem Erziehungsdruck, der historisch seinesgleichen sucht.

Das Gebot der optimalen Förderung verändert den alltäglichen Umgang mit Kindern. Alles soll über den unmittelbaren Anlaß hinaus noch einen höheren Zweck verfolgen, alles wird zur Lehrveranstaltung definiert und soll der Förderung dienen: Kreativität stimulieren, Entwicklungsimpulse verschaffen, Lernanreize organisieren.

Die Kindzentriertheit der Eltern konstituiert auch eine permanente Forderung an die Kinder. Schuldete man früher seinen Eltern in erster Linie Respekt und Gehorsam, so wird heute vielfach Liebe eingeklagt und das Kind hat vielfach die Funktion, den Eltern emotionale Unterstützung zu geben.

Und was, wenn die hochgesteckten Erwartungen sich so nicht einlösen lassen?

Zum Thema Familie heute gehört auch das Kapitel Gewalt gegen Kinder. In wachsendem Maß werden Kinder und Jugendliche von ihren Eltern seelisch und körperlich gequält, sexuell mißbraucht und emotional abgelehnt. Es wird geschätzt, daß in der alten Bundesrepublik mindestens 300.000 bis 400.000 Kinder und Jugendliche betroffen sind. Das entspricht mehr als 3% von den insgesamt 11 Mio. Kindern und Jugendlichen unter 18 Jahren (Hurrelmann).

Hierfür gibt es vielfältige Ursachen. Auffallend ist aber, daß es oft die

„guten Absichten" der Eltern sind, die ins Gegenteil umschlagen: Eltern wollen das Beste für ihr Kind und merken oft nicht, daß sie gerade deshalb an den wirklichen Wünschen und Bedürfnissen vorbeigehen.

Der Trend zur Ein-Kind-Familie verstärkt diese Entwicklung. Ein großer Teil der Eltern bemüht sich mit offenem, oder was meist der Fall ist, mit unterschwelligem Druck auf gute Schulerfolge, die Kinder zu glatten Berufslaufbahnen zu treiben. Wo Jugendliche diesen Druck der Eltern nicht erfüllen können, kommt es zu langanhaltenden Konflikten.

Fassen wir zusammen: Da Kinder ökonomisch kaum noch gebraucht werden, weder als Arbeitskräfte noch als Erben, bleibt als die eigentliche Belohnung der emotionale Wert, den Kinder haben. Dies ist eine zwar intensive, aber auch unsichere und krisenanfällige Form der Belohnung.

Von der Kleinfamilie alten Typs hat sich die Realität, jedenfalls für die große Mehrheit, entfernt. Selbst diejenigen, die in einer lebenslangen Partnerschaft monogam leben, sehen dies als eine Lebensform unter anderen. Das bedeutet nicht, daß sich die Lebenszusammenhänge von Frauen und Männern aneinander angleichen. Nach wie vor sind Frauen nur zum Teil in die Berufsarbeit integriert. Nach wie vor sind sie die für die Familie und die Kindererziehung Zuständigen. Jedoch bezeichnet „die Familie" heute eine feste Bindung an die Kinder bei meist wechselnden Partnerschaften. Die sozialen Kosten tragen die Frauen überproportional. Sie zahlen mit Doppelbelastung und ökonomischer Benachteiligung. Allerdings sind sie auch die sozial überlebensfähigeren Charaktere.

Der Formenwandel, den ehemals kleinfamiliale Privatverhältnisse im Zuge der Normalisierung von Scheidungen durchlaufen, kann schließlich auch daran verdeutlicht werden, daß leibliche und soziale Elternschaft, so wie soziale und rechtliche Elternschaft immer weniger zusammenfallen und immer seltener aus dem faktischen Zusammenleben einer Kleinfamilie erschlossen werden können. Bei der zunehmenden Zahl an Scheidungen wachsen Kinder immer mehr nur in Grenzfällen in ihrer Geburtsfamilie auf. Immer häufiger dagegen in Familienkonstellationen, in denen Kinder aus verschiedenen Ehen eine neue vorübergehende Kernfamilie bilden, mit Brüdern und Schwestern, die jeweils anderen Linien zugehören. Scheidung lockert also systematisch und langfristig die im Urbild der lebenslangen Kernfamilie zusammengeschweißte Einheit von Biologie und Gesellschaft. Auf keinen Fall läßt sich die bisher weitgehend vorherrschende Auffassung halten, daß Scheidung nur der Ausgang aus einer und der Übergang in eine andere Kleinfamilie ist, so daß hohe Scheidungsraten den

Sozialcharakter, die familiale Lebensform unberührt lassen. Dies ist nur so lange möglich, wie das Auseinanderfallen, die Umschichtungen innerhalb und zwischen Familien verdeckt und vertuscht werden, Tatsache ist, daß die Verhältnisse, die durch Mehrfachscheidungen aufgespalten und gemischt werden, mehrschichtige, schwer durchschaubare, ineinander verschachtelte Netzwerke hervorbringen. Weshalb man auch oft sagen kann, daß geschiedene Eltern rechtlich und räumlich ein neues Leben beginnen – obgleich sie in Auseinandersetzung und Gefühlslagen aneinander gebunden bleiben. Für die Kinder stellt die Scheidung der Eltern den Beginn eines Doppellebens dar, in dem Zusammenleben nicht mehr mit Elternschaft zusammenfällt und die Kinder mehr oder weniger eine Art emotionales und soziales Leben über zwei, oft negativ aufeinander bezogene Kernfamilien führen müssen.

Kinder symbolisieren auf gewisse Weise die Kontinuität, vielleicht sogar die Untrennbarkeit der Ehe, denn die Kinder können sich von ihren Eltern nicht scheiden lassen. Sie können nur wählen, mit wem sie primär und in der notwendigen Folge sekundär zusammenleben wollen.

3. Emotionalisierung von Beziehungen

Der Begriff der „Erlebnisgesellschaft" ist durchaus geeignet, wichtige Dimensionen der Gegenwartsgesellschaft zu umreißen. Wie aus dem vorangegangenen deutlich wird, ist die Zuwendung zum Kind heute wesentlich ein Element der Selbstverwirklichung der Erwachsenen. Zugleich wird Kindheit zur Aufgabe. Der Wertewandel in Schule und Elternhaus stellt hohe Ansprüche an Kommunikation und Leistungsfähigkeit, auch finanzieller Art, bei den Eltern. Der Druck auf Perfektion, der sich in der Qualifikation der Kinder, in der Ästhetisierung von Kindheit, in zunehmendem Konsumzwang äußert, schafft nicht nur Glücksgefühle, sondern auch die Tendenz zu elterlicher Frustration und Enttäuschung.

Sozialpsychologisch betrachtet zeigt die Familie der Gegenwart eine starke Dominanz der Mutter in der emotionalen Beziehung. Dies gilt nicht nur für alleinerziehende Mütter, sondern auch für Paare. Wie die Interviews zeigen, ist die emotionale Nähe zu den Vätern und männlichen Bezugspersonen weit geringer als die zu Müttern und weiblichen Bezugspersonen.

Drei Risiken der gegenwärtigen Eltern-Kind-Beziehung lassen sich als Verschärfung des Symbiose-Autonomie-Konflikts interpretieren:

- Das Kind als narzistisches Spielzeug der Erwachsenen.
- Konsumismus und d. h. zugleich Verkennung kindlicher Bedürfnisse.
- Permanenter elterlicher Zugriff (zum besten des Kindes) oder Vernachlässigung des Kindes (die Kehrseite der Medaille).

Eine Verschärfung des Symbiosekonflikts geht im allgemeinen mit einer zunehmenden Aggressivität gegen Frauen einher. Meiner Ansicht nach läßt sich eine solche Abwertung des Weiblichen in der gegenwärtigen Gesellschaft deutlich beobachten. Sie ist allerdings getarnt, oder rationalisiert, durch die Idealisierung der Karrierefrau, bzw. die Idealisierung von Frauen in Dominanzrollen. Der für beide Geschlechter erfolgversprechende soziale Habitus läßt sich charakterisieren durch die Begriffe: Coolness, Bereitschaft zur Gewaltausübung, technische Manipulation.

Ich komme noch einmal auf die Eltern-Kind-Beziehung zurück. Wo das Kind als „Erlebniswert" gesehen wird, besteht ein starker narzißtischer Aspekt. Die starke Ich-Betonung bedeutet für die Erwachsenen die Akzentuierung von Offenheit und Wahlmöglichkeiten, von unendlichem Progreß bis zu einer Grenzenlosigkeit. Man könnte auch sagen, von der Persönlichkeitsstruktur her besteht eine natürliche Affinität zu den Erlebnisweisen der Adoleszenz. Sie besteht in der Omnipotenzphantasie und der imaginären Offenheit der Grenzen: alles ist in der Phantasie möglich. Fluktuierende Entwürfe schwanken zwischen Extremen – vom Künstler bis zum Unternehmer. Kennzeichnend bei allen individuellen Unterschieden sind in der Adoleszenz Grandiosität und Narzißmus, auch wenn dem in der Realität nichts entspricht. Beim Erwachsenen bedeuten Arbeit und Liebe die Sublimierung der adoleszenten Phantasien, die aufgegeben werden zugunsten der Besetzung des Arbeitsgegenstandes und zugunsten der Generativität. Liebes- und Freundschaftsbeziehungen gestatten die Delegation ungelebter eigener Anteile und das Akzeptieren der eigenen Begrenztheit. Dazu gehört auch die Anerkennung der Altersdifferenz. Offensichtlich wird diese Leistung – die Wendung zum Objekt in der Arbeit und das Akzeptieren der eigenen Grenze – immer schwieriger. Ein Ausdruck dieses Vorgangs ist die spezifische Ausprägung des Generationenkonflikts, denn fortgesetzt adoleszente Eltern werden mit der Real-Adoleszenz ihrer Kinder konfrontiert. Ich bringe hier ein Zitat – exemplarisch. Eine junge Frau sagte im Gespräch mit der Soziologin Beate Szypkowski:

„... und wie ich anfing, in die Pubertät zu kommen und diese Jungenssachen anfingen, da fing es an, haarig zu werden. Also meine

Mutter, die schon immer sagte: ,Ich bin nicht deine Mutter, sondern deine Freundin'. Seitdem ich fünfzehn war, durfte ich nicht mehr ,Mutter' in der Öffentlichkeit sagen, weil so eine erwachsene Tochter vielleicht auf ihr Alter schließen könnte. Und dann liefen dann so Sachen ab wie, wenn sie mit in die Disco ist, durfte ich und ansonsten durfte ich gar nichts...

*Echt, so **unheimliche** Taktlosigkeiten, die sie da manchmal brachte. Ja und daß sie wirklich dreimal mit Freunden von mir ,rumgeknutscht hat; das hab ich ihr auch nicht verziehen, das fand ich auch etwas neben der Reihe. Also wo sie immer so grenzenlos war. ... und dann auch immer diese Sprüche von ihr: wir sind ja eins und du brauchst den Mund gar nicht auf zu machen, ich weiß, was du denkst. Und irgendwann bekam ich wirklich so Horrorphantasien, wie daß ich einen offenen Kopf hätte, so als ob sie meinen Kopf aufklappen kann und da reingucken kann. Und da fing ich an, sie grenzenlos zu hassen. Also anscheinend, also ich hatte das Gefühl, es gibt für mich überhaupt keine Chance der Existenz.*

Die Problematik, die sich hier ausdrückt, gilt auch für Söhne. Viola Roggenkamp mit einem neunzehnjährigen Schüler im Gespräch:

(Jan wird in wenigen Wochen neunzehn Jahre alt. Er will Schauspieler werden. Noch lebt er bei seinen Eltern in Kiel.)
Jan, du willst ausziehen?
Ja. Am liebsten schon gestern. Ich wüßte auch, wohin. Zu meiner Freundin nach Hamburg. Mir fehlt bloß das Geld. Meine Eltern geben mir nichts. Das heißt, meine Mutter hat nichts, und mein Vater rückt nichts raus. Der haßt mich.
Woran merkst du das?
Hmm. Ja. Insgesamt. Der lehnt mich total ab. Ewig hat er was an mir rumzumeckern. Auch wenn ich mir Mühe gebe. Besonders gern beim Essen. Voll Streß. Der tut so, als würde ich ihm alles wegfressen, dabei wird er selbst immer fetter.
Du haßt ihn?
Allerdings. Ich würde dem am liebsten eins auf's Maul geben.
Na, das klingt doch mehr nach Wut.
Stimmt eigentlich. Vielleicht hasse ich ihn ja gar nicht. Aber er macht mich rasend, wenn er mir zu nahe kommt.
Du wirst also bald fortgehen.
Ganz bestimmt.
Und dann eigenes Geld verdienen.

Das will ich. Aber ich will Schauspieler werden. Da brauche ich erst mal die Ausbildung. Die muß bezahlt werden. Das ist teuer.
Und die soll dein Vater bezahlen?
Ja. Das ist doch normal. Ich kann's ihm ja später zurückzahlen.
Warum haßt du deinen Vater?
Warum haßt er mich? Ich glaub ja, daß er eifersüchtig ist. Total eifersüchtig. Er ist sechzig geworden. Vor zwei Wochen. Und mein Leben fängt jetzt an. Wenn ich mal Freunde mit nach Hause bringe... Voll die Peinlichkeit. Wenn Mädchen dabei sind. Nicht auszuhalten, wie der um die rummacht. Aber übernachten darf meine Freundin nicht bei mir. Dann kriegt er zuviel. Letzten Monat hat sie bei mir geschlafen. Heimlich. Und dann sind wir am anderen Morgen, Sonntags war's, zusammen aus meinem Zimmer gekommen, zum Frühstück. Und mein Vater saß da. Im Bademantel. Unrasiert. Und neben mir stand meine Freundin. Meine Mutter hatte auch nichts davon gewußt, geahnt hat sie es vielleicht. Jedenfalls, mein Vater, der ist hochgegangen. Wie eine Rakete! Meine Mutter schenkte gerade Kaffee ein. Den hat er umgeworfen, als er aufsprang. Und gebrüllt hat er. Was mir einfiele. Unter seinem Dach, naja, und so das Übliche.
Er hat sich gewiß vor deiner Freundin geniert.
Ja!
Ist das nicht verständlich?
Er soll nicht immer so tun, als sei er der Größte.
Wolltest du ihn blamieren?
Kann schon sein. Weil er verdammt noch mal sich nicht in meine Bereiche einmischen soll. Meine Freunde sind meine Freunde. Ich glaube wirklich, daß der in so einer Krise ist. Oder daß er Ärger hat. Jetzt wird er ja auch bald pensioniert. Das ist bestimmt nicht einfach für ihn. Nur daß er deshalb sauer auf mich ist! Kann er sich doch freuen, daß ich das alles noch vor mir habe.
Was vor dir hast?
Die große Liebe und das große Geld und den großen Erfolg und dann den großen Frust und am Ende die große Einsamkeit.
Genauso wie dein Vater?
Weiß ich nicht. Ja. Vielleicht. Am Ende voll den Neid und die Bitterkeit. Ich will das nicht so für mich!"

Offensichtlich werden die Eltern aus der Perspektive der Jugendlichen als Rivalen erlebt. Und die Verleugnung der Generationendifferenz löst bei den Nachwachsenden ausgesprochene Verlassenheitsgefühle aus. Sie fühlen sich nicht gestützt und gehalten von den Älteren, sondern viel mehr verfolgt und funktionalisiert. Der Austausch zwischen den Generationen stimmt nicht mehr. Es kommt zur Kampfansage der Jungen: wenn die Alten wie die Jungen sind, sollen sie auf ihre Vorrechte verzichten. Das heißt vor allem Geld, Wohnung etc. herausgeben oder sie sollen zugeben, daß sie alt sind. Dafür haben sie dann auch das Sagen. In den Kommentaren der Jugendlichen wird die narzißtische Ausdehnung des väterlichen oder mütterlichen Ich spürbar. Die Kinder als Heranwachsende sind hier für die Erwachsenen eher eine narzißtische Kränkung als ein Erlebnisgewinn.

Literatur:

Beck, U. und Beck-Gernsheim, E.
1990   Das ganz normale Chaos der Liebe. Frankfurt
Metz-Göckel, S. und Müller, U.
1985   Der Mann. Brigitte-Untersuchung. Hamburg
Pross, H.
1973   Gleichberechtigung im Beruf? Eine Untersuchung mit 7000 Arbeitnehmerinnen in der EWG. Frankfurt
Roggenkamp, V.
1993   Interview in „Die Zeit", Januar 1993
Szypkowski, B.
1989   Magersucht und weibliche Entwicklung. Diplomarbeit Universität Frankfurt (unveröffentl. Manuskript)

Bärbel Bauers

Kinder aus Scheidungsfamilien – Seelische Folgen von Trennung und Verlust[1] unter Berücksichtigung geschlechtsspezifischer Unterschiede

Es ist unumstritten, daß Kinder aus Scheidungsfamilien eine Risikogruppe innerhalb der Inanspruchnahmepopulation von Beratungsstellen, Kinder- und Jugendpsychiatrischen Einrichtungen und psychotherapeutischen Praxen sind (vgl. Schleiffer 1988). Aggressivität, dissoziale Verhaltensweisen, Lern- und Leistungsstörungen, Depressionen, Ängste und psychosomatische Symptome sind die häufigsten Anlässe für Behandlung. Aber auch bei klinisch nicht auffällig gewordenen Kindern und Jugendlichen finden sich Beeinträchtigungen in der psychosozialen Entwicklung (Übersicht bei Fthenakis 1988, 359ff; Napp-Peters 1988).

Ihre psychischen Probleme stehen im Zusammenhang mit ungelösten Beziehungskonflikten der Eltern, mit der Erfahrung von Trennung und Beziehungsverlust. Sie können sich in affektiven und Verhaltensstörungen äußern, die Ausdruck einer vorübergehenden Krise, einer längerfristigen Entwicklungsstörung oder einer neurotischen Konfliktproblematik sind (vgl. Figdor 1991). Seit Veröffentlichung der Untersuchungsergebnisse von Wallerstein und Kelly (1974; 1975; 1976; 1977; 1980) wurde in der Scheidungsliteratur eine Variationsbreite von alterspezifischen und entwicklungsabhängigen Reaktionen bei Kindern und Jugendlichen im Zusammenhang mit dem Erleben der Scheidung ihrer Eltern beschrieben (vgl. u. a. auch Bowlby 1976, 1980; Fthenakis 1982; Holder 1986; Figdor 1991; und unter Berücksichtigung familiendynamischer Zusammenhänge vgl. Framo 1980; Bauers 1984; Bauers, Reich, Adam 1986; Reich, Bauers 1988). Typische emotionale Reaktionen sind Angst, verlassen zu werden, Wut, Trauer, Schuldgefühle, Störungen des Selbstwertgefühls, Loyalitätskonflikte und ein allgemeines Mißtrauen

---

[1] Teile dieser Arbeit – jedoch ohne Berücksichtigung geschlechtsspezifischer Unterschiede – wurden bereits 1993 in dem Sammelband „Kinder im Scheidungskonflikt" (Hg.: Menne, Schilling, Weber) beim Juventa Verlag, Weinheim u. München, veröffentlicht.

in die Verläßlichkeit menschlicher Beziehungen. Für den in dieser Arbeit darzustellenden Zusammenhang sind Befunde von Bedeutung, die 1. auf geschlechtsspezifische Reaktionen von Kindern und Jugendlichen auf die Scheidungssituation hinweisen (Hetherington 1972; Hetherington u. Parke 1979) und 2. die Annahme bestätigen, daß nicht das Scheidungserlebnis selbst verstörend oder pathogen auf die Kinder wirke, sondern die dem Trennungserlebnis oftmals vorausgehende, langwierige Ehekrise (z.B. Reich, Bauers, Adam 1984, 1986; Cherlin und Bray 1991). In einer Studie zur Familiendynamik von Scheidungen wiesen Jungen gegenüber Mädchen eine größere Anzahl von Symptomen auf; sie reagierten auf die Scheidungssituation vorwiegend mit aggressiven oder dissozialen Verhaltensweisen, während den Symptomen der Mädchen häufig eine depressive Konfliktproblematik zugrunde lag (Bauers 1984). In einer Untersuchung von 150 Nachscheidungsfamilien fand Napp-Peters (1988) diese Unterschiede bei 36% der Jungen und 36% der Mädchen mit langfristigen Störungen.

Viele Untersuchungen (Übersicht bei Fthenakis 1988, 346-347) führen die überhäufig dissoziale Verhaltensbereitschaft von Jungen, die ohne Vater aufwachsen, auf Defizite in der moralischen Entwicklung zurück. Dabei zeigten Jungen aus geschiedenen Ehen einen höheren Grad an sozialer Abweichung (Santrock 1974) und ein geringeres Maß an Selbstkontrolle (Santrock & Wohlford 1970) als Jungen, deren Väter gestorben waren (zitiert nach Fthenakis 1988, 347).

Unter Berücksichtigung der jeweiligen familiendynamischen Prozesse fand Bauers, daß Jungen anhaltender und umfassender als Mädchen einem Widerspruch ausgesetzt waren, den sie nicht integrieren konnten: Einerseits für die Mutter Repräsentant des abgelehnten, gehaßten Partners zu sein, andererseits von ihr in der Rolle eines Partnerersatzes gebraucht zu werden — womit sie sich in einer Beziehungsfalle befanden. Mädchen dagegen, die sich eher mit dem Leid der Mutter oder ihrem Haß auf den Vater identifizierten (vgl. auch Beal, Hochman 1991, 114), konnten mit ihrem reaktiven Bemühen, die Bedürfnisse der Mutter zu befriedigen, eher auf Übereinstimmung hoffen. Hetherington (1972), Hetherington und Parke (1979) sowie Wallerstein und Blakeslee (1989) sehen bei Mädchen einen Verzögerungseffekt: Spätreaktionen auf Trennung und Vaterverlust zeigen sich in Schwierigkeiten bei der Partnerwahl und einer ambivalenten Einstellung zu Partnerschaft und Ehe mit der Folge von sich wiederholenden Beziehungsabbrüchen.

Als Spätfolge von Ehekrise und Scheidung fielen in einigen Untersuchungen u.a. erhebliche, behandlungsbedürftige Beziehungsprobleme bei den inzwischen erwachsen gewordenen Kindern auf (Wallerstein und Blakeslee sprechen in einer katamnestischen Nachuntersuchung von 40%). Aus familiendynamischer Perspektive liegen die Gründe hierfür in der Tradierung (Wiederholung) inadäquater Beziehungs- und Konfliktlösungsmuster (Reich, Bauers, Adam 1984, 1986; Bael, Hochmann 1991), die schon in der Vorgeneration zur Ehekrise führten.

Nimmt man Untersuchungen zum Zusammenhang von Elternverlust in der Kindheit und Erkrankungsrisiko im Erwachsenenalter hinzu (Fthenakis 1988, 364; Übersicht bei Bron 1991), in denen sich bei aller Widersprüchlichkeit der Ergebnisse doch die Tendenz abzeichnet, daß Vaterabwesenheit als Folge von Scheidung häufiger und im Lebenslauf zeitlich früher zu seelischer Krankheit, insbesondere zu Depressionen, führt als Vaterverlust durch Tod, so muß für die Beurteilung von Scheidungsfolgen davon ausgegangen werden, daß Dauer der Eherkrise und Beziehungsverlust zum Vater kumulativ wirken. Deren psychische Verarbeitung ist nicht nur vom Alter und Entwicklungsstand des Kindes abhängig, sondern auch von der äußeren und inneren Bewältigung der Scheidung und Scheidungsfolgen durch die Eltern.

Symptome, die Kinder und Jugendliche aus Scheidungsfamilien entwickeln, lassen jedoch allein kein ausreichendes Urteil über die seelischen Folgen von Trennung und Verlust, die Schwere der Störung, die zugrundeliegenden Konflikte und die Bewältigungsformen zu. Notwendig ist die Beurteilung der intrapsychischen Scheidungsreaktion, der psychodynamischen Zusammenhänge, wie sie sich im Verlauf der ganz individuellen Geschichte eines Scheidungskindes herausgebildet hat. Denn seelische Beeinträchtigungen, auch wenn sie mit Leid erlebt werden, müssen sich nicht zwangsläufig in Verhaltensauffälligkeiten äußern (vgl. Figdor 1991).

Im folgenden soll aus psychoanalytischer Perspektive eine Verknüpfung hergestellt werden zwischen familiendynamischen und entwicklungspsychologischen Aspekten. Dabei werden die Auswirkungen von Trennungs- und Verlusterfahrungen entlang der drei Scheidungsphasen Ambivalenz-, Scheidungs- und Nachscheidungsphase beschrieben, weil diese mit ihren spezifischen Belastungsfaktoren und Beziehungskonstellationen als Prozeßverlauf Einfluß auf die Entwicklung von Jungen und Mädchen nehmen. Da die schwere Beeinträchtigung der Beziehungen das charakteristische Merkmal von Scheidungsfamilien ist und diese oft schon in der Ambivalenzphase zu familiären Spaltungsprozessen und subjektivem Trennungserleben führt, wird vor allem der Aspekt der Entwicklung von intrapsychischen Objektbeziehungen behandelt, nach deren Muster das Kind später seine eigenen Beziehungen gestaltet. Dieser Aspekt beinhaltet daneben die Entwicklung zu

Autonomie und ist auch für die Entwicklung der Geschlechtsidentität bedeutsam.

Ambivalenzphase

Aus familiendynamischer Sicht sind Ehekrisen und Scheidung Ausdruck des gescheiterten Versuchs der Partner, mit Hilfe von Partnerwahl die unbewältigten Konflikte mit ihren Herkunftsfamilien zu lösen (Reich 1984, 1987). Zur Vermeidung von Trennung und Trauer im Zuge der Ablösung werden eigene Entwicklungschritte zu erwachsener Unabhängigkeit weitgehend vermieden, die Konfliktlösung nacheinander an den Partner und die Kinder delegiert.

Die meist unbewußte Erwartung, mit Hilfe eines Kindes äußere und innere Autonomie gegenüber der Herkunftsfamilie zu erwerben, die früher vermißte Bestätigung und Anerkennung doch noch zu bekommen, werden aber zwangsläufig ebenso enttäuscht wie die in die Partnerschaft gesetzten Hoffnungen, die hierher verschoben und bisher nicht bewältigten Individuations-und Ablösungskonflikte aus dem Elternhaus zu lösen (Reich, Bauers 1986).

Statt dessen führt bei den Partnern das Erleben einer neuen Abhängigkeit – jetzt die vom Kind – zur Aktivierung der während der Adoleszenz unerledigt gebliebenen Konflikte, reaktiviert Unzufriedenheit, Auflehnung, Wut und u.U. erneut Ablösewünsche, die einer mit Geburt des Kindes notwendigen Umstrukturierung der Paarbeziehung entgegenstehen und das „Zusammenwachsen" der Partner als eine dem Kind gegenüber abgegrenzte Einheit als Elternpaar verhindert.

Während des Prozesses der Ehekrise in der Ambivalenzphase der Scheidung, die sich u.U. über Jahre hinziehen kann und in der das Familienleben bestimmt wird durch Mißtrauen, Auseinandersetzungen, zermürbende Unentschlossenheit, Angst vor Trennung und ihren Folgen, befinden die Kinder sich in einer Situation permanenter Verunsicherung und drohender Gefahr, real verlassen zu werden. Für eine gemeinsame Lebensplanung der Eltern verlieren sie an Bedeutung; statt dessen braucht das Paar sie zur Separation und Aufrechterhaltung der Spaltung in der Ehe. Die in diesem Zusammenhang von mir so benannte „Spaltung" beinhaltet intrapsychisch eine vorweggenommene Trennung vom Partner. Über die Generationsgrenzen hinweg bilden sich neue „Paare": Mutter plus Kind und/oder Vater plus Kind; in der Regel bilden sich jedoch Koalitionen eines Elternteils mit einem Kind (oder allen Kindern) und der Partner wird ausgeschlossen.

Mit diesem typischen Strukturmerkmal in Scheidungsfamilien wird dem Kind schon in der Ambivalenzphase der Scheidung vermittelt, daß Bedürfnisse nach Bindung und Trennung sich nicht innerhalb einer Beziehung verwirklichen lassen, eine „bezogene Individuation" (Stierlin 1978) als reife Form einer Objektbeziehung unmöglich ist.

Wenn sich dann in manchen Fällen die Spaltung zwischen den Eltern auch zwischen den Geschwistern fortsetzt, erlebt das Scheidungskind die Familie als „zerfallen", die Familienmitglieder als isoliert und emotional abgetrennt; es leidet unter schwerster Vereinsamung. Dies Grundgefühl, trotz Kontakt mit anderen von ihnen „abgetrennt" zu sein, läßt sie auch später alle Beziehungen als „unbefriedigend" erleben.

Spaltungs- und Trennungsprozesse werden im Verlauf der Ehekrise und auch nach der Scheidung stabilisiert, indem das Kind zur Abwehr interpersoneller Konflikte und Vermeidung von Trauer von den Eltern unbewußt spezifische „Rollen" übertragen bekommt: Bündnispartner zu sein, Elternersatz, mit der Aufgabe, „Kummerkasten" zu sein, zu trösten, die depressive Leere zu füllen, Partnerersatz zu sein, wobei es zum Vertrauten und Geheimnisträger wird oder zum „Vermittler" im Ehestreit. Weil in dieser Ich-stützenden Rolle für die Eltern ihre wichtigste Funktion in der Familie liegt, tendieren schließlich auch die Kinder dazu, aktiv an ihrer einmal eingenommen „Helfer-Position" festzuhalten. Sie aufzugeben würde im Erleben Verlassenheit bedeuten, zu Trauer und Selbstwertverlust führen.

Die alltäglichen, affektiv besetzten, direkten und indirekten Beziehungserfahrungen, die das Kind mit den Eltern macht, sind nun entscheidend für die Entwicklung von Struktur und Qualität seiner intrapsychischen Repräsentanzen von Beziehung sowie auch seiner Fähigkeit, sich zu individuieren und abzulösen.

In diesem Entwicklungsprozeß kommt dem Vater in seiner Funktion als „triangulierender Dritter" eine wichtige Bedeutung zu (vgl. Abelin 1971, 1975; Rotmann 1978; Ermann 1985, 1989; Stork 1986).

Für die frühe Entwicklung eines autonomen Selbstgefühls und für die Bildung einer stabilen 3-Personen-Beziehungsrepräsentanz ist sowohl die Präsenz des Vaters, das Erleben seiner „Andersartigkeit", als auch die Qualität der elterlichen Beziehung von großer Bedeutung. Nur wenn das Kind erlebt, daß es eine zu Mutter und Vater je unterschiedliche Beziehung haben kann, die auch die Beziehung der Eltern untereinander nicht gefährdet, kann es sich sowohl mit Vaters autonomen Strebungen als auch mit seinen Bindungwünschen identifizieren. Beides hilft ihm, in der frühen Loslösung von der Mutter seine mit Trennung und Verselbständigung verbundene Angst und Aggression zu bewältigen, Loyalitätskonflikte zu überwinden, die Fähigkeit zu Ambivalenz und Objektkonstanz zu erwerben.

Im Zusammenhang mit den beschriebenen Koalitionsbildungen bzw. familiendynamischen Spaltungsprozessen erleben die Kinder während ihrer psychischen Entwicklung sehr häufig ein sogenanntes „Triangulierungsverbot", das von einem oder auch von beiden Elternteilen ausgeht, offen oder subtil vermittelt wird. Insbesondere wenn sich im Verlauf der Ehekrise eine dyadische Beziehung zwischen einem Kind und einem Elternteil durch die gemeinsame Ablehnung des Dritten, des anderen Elternteils, stabilisiert, wird beim jungen Scheidungskind die Triangulierung, also die Entwicklung zur 3-Personen-Beziehung behindert oder bleibt unvollständig. Die verinnerlichte Beziehungsstruktur bleibt auf dyadischem Niveau, häufig mit dem Bedürfnis nach einer exklusiven Zweiersituation, verbunden mit narzißtischer Sehnsucht nach Vollkommenheit und Harmonie. Diese Wünsche bestimmen dann alle weiteren Beziehungen, die zu Gleichaltrigen und später auch die Partnerbeziehungen der erwachsen gewordenen Kinder. Die Beziehung zu Dritten wird in diesen Fällen als „Verrat" erlebt, woraus sich der bei Scheidungskindern zentrale und ubiquitär anzutreffende Loyalitätskonflikt auch als ein Entwicklungskonflikt erklärt.

Unter dem Aspekt der frühen Entwicklung der Geschlechtsidentität (vgl. Fast 1984; Ermann 1989; Mertens 1992) betrachtet, kann das „Triangulierungsverbot" für Mädchen und Jungen unterschiedliche Auswirkungen haben. Wenn z.B. die Mutter aufgrund ihrer konflikthaften Beziehung zum Mann ihren Sohn in der frühkindlichen Abhängigkeit bindet und gleichzeitig seinen Vater abwertet, wird für den Jungen der normale Loslösungskonflikt durch einen weiteren Konflikt zusätzlich belastet: Sein Wunsch, sich mit der Männlichkeit des Vaters positiv zu identifizieren und zu werden wie er, setzt die Abgrenzung von der Mutter voraus und birgt damit die Gefahr, ebenso wie der Vater von ihr abgelehnt zu werden, sie zu verlieren. Jede Versuchung jedoch, in einer symbiotischen Dyade mit der Mutter zu verbleiben – und d.h. auch, sich mit ihren Vorstellungen zu identifizieren, bedroht seine Geschlechtsidentität und eine realitätsorientierte Bewertung seiner sich entwickelnden subjektiven Vorstellungen von Männlichkeit und Weiblichkeit. Zieht auch der Vater sich von ihm zurück, kann die Enttäuschung an ihm zu einer Fixierung in der Ablösungskrise führen und die spätere Entwicklung unterschiedliche Richtungen nehmen:

– Festhaltende Bindung an die Mutter mit bleibender Sehnsucht nach dem idealen, zur Loslösung verhelfenden und die „Männlichkeit" unterstützenden Vater, oder

– der Konflikt wird aktiv durch Flucht in eine Pseudo- Unabhängigkeit zu lösen versucht, wobei die Entwicklung eines autonomen Selbstgefühls jedoch unvollständig bleibt,
– oder die Lösung wird in dissozialem Verhalten gesucht. Dies kann Ausdruck einer Suche nach strukturgebendem Rahmen mit tragfähigen Normen und Werten für die Gestaltung von Beziehungen sein. Eine andere Erklärung sehe ich darin, daß Jungen aus Scheidungsfamilien sich zur eindeutigen Abgrenzung von der Weiblichkeit der Mutter und im Bemühen um Behauptung ihrer männlichen Geschlechtsidentität kompensatorisch männlich-attribuierter, aggressiv getönter Verhaltensauffälligkeiten bedienen.

Auf die Entwicklung der frühen weiblichen Geschlechtsidentität hat der Beziehungsverlust zum Vater durch ein „Triangulierungsverbot" etwas andere Auswirkungen: Bei einer die Tochter in der Scheidungskrise sehr bindenden Mutter löst das Mädchen den Loslösungskonflikt aufgrund stärkerer identifikatorischer Prozesse zwischen Mutter und Tochter eher zugunsten des Festhaltens. Ein Verbleiben in der „symbiotischen Illusion" mit der Mutter stellt aber nicht ihre weibliche Geschlechtsidentität an sich in Frage, wohl aber ihre Entwicklung zu einer „autonomen Weiblichkeit" (Fast 1991). Das Problem besteht darin, etwas „Eigenes" gegen etwas „Gleiches" zu setzen (vgl. Bell 1991), wozu Identifizierung mit der „Differenz" (Benjamin 1992), die der Vater zu bieten hat, notwendig ist. Wenn der Vater die Wünsche der Tochter nach Autonomie und Durchsetzungsvermögen und ihre spezifische, von der Mutter unterschiedene Weiblichkeit nicht anerkennt und bestätigt, kann die Loslösung des Mädchens von der Mutter nicht oder nur unzureichend gelingen. Im Extremfall kann das Mädchen nicht nur Angst entwickeln, seine gesamte Identität in der Verschmelzung mit der Mutter zu verlieren, sondern auch Angst, die mit Trennungswünschen verbundene Aggression könnte die Mutter zerstören. In der Wendung der Aggression gegen das Selbst scheint für Mädchen dann oft die einzige Möglichkeit zu liegen, sich ein von der Mutter abgrenzendes autonomes Selbstgefühl zu bewahren.

Die Verdrängung aller aggressiven Affekte in der Tochter-Mutter-Beziehung hat insofern Auswirkungen auf die weitere sexuelle Entwicklung, als wirkliche Intimität erschwert wird. Junge Frauen mit diesem Entwicklungshintergrund leiden dann darunter, sich weder aus der Bindung zur Mutter individuieren noch eine befriedigende, angstfreie sexuelle Intimität in einer Partnerschaft herstellen zu können. „Männlichkeit" als bedrohlich erlebend, suchen sie im Mann eher den frühen idealen, noch nicht mit ödipal-sexuellen Phantasien besetzten Vater, der ihnen zu Autonomie verhilft, aber nicht die Beziehung zur Mutter gefährdet.

Die mit der Fixierung im Ablösungskonflikt verbundene aggressive Hemmung gegenüber der Mutter bei Mädchen, die bei Identifikation mit einer deprimierten, sich verlassen fühlenden Mutter noch verstärkt wird, könnte m.e. auch eine Erklärung dafür sein, weshalb Mädchen im Kindesalter auf Scheidungskonflikte, Trennung und Verlust eher mit einer depressiven Symptomatik reagieren.

Es gibt natürlich auch Fälle, in denen die Ehekrise erst später manifest wird und das Kind die kritische Wiederannäherungphase ohne Beeinträchtigung bewältigt, Objektkonstanz und Ambivalenz erreicht hat. In diesem Fall geht es mit guten Voraussetzungen in die nächste wichtige – die ödipale Entwicklungsphase. Die „ödipale Triangulierung" in einer stabilen Drei-Personen-Beziehung , in der es um den Ausbau der sexuellen Identität geht, um Eifersucht, Rivalität, das Erleben und Verarbeiten des Ausgeschlossenseins aus der phantasierten sexuellen Beziehung zwischen den Eltern und nach Winnicott (1971) um den Erwerb der so bedeutsamen Fähigkeit zum Alleinsein geht, erwirbt das Kind die psychischen Strukturen, die ihm später als Heranwachsenden die innere und äußere Ablösung von seinen primären inzestuösen Objekten und das Eingehen reifer Objektbeziehungen ermöglicht.

Das Nicht-Bewältigen der ödipalen Phase kann in die neurotische Entwicklung führen. Erreicht das Kind die ödipale Phase schon mit Entwicklungsdefiziten, wird sie mit großer Angst erlebt, die Individuation und Progression verhindern kann. Das Kind ist dann gezwungen, Abwehrstrategien zu entwickeln, die im Dienst der Erhaltung und Sicherung dyadischer Beziehungsstrukturen stehen. Um nur zwei Beispiele zu nennen:

– Ödipal getönte Mutter-Sohn-Bündnisse können beim Jungen inzestuöse Phantasien fördern, den Vater als Rivalen besiegt zu haben. Wenn der Vater sich auch seinerseits der Beziehung zum Sohn entzieht, wird dieser u.U. die Enttäuschung statt mit Trauer mit Verachtung des Vaters abwehren. Eine nur negative Vaterrepräsentanz erschwert dem Jungen nicht nur positive Identifikation mit ihm, die gesundes Rivalisieren auch mit Gleichaltrigen ermöglicht, sie wird ihm im Erwachsenenalter als Vater eigener Kinder ebenfalls nur unvollständig triangulierende Beziehungen ermöglichen (Bauers 1993).

– In ödipal getönten Vater-Tochter-Bündnissen wird der Vater für das kleine Mädchen in der Phantasie zum unverzichtbaren Retter und Beschützer vor dem „Verschlungenwerden" in der „Zwei-Einheit" mit der Mutter (zur unvollständigen ödipalen Triangulierung vgl. Rohde-Dachser 1987). Aber auch hier kann es Identifikationsprobleme geben: eine Mutter, die sich von der kleinen Tochter besiegen läßt, vom Ehemann zurückgesetzt und möglicherweise verachtet wird, bietet nur bedingt positiven Anreiz für die Identifizierung mit der weiblichen Rolle.

Auf diese Weise werden durch die bündnisbildende Einbeziehung der Kinder in den Ehekonflikt nicht nur inzestuöse Bindungen gefördert, sondern es kann auch deren Realitätsentwicklung und eine positive Geschlechtsrollenorientierung beeinträchtigt werden.

Die nächste Entwicklungsrunde, in der das Kind zu Individuation und Loslösung von seinen Eltern drängt, ist die Adoleszenz, deren zentraler innerpsychischer Konflikt der zwischen regressivem Abhängigkeits- und progressiven Autonomiewünschen ist. In einer Entwicklungsphase großer Verunsicherung, in der das Ich besonders labil ist und die psychischen Strukturen weitgehend Umformungsprozessen unterliegen, eine der Hauptaufgaben des Jugendlichen in der intrapsychischen Ablösung von seinen primären Liebesobjekten, den Eltern, besteht, um sich den Peers zuwenden und später eine gegengeschlechtliche Partnerwahl treffen zu können, wird die fehlende Unterstützung der Eltern als besonders enttäuschend erlebt. Ein negatives inneres Vaterbild kann Jungen daran hindern, ihre männliche und soziale Identität in der Rivalität mit andern Jungen zu erproben, sowohl in bezug auf Leistung als auch in ersten Liebesbeziehungen. Adoleszenten Mädchen geht es mehr um Entwicklung und Ausprobieren unterschiedlicher Beziehungsformen, um eine sozial akzeptierte und dennoch autonome weibliche Identität zu finden. Es ist leicht nachzuvollziehen, daß diese Entwicklung durch ein „Triangulierungsverbot" oder eine negative Vaterrepräsentanz beeinträchtigt wird. Das Grundgefühl, nicht ausreichend gut mit positiven Selbst- und Objektrepräsentanzen ausgestattet zu sein, um sich hoffnungsvoll mit Gleichaltrigen auf verschiedenen Ebenen messen zu können, sowie die Angst, sich aus den primären Bindungen zu den Eltern nicht lösen zu können, führt bei beiden Geschlechtern häufig zu Resignation und Vermeidungsverhalten. Selbstwertverlust, Suicidgedanken und Rückzug auch innerhalb der Familie können eine tiefe vorübergehende Adoleszenzkrise zur Folge haben oder – nach außen zunächst weniger auffällig – zu einer Fixierung im adolzenten Ablösungskonflikt führen, insbesondere dann, wenn die Eltern ihrerseits an der engen Bindung zum Jugendlichen festhalten. Kann der Sohn sich oft später aus sozial anerkannten Gründen wenigstens räumlich trennen, gelingt dies Mädchen aufgrund tiefverwurzelter Verpflichtungsgefühle gegenüber der Mutter selten ohne Schuldgefühl.

Scheidungsphase

Während subjektives Verlusterleben mit den familiären Spaltungsprozessen während der Ambivalenzphase begann, wird Trennung in der Scheidungsphase realisiert und der Verlust konkret. Weil die Eltern jetzt ganz von ihren mit der eigenen Trennung verbundenen Gefühlen des Versagens, Verletztseins, der Enttäuschungswut, der Abwehr von Scham- und Schuldgefühlen absorbiert sind und mehr noch als in der seelischen Krise zuvor durch Regression in ihrer elterlichen Kompetenz eingeschränkt, ist die emotionale Vernachlässigung der Kinder in der Scheidungsphase am größten. Sie sind mit dem Erleben der Trennung und ihren Ängsten vor einer unüberschaubaren Zukunft meist allein gelassen, weil die Eltern ihr seelisches Leid nicht wahrnehmen. Ihre innere Zerissenheit zwischen den Eltern ist in dieser Phase am größten, weil sie unter deren Loyalitätsanforderungen direkt oder indirekt zu „Richtern" im Ehestreit gemacht werden. So sind sie in besonderer Weise von der „Schuldproblematik" betroffen (Reich 1986), auch weil sie Heiratsgrund waren („nur deinetwegen haben wir geheiratet"), oder „schuld" am Zusammenbleiben der Eltern („nur deinetwegen sind wir zusammengeblieben"), oder die Eltern geben ihnen die Schuld an ihrem ständigen Streit um Erziehungsfragen.

Die Reaktionen der Kinder bewegen sich zwischen Protest und Resignation, ihre Entwicklung zwischen Progression und Regression.

Je drastischer ein Kind mit Verhaltensauffälligkeiten reagiert, desto eher besteht die Chance, mindestens die Aufmerksamkeit eines Elternteils wiederzuerlangen, wobei seelisches Leid bei Kindern, die mit depressiver Antriebslosigkeit und Bedrücktheit oder angstgetönter Überanpassung reagieren, fast immer „übersehen" werden. Dies trifft vor allem bei Mädchen im Latenzalter zu, weil stilles, angepaßtes Verhalten sozial eher honoriert wird und oft auch den Lehrern erst auffällt, wenn die Schulleistungen zu wünschen übrig lassen.

Eine depressive Reaktion als Antwort auf den Verlust eines Elternteils unterscheidet sich von einer normalen Trauerreaktion dadurch, daß zu den Gefühlen von Trauer und Schmerz um das verlorene Objekt Gefühle von Hilflosigkeit, Ohnmacht und Resignation hinzukommen (vgl. Sandler u. Joffe 1980). Beim Scheidungskind ist dies häufig der Fall, weil es mit dem Verlusterleben allein gelassen ist und es nicht geschafft hat, die Trennung der Eltern zu verhindern. Das Verlassenwerden bedroht die Integrität seines Selbstgefühls, stellt vielleicht eine neuerliche Kränkung seines Selbstwertgefühls nach bereits vorangegangenen Enttäuschungen und Kränkungen dar, so daß es sich hilflos, ohnmächtig und resigniert fühlt. Die depressive Reaktion ist ein Beispiel dafür, daß „Scheidungsreaktionen" zuerst einmal unsichtbare psychische Vorgänge sind, die sich nicht zwangsläufig in sichtbaren Verhaltensänderungen und Symptomen niederschlagen müssen.

Kinder antworten aber auf seelischen Schmerz unterschiedlich. Die Skala kann hier von zornigem, protestierendem Nichtanerkennen des schmerzlichen Zustandes bis hin zu Zuständen passiver, hilfloser Resignation führen (ebd.). Welche Reaktion auf den unmittelbaren Verlust erfolgt, ist auf Seiten des Kindes u.a. abhängig vom Ausmaß seiner Angst, auch den anderen Elternteil zu verlieren, von der Schwere seiner Schuld- und Schamgefühle (nicht liebenswert genug und deshalb verlassen worden zu sein), und seiner Möglichkeiten, den depressiven Affekt abzuwehren. So lassen sich aggressive, plötzliche asoziale oder gar delinquente Verhaltensreaktionen wie etwa Diebstahl oder Weglaufen, aber auch Clownerie, altkluges, pseudoerwachsenes Verhalten oder auch psychosomatische Reaktionen, (wie z.B. Bauchweh, Erbrechen, Kopfschmerzen, Einnässen) als Abwehrversuche depressiven Erlebens verstehen (ebd.). Wird bei Mädchen aus Scheidungsfamilien die Depression oft nicht erkannt, solange sie unauffällig funktionieren, wird eine zugrundeliegende Depression bei Jungen oft übersehen, weil sie aus Abwehrgründen und zur Bestätigung ihrer männlichen Identität (gegen Identifikationen mit der Mutter) häufiger zu männlich überbetontem Verhalten von Autonomie und Aggression neigen.

Aus entwicklungspsychologischer Sicht liegt die wesentliche Gefahr während der Scheidungsphase für Kinder im ersten Lebensjahr wohl darin, daß, wie oben beschrieben, meist bei beiden Eltern keine ausreichenden psychischen Valenzen frei sind, um die Bedürfnisse des Kindes wahrzunehmen und angemessen auf sie zu reagieren. Verliert das Kind durch Scheidung den Vater als triangulierendes Objekt, wird, wie ich ausführte, die Tendenz zur Loslösung von der Mutter gehemmt. Es entwickelt in der Scheidungssituation deutlich regressive Züge (wie z. B. Daumenlutschen, Wieder-Einnässen und -Einkoten oder Schlafstörungen). Angst, auch noch die Mutter zu verlieren sowie der Wunsch, sich ihres Bleibens immer wieder zu versichern, führen bei Scheidungskindern häufig zu persistierenden, anklammernden Verhaltensweisen von oft machtkampfartigem Charakter, in dem dann auch die nicht zugelassenen Aggressionen untergebracht sind.

Für das Erleben der Trennung beim 3-5jährigen Kind spielen die in dieser Entwicklungphase vorherrschenden ambivalenten Gefühle beiden Eltern gegenüber eine wesentliche Rolle. Verläßt derjenige Elternteil die Familie, den das Kind sich in der Phantasie wegwünscht, glaubt es aufgrund seiner magischen Vorstellungwelt, die Trennung allmächtig bewirkt zu haben. Schuldgefühle, Wiedergutmachungsstreben und der Wunsch, daß die Eltern wieder zusammenkommen sollen, sind die Folge und häufig Motiv für das oft verzweifelte Bemühen der Kinder, ihren Eltern trotz der eigenen Vernachlässigung in der Krise zu helfen. Die Entwicklung von Zwangsbefürchtungen, den Eltern könne etwas passieren oder Versicherungs- und Kontrollzwänge, ob es ihnen auch gut geht, können hier ihren Anfang nehmen.

Für Jungen und Mädchen, die in der ödipalen Situation von demjenigen Elternteil verlassen werden, den sie als Rivalen gerade ablehnen, kann die Phantasie, ihn besiegt zu haben und für den anderen Elterteil ein gleichwertiger Partner zu sein, zur bedrohlichen Realität werden. Die hiermit verbundenen Ängste und Konflikte werden entweder mit Regression auf die prä-ödipale Entwicklungsstufe beantwortet oder, im Sinn eines Abwehrmanövers, mit einer Flucht nach vorn in eine Pseudo-Autonomie, in eine vorzeitige Latenz (Holder 1986). Phobische Phänomene, angstgetriebenes aggressives Verhalten, Konzentrations- und Lernstörungen können beispielsweise Folge sein.

Latenzkinder, entwicklungsbedingt in ihren Aktivitäten eher außerhalb der Familie orientiert, erleben die unvollständige Familie als beschämenden Mangel. Sie fühlen sich durch das Miterleben des Scheiterns ihrer Eltern als ein „Vorbild" geschädigt in ihrem Bedürfnis, soziale Kompetenz und soziale Anerkennung zu erlangen. Schamgefühle scheinen von Jungen eher durch überbetontes Potenzgehabe und Autonomiestreben abgewehrt zu werden, wodurch sie statt der erwünschten sozialen Anerkennung oft Ablehnung erfahren. Mädchen scheinen Scham eher kompensatorisch durch die Konzentration auf den Leistungsbereich abzuwehren, oder, wenn dies nicht gelingt, auch zum resignativen Rückzug aus Sozialkontakten zu neigen.

Wie bereits angedeutet, liegt die wesentliche Auswirkung von Trennung und Scheidung während der adoleszenten Entwicklung im Verlust einer Sicherheit und Halt gebenden Familienstruktur, die dem Jugendlichen ein Hin- und Herpendeln zwischen Unabhängigkeit und kindlicher Abhängigkeit ermöglicht, damit er seine Entwicklungsaufgaben bewältigen kann.

– Wut, Haß, Angst und das Gefühl, im Stich gelassen zu sein, können emotionale Antworten auf Trennung sein. Extreme Entwicklungsverläufe während der frühen Adoleszenz können die Folge sein:

- emotionaler Rückzug in die Regression zur Wahrung der Integrität des Selbst unter Vermeidung adoleszenter Entwicklungsanforderungen, oder, als Kehrseite,
- ein beschleunigter Entwicklungsverlauf mit pseudo-adoleszentem Verhalten und sexueller Frühreife nach Verlust externer Werte und Kontrollen, oder, unter Vernachlässigung eigener Bedürfnisse, die pseudo-erwachsene Übernahme von Entscheidungen und Verantwortung für die in der Krise belasteten und regredierten Eltern (als parentifiziertes Kind), wovon insbesondere Mädchen betroffen sind.

Eine besondere Bedrohung stellt bei Trennung während der Adoleszenz die Gefährdung der Inzestschranke dar, weil während dieser Zeit generell nicht nur bei den Jugendlichen, sondern auch bei ihren Eltern ödipale Konflikte aktiviert werden und bei Scheidung Wunschphantasien in die Realität umgesetzt werden könnten. Wird von adoleszenten Mädchen einerseits die väterliche Bewunderung und Wertschätzung der körperlichen Anzeichen von Weiblichkeit zur Festigung der Geschlechtsrolle gesucht, kann es andererseits verhängnisvolle Folgen für den adoleszenten Loslösungsprozeß und die außerfamiliale Orientierung haben, wenn der geschiedene Vater sich – gerade auf dem Hintergrund der Enttäuschung an seiner Frau – zu sehr von der sexuellen Attraktivität der Tochter angesprochen fühlt. Beeinträchtigt wird hierdurch ihre Entwicklung einer eigenständigen, von Mutter und Vater unabhängigen Weiblichkeit (vgl. Rohde-Dachser 1991, zitiert nach Jansen u. Jockenhövel-Poth 1992). Fehlt die Bestätigung des Vaters, wird das Mädchen sich in ihren heterosexuellen Freundschaften u. U. auf eine ständig anhaltende Suche nach dem anerkennenden, die Identität als „Frau" bestätigenden Vater machen. In Therapien konnte ich verfolgen, wie Mädchen in solchen Beziehungen ständig Machtkämpfe um Zuneigungsbeweise inszenierten. Sie suchten die bestätigende Nähe und schafften mit dem Machtkampf gleichzeitig Distanz. Dieser Kompromiß, der zu ihrem Leidwesen oft auch wieder in die Trennung und Enttäuschung führte, schien für sie die einzige Möglichkeit zu sein, sich die innere Autonomie zu bewahren, für deren Förderung der Vater fehlte. In der Wiederholung negativer Erfahrungen mit einem Mann können diese Mädchen sich jedoch unbewußt mit der Mutter identifizieren, wodurch tragischerweise die Bindung verstärkt und die adoleszente Ablösung behindert wird.

Langfristig gesehen können gegengeschlechtliche Beziehungen durch schwere Loyalitätskonflikte gegenüber den Eltern behindert werden, wenn Ablösungswünsche als „Verrat" erlebt werden, weil schon die frühe Triangulierung mißlang.

Nachscheidungsphase

Bisher wurde aufgezeigt, welchen Einfluß die Vorgeschichte der Scheidung und das Trennungserlebnis selbst für das Erleben und die psychische Entwicklung des Scheidungskindes haben kann. Wie das Scheidungserleben jedoch im Einzelfall verarbeitet wird, ob es zu vorübergehender Symptombildung, neurotischer Entwicklung und psychischen Spätfolgen kommt, ist nicht nur vom Alter, Entwicklungsstand und Konstitution des Kindes abhängig, sondern auch von der Qualität einer Beziehung zu den Eltern in der Nachscheidungsphase, von deren Umgang miteinander und mit dem Kind, den Hilfestellungen, die es in seiner Umwelt erhält. Die Nachscheidungphase ist für die geschiedenen Partner und ihre Kinder durch spezifische Konflikte gekennzeichnet, die im wesentlichen aus einer unzureichenden inneren Verarbeitung der Scheidung und Scheidungsfolgen resultieren. Die psychische Verarbeitung der Trennung kann für alle erschwert werden durch Belastungen, die aus einer Veränderung äußerer Lebensumstände resultieren, aber auch aus den emotional hohen Anforderungen zur Neuregulierung der als gescheitert erlebten Beziehungen.

Für einen positiven Entwicklungsverlauf aller Beteiligten nach der Scheidung, der den geschiedenen Partnern Neuorientierung und Individuation ermöglicht, ist – nach der juristischen – auch die psychische Scheidung erforderlich. Der Trauerprozeß dauert bei positivem Verlauf etwa 3–4 Jahre. Bei anhaltenden Nachscheidungskonflikten wird Trauer jedoch meist verleugnet. Gefühle von Enttäuschung und Haß, die altvertrauten Schuldzuschreibungen sowie durch das Scheitern der Ehe und das Ringen um die Kinder ausgelöste Kränkungs- und Schamgefühle bestimmen weiter die Beziehungen. Trauer und Ablösung vom Partner wird behindert durch das Bewußtsein, daß der Ex-Partner zwar abwesend, aber dennoch existent ist. Anders als beim Tod eines Ehepartners kann nach der Scheidung die innere dialogische Auseinandersetzung mit dem Partner und den Gründen, die zur Trennung führten, potentiell jederzeit in eine reale Auseinandersetzung umgesetzt werden. Das bedeutet, daß mit der Trennung verbundene Konflikte nicht intrapsychisch verarbeitet werden müssen, sondern agiert werden können, womit die Kinder weiterhin den alten Beziehungskonflikten ihrer Eltern ausgesetzt sind.

Für die Kinder ist die Nachscheidungskrise darüberhinaus durch psychische Konflikte bestimmt, die sich sowohl aus der Notwendigkeit ergeben, den unabänderlichen Beziehungsverlust eines Elternteils zu verarbeiten als auch die meist enger werdende Bindung zum verbleibenden Elternteil. Therapeutische Erfahrung mit Scheidungskindern zeigt, daß der Trauerprozeß bei Verlust durch Scheidung einen weitaus komplizierteren Verlauf nimmt als beim Verlust durch Tod eines Elternteils. Die innere Loslösung wird behindert durch eine ausgeprägte Ambivalenz gegenüber dem zwar abwesenden, real aber doch noch existenten Elternteil. Es sind einerseits die erlebte narzißtische Kränkung, daraus resultierende Gefühle der eigenen Wertlosigkeit, Verzweiflung, Wut und Hilflosigkeit wegen des Verlassenwordenseins, und andererseits die Sehnsucht nach Anerkennung und Zuneigung sowie die Hoffnung, den „verlorenen" Elternteil doch noch zurückzugewinnen, die immer wieder mobilisiert werden, sei es nun bei realen Besuchskontakten oder bei nur phantasierten Kontakten (vgl. Reich/Bauers 1988).

Ein weiteres Hindernis bei der Verarbeitung der Trennung liegt m.E. in dem normalen und für die Identitätsbildung wichtigen Bedürfnis nach Identifizierung. Während ein Kind, das ein Elternteil durch Tod verliert, sich letztendlich mit dem verlorenen, wenn auch idealisierten Objekt identifizieren kann, ohne Gefahr zu laufen, vom verbleibenden Elternteil abgelehnt zu werden, wird gerade dies bei Scheidungskindern zum Problem: Wenn es sich mit dem Weggeschiedenen identifiziert, wird es für den verbleibenden Elternteil wie der zu bekämpfende „böse" und „schlechte" Partner, von dem man sich ja gerade durch die Scheidung getrennt hatte. Dies scheint Jungen noch häufiger zu betreffen als Mädchen. Die Zuschreibung „du bist wie dein Vater" oder „du bist wie deine Mutter" wird noch von erwachsen gewordenen Scheidungskindern als die schlimmste und schmerzhafteste Entwertung ihrer Selbst-Identität erlebt. Vermeidet das Kind jedoch solche Identifikationen, um sich die Beziehung zu dem zu sichern, bei dem es lebt, muß es immer auch einen Teil seines Selbst, seiner bisher auf Vater und Mutter gegründeten Identität verleugnen.

Auch in dieser Hinsicht bleibt also der weggeschiedene Elternteil trotz Trennung für das Kind als innerer und äußerer Konfliktauslöser präsent.

Mit der Abwesenheit des Vaters fehlt den Kindern nach der Scheidung vor allem ein Regulativ für die nun enger werdende Beziehung zwischen Mutter und Kindern. Sofern das Kind intrapsychische Autonomie- und Loslösungswünsche noch nicht aufgegeben hat, kann sich als Folge enttäuschter gegenseitiger Erwartungen, daraus resultierender Wut und Hilflosgkeit auf beiden Seiten in der Fortsetzungsfamilie ein Interaktionszirkel negativer Gegenseitigkeit entwickeln. Auf Seiten der Mutter sind es oft Schuldgefühle und Angst, als

Alleinerziehende zu versagen, die zu inkonsequentem Erziehungsverhalten führen. Dabei scheinen Söhne stärker als Töchter von negativen Sanktionen betroffen zu sein und ihnen wird häufiger die Erfüllung ihrer Wünsche verweigert (vgl. Santrock u. Worshak, 1979, zitiert nach Napp-Peters 1988, 40). Wenn das Kind dann den „Besuchsvater" zunehmend idealisiert, richten sich die aus dem unverarbeiteten Vaterverlust resultierenden Enttäuschungs- und Wutgefühle nun ebenfalls – offen oder versteckt – gegen die Mutter. Mit zunehmender Aggression gegen die Mutter gerät das Kind in ein Dilemma: Sie steigert seine Angst, nun auch von ihr verlassen zu werden – gleichzeitig schützt die Aggression aber auch vor zu großer Nähe und Verschmelzung in der Beziehung zu ihr. Wenn auch jetzt kein „triangulierender Dritter" (das muß nicht der leibliche Vater sein) hilfreich für die Bewältigung und Integration der Frustrationsaggression zur Verfügung steht, bleibt das aggressive Potential in der Beziehung zu ihr gebunden und kann von beiden Geschlechtern nicht für eigene Entwicklungsschritte zur Ablösung von ihr genutzt werden (vgl. Bauers 1984).

Bei unzureichender psychischer Verarbeitung von Trennung und Verlust bei allen Beteiligten können Scheidungskonflikte auch bei Wiederheirat noch in die Stieffamilie hineinwirken. Das Zusammenwachsen der neuen Familieneinheit und die Lösung ihrer spezifischen Probleme wird vor allem dann gestört, wenn der oder die „Ehemalige" zum gemeinsamen Außenfeind wird und auf diese Weise die neue Partnerbindung stabilisiert, oder wenn der oder die Geschiedene in der neuen Ehe die alten unverarbeiteten Ehekonflikte wiederholt. Für die Kinder bedeutet dies eine Neuauflage der intrapsychischen Konfliktsituation. Sie kann sich jetzt verschärfen durch ambivalente Gefühle von Ablehnung und Wunsch nach Geliebtwerden auch gegenüber dem Stiefelternteil und Loyalitätskonflikten gegenüber dem weggeschiedenen Elternteil, weil die neue Bindung ihm gegenüber als „Verrat" erlebt wird.

Je konfliktfreier die nacheheliche Interaktion der Eltern untereinander und mit dem Kind ist, desto besser gelingt auch dem Kind die Bewältigung der Scheidungssituation (Bauers, Reich, Adam, 1984, 1986; Napp-Peters, 1988; Figdor, 1991). Das klingt banal, ist für Eltern in der Scheidungskrise aber extrem schwierig: Haßgefühle, Mißtrauen und Angst, die Liebe des Kindes zu verlieren, führen immer wieder zu Konflikten und dem Bedürfnis, dem anderen Elternteil den Zugang zum Kind zu verwehren. Nicht selten werden dann auch Gründe dafür gefunden, daß der Kontakt dem Kind schade, oder angeführt, daß das

Kind sich sträube. Beim genaueren Hinsehen aber verbergen sich hinter seinen Besuchsverweigerungen Loyalitätskonflikte oder Angst, den Elternteil, bei dem es lebt, zu verletzen, weil es spürt, daß dieser es innerlich nicht gehen lassen kann. Das emotionale Bedürfnis nach existentieller Sicherheit, nämlich sich die wichtigste Bindung zu erhalten, die ja meist zu der Mutter besteht, gerät in Konflikt mit dem Bedürfnis nach Kontakt auch zu dem anderen Elternteil. Wenn diese Konflikte unerträglich sind, wird das Kind den Ausweg aus seiner Zerrissenheit darin suchen, daß es im Interesse seiner eigenen abhängigen Sicherheit, aber auch für die emotionale Stabilität der Mutter sorgend, den Kontakt mit dem Vater, den es ohnehin weniger sieht, vermeiden will.

Abschließend sei bemerkt, daß ein Kind die auf allen Entwicklungsstufen in Variationen wiederkehrenden intrapsychischen Trennungs- und Loslösungsschritte nicht bewältigen kann, wenn es bei schwerer Ehekrise und Scheidung einerseits übermäßig von einem oder beiden Elternteilen zu deren Konfliktentlastung als Bündnispartner, Tröster oder Partnerersatz gebunden wird, andererseits durch das Erleben von realer Trennung und der nachfolgenden Ängste, auch noch den anderen Elternteil zu verlieren, sich in seiner emotionalen oder gar existentiellen Sicherheit bedroht fühlt. Den zentralen intrapsychischen Konflikt von Jungen und Mädchen aus Scheidungsfamilien möchte ich deshalb definieren als den Konflikt zwischen Wünschen nach liebevoller Objektbindung, die auch entwicklungsangemessene Triebbefriedigung erlaubt, und Wünschen nach Autonomie, Selbstbehauptung und Selbstverwirklichung.

Da unabhängig vom Ausmaß äußerer Selbständigkeit jeder Schritt in die innere Unabhängigkeit übermäßige Trennungsangst mobilisiert, und der Wunsch, eigene Vorstellungen und Bedürfnisse verwirklichen zu wollen, zu unbewußten Schuldgefühlen in der Beziehung zu Mutter oder Vater führt, denen es sich innerlich verpflichtet fühlt, wird das Scheidungskind in der Regel diese Seiten abwehren und die Konfliktlösung im Festhalten an der inneren Bindung zu den Eltern suchen. Damit wiederholt sich auch in dieser Generation die unzureichende Ablösung von den Eltern und den hier erfahrenen Beziehungsmustern.

Literatur

Abelin, E.L.
1971 Role of the father in the separation-individuation process. In: Mc Devitt, J.B.;
Settlage, C.F. (Hg.): Separation-Individuation, Essays in Honor of Margaret S.
Mahler. New York
1975 Some further observations and comments on the earliest role of the father. Int.
J. Psycho-Anal. 56, 293-302.

Bauers, B.
1984 Kinder aus Scheidungsfamilien. In: Reich, G., B. Bauers und D. Adam:
Scheidungsfamilien in einer familientherapeutischen Einrichtung. Göttingen
(Unveröffentlichter Forschungsbericht)

Bauers, B., G. Reich und D. Adam
1986 Scheidungsfamilien: Die Situation der Kinder und die familientherapeutische
Behandlung. Praxis der Kinderpsychologie und Kinderpsychiatrie 35, 90-96
1993 Die >dritte Beziehung<: Triangulierende Funktionen in der analytischen
Kinder- und Jugendlichenpsychotherapie. Praxis der Kinderpsychologie und
Kinderpsychiatrie 42, 124-131
1993 Psychische Folgen von Trennung und Scheidung für Kinder. In: Menne, K., H.
Schilling und M. Weber (Hg.): Kinder im Scheidungskonflikt. Weinheim und
München

Beal, E.W.; Hochman, G.
1991 Wenn Scheidungskinder erwachsen sind. Frankfurt/M., 1992

Bell, K.
1991 Aspekte weiblicher Entwicklung. Forum Psychoanal. 7, 111-126

Benjamin, J.
1992 Vater und Tochter: Identifizierung mit Differenz. Psyche 46, 821-846

Bowlby, J.
1973 Trennung. München, 1976
1979 Das Glück und die Trauer. Stuttgart, 1980

Bron, B.
1991 Die Bedeutung von Elternverlusten in der Kindheit bei depressiven und
suizidalen Patienten. Praxis der Kinderpsychologie und Kinderpsychiatrie 40,
322-327

Cherlin, A.J., J.R. Furstenberg, F.F. Furstenberg, P.L. Chase-Lansdale u.a.
1991 Longitudinal Studies of Effects of Divorce on Children in Great Britain and the
United States. Science, Vol. 252. Articles, 1386-1389

Ermann, M.
1985 Die Fixierung in der frühen Triangulierung. Forum Psychoanal. 1, 93-110
1989 Das Dreieck als Beziehungsform. Zur Entwicklungsdynamik der Triangulie-
rungsprozesse. Prax. Psychoth. Psychosom. 34, 261-269

Fast, I.
1984 Von der Einheit zur Differenz – Psychoanalyse der Geschlechtsidentität.
Berlin, Heidelberg, 1991

Flaake, K.
1992 Die Beziehung zwischen Müttern und Töchtern. Psyche 46, 642-652

Figdor, H.
1991 Kinder aus geschiedenen Ehen: Zwischen Trauma und Hoffnung. Mainz

Framo, J.L.
1980 Scheidung der Eltern – Zerreißprobe für die Kinder. Familiendynamik 5,
204-228

Fthenakis, W.E.
1985 Väter. Zur Psychologie der Vater-Kind-Beziehung. Bd.1. München, Wien, Baltimore 1988

Fthenakis, W.E., R. Niese und H.-R. Kunze
1982 Ehescheidung – Konsequenzen für Eltern und Kinder. München

Hetherington, E.M.
1972 Effects of Father Absence on Personality Development in Adolescent Daughters. Developmental Psychology 7, 313-326

Hetherington, E.M., M. Cox und R. Cox
1979 Family Interaction and the Social Emotional and Cognitive Development of Children Following Divorce. In: Vaughn, V. und Brazelton, T.B. (Hg.): The Family: Setting Priorities. New York

Hetherington, E.M. und R.D. Parke
1979 Child Psychology: A Contemporary Viewpoint. New York

Holder, A.
1986 Trennung und Verlust. Kind und Umwelt 52, 4-23.

Jansen, M.M. und A. Jockenhövel-Poth
1992 Trennung und Bindung bei adoleszenten Mädchen aus psychoanalytischer Sicht. In: Flaake, K. und V. King. (Hg.): Weibliche Adoleszenz. Frankfurt/Main, New York

Kelly, J.B. und J.S. Wallerstein
1976 The Effects of Parental Divorce: Experiences of the Child in Early Latency. American Journal of Orthopsychiatry 46, 20-32
1976 The Effects of Parental Divorce: Experiences of the Child in Later Latency. American Journal of the Orthopsychiatry 46, 256-269

Mertens, W.
1992 Entwicklung der Psychosexualität und der Geschlechtsidentität. Bd. 1. Stuttgart

Napp-Peters, A.
1988 Scheidungsfamilien. Interaktionsmuster und kindliche Entwicklung. Frankfurt/M. (Eigenverlag des Deutschen Vereins für öffentl. und priv. Fürsorge; für Nichtmitglieder: Auslieferung über Kohlhammer, Stuttgart)

Reich, G.
1984 Ehekrisen und Familiendynamik: Ehekrisen als gescheiterter Konfliktlösungsversuch. In: Scheidungsfamilien in einer familientherapeutischen Einrichtung. Göttingen (Unveröffentlichter Forschungsbericht)
1986 Warum ist die Schuldfrage so schwer aus Scheidungskonflikten herauszuhalten? fragmente 22, 73-97
1987 Partnerwahl und Ehekrisen. Eschborn bei Frankfurt/Main (Fachbuchhandlung für Psychologie)

Reich, G., B. Bauers und D. Adam
1986 Zur Familiendynamik von Scheidungen. Praxis der Kinderpsychologie und Kinderpsychiatrie 35, 42-50

Reich, G. und B. Bauers
1988 Nachscheidungskonflikte – eine Herausforderung an Beratung und Therapie. Praxis der Kinderpsychologie und Kinderpsychiatrie 37, 346-355

Rohde-Dachser, C.
1987 Ausformungen der ödipalen Dreieckskonstellationen bei narzißtischen und Borderline-Störungen. Psyche 41, 1105-1147
1991 Expedition in den dunklen Kontinent. Berlin, Heidelberg, New York

Rotmann, M.
1978   Die Triangulierung der frühkindlichen Sozialbeziehung – Über die Bedeutung
        des Vaters in der „Wiederannäherungsphase". Psyche 32, 1105-1147
Sandler, J. und W.G. Joffe
1980   Zur Depression im Kindesalter. Psyche 34, 413-429
Schleiffer, R.
1988   Elternverluste. Berlin, Heidelberg, New York
Stierlin, H.
1978   Delegation und Familie. Frankfurt/Main
Storck, J.
1986   Der Vater – Störenfried oder Befreier? In: Storck, J. (Hg.): Das Vaterbild in
        Kontinuität und Wandlung. Stuttgart
Wallerstein, J.S. und J.B. Kelly
1974   The Effects of Parental Divorce: The Adolescent Experience. In: Konpernik, C.
        (Hg.): The Child in his Family. Bd.3. New York, 479-505
1975   The Effects of Parental Divorce: Experiences of Preschool Child. Journal of The
        American Academy of the Child Psychiatry 14, 600-616
1977   Divorce Counselling: A Community Service for Families in Midst of Divorce.
        American Journal of Orthopsychiatry 47, 4-22
1980   Surviving the Breakup. New York
Wallerstein. J.S. und S. Blakeslee
1989   Gewinner und Verlierer. München
Winnicott, D.W.
1971   Objektverwendung und Identifizierung. In: Winnicott D.W.: Vom Spiel zur
        Kreativität. Stuttgart

Felicitas Weis

Trennung und Trennungsangst als zentrales Thema der Paar- und Elternbeziehung

Wer klinische Erfahrung in der Arbeit mit Paaren hat, begegnet in der Praxis immer wieder einmal Konstellationen, in denen sich das Paar in einer jahrelang anhaltenden Trennungskrise zu befinden scheint, ohne daß die Trennung schließlich vollzogen würde, obwohl – so meinen Außenstehende und oft auch die Betroffenen selber – die Trennung doch für beide eine Erlösung sein müsse. So verzehrt das „Streitpaar" oft nicht nur die eigenen Energien, sondern zumeist auch die involvierter Dritter aus dem Freundeskreis in einem nicht endenwollenden Drama. Eine ähnliche Konstellation ist das (anaklitisch) depressive Paar, in resignativer Grundstimmung versunken, ohne die Verstrickung lösen zu können, um befreiende Entwicklung für beide einzeln zu ermöglichen.

Die Dynamik in der therapeutischen Situation hat in solchen Fällen eine hohe Sogwirkung, und in der Regel wird der/die Therapeut/in in der Weise in das Wechselspiel einbezogen, indem er/sie sich bald insgeheim eine „Meinung" bildet. Wenn das vereinbarte Ziel zunächst der Entspannung der akuten Konfliktlage gilt, zum Beispiel durch entlastende Klärung von Alltagsproblemen, so wird sich zeigen, wie das Paar dies gemeinsam unterläuft und die Sinnlosigkeit dieses Unterfangens klar macht. Wird das Paar statt dessen nun stärker mit der Möglichkeit der Trennung konfrontiert, so kann man erleben, wie beide sich gegen den/die Therapeuten/in vereinen; Sitzungen werden abgesagt, weil das Paar plötzlich gemeinsamen „wichtigeren" Unternehmungen nachgeht, oder es verbündet sich gegen andere störende Familienmitglieder oder sonstige Außenfeinde.

In der einen oder anderen Weise stabilisiert dann die Therapie die bestehende Konstellation, ohne daß eine Konfliktlösung in Sicht wäre. Denn nun wird jeweils eine Tendenz der widersprüchlichen Strebungen auf den/die Therapeuten/in verlagert. Dabei muß diese/r nicht ins explizite Agieren geraten (obwohl auch dieses ein häufiges Begleitphänomen ist), eine entsprechende innere Haltung zeitigt die Wirkung.

Ohne eine Erhellung und anschließende Durcharbeitung des zugrunde-liegenden Musters von unbewußten Phantasien ist keine Veränderung möglich. Denn trotz des gegenläufigen Anscheins hat die Konstellation für beide ich-stabilisierende und restituierende Bedeutung.

Es liegt auf der Hand, daß in solchen Verbindungen mit fortwähren-der Trennungsdynamik Kinder Leidtragende sind, mißbraucht als Koalitionspartner, Ersatzpartner oder/und emotional Vernachlässigte, schlimmstenfalls als gemeinsames Aggressionsobjekt. Wir wissen, daß sie als „Erben" diese Dynamik in der eigenen Lebensgeschichte und Partnerschaft zu bewältigen haben werden.

Anhand eines klinischen Beispiels möchte ich diese Problematik des „Trennungskonflikt-Paares" verdeutlichen:

Das Paar, beide um die vierzig, präsentierte sich mir bei der ersten Begegnung zunächst als „Nicht-Paar": Zum Erstgespräch trafen sie nacheinander ein, vor und nach der mit mir vereinbarten Zeit. Wie sich weiterhin abbildete, war der gemeinsame Nenner anscheinend eine fortwährend reproduzierte Unvereinbarkeit, die den gemeinsamen All-tag durchzog, wobei das Paar in einer mehr als 15 Jahre währenden Verbindung lebte. Nach ihrer Schilderung waren sie nie recht ineinan-der verliebt gewesen, sondern über einen gemeinsamen Freundeskreis „irgendwie" zusammengekommen. Das „Irgendwie" betraf eine Situati-on, in der sich die Frau in schwerster Verzweiflung befand, woraufhin der Mann sich um sie gekümmert hatte. Sie hatten beide nicht das Gefühl, sich füreinander entschieden zu haben. Trennungsabsichten bzw. Drohungen wurden wechselseitig in Abständen geäußert. Jedoch heirateten sie nach mehreren Jahren, zwei gemeinsame Söhne wurden geboren, und zuletzt kauften sie ein Haus mit Garten, um dessen Einrichtung und Bestellung sich vielerlei Streit rankte. Daneben hatten beide individuell stabile Bereiche in Beruf und Freundeskreis und kulturelle Interessen. Diese individuellen Bereiche waren für beide Anlaß zu wechselseitigem Mißtrauen und Eifersucht. Mir vermittelte sich der Eindruck einer stabilen Instabilität der Beziehung.

Nach anfänglicher Empathie fühlte ich in der Arbeit mit diesem Paar bald ohnmächtigen, heftigen Ärger, bald Ratlosigkeit, mit der Tendenz, beide loswerden zu wollen, was jedoch wegen ihrer offenkundigen Hilfsbedürftigkeit und der von der Situation sehr belasteten Kinder mir subjektiv nicht möglich war. Somit hatte ich in der Gegenübertragung das affektive Klima der Paarbeziehung übernommen. Die Sitzungen waren gekennzeichnet durch eine aggressiv gespannte oder ratlos irritierte Atmosphäre, wobei sich dazwischen, zunächst für mich unmerklich, kurze Momente gegenseitiger Einfühlung ereigneten, welche sogleich wieder zusammenfielen. Mikroepisoden des Fallenlassens und des Mißverstehens beherrschten die Kommunikation des Paares. Der auf diese Weise fragmentierte Dialog beanspruchte meine ganze Aufmerksamkeit, so daß es mir eine Zeitlang unmöglich war, die unbewußte Thematik zu erkennen.

Erst als verstanden und bearbeitet werden konnte, daß der Paarbeziehung eine gemeinsame und unbewußt ständig wiederholte Bezwingung des von Trennungen verursachten „psychischen Todes" zugrunde lag, konnte eine Entwicklung erreicht werden.

In den jeweils individuellen Lebensgeschichten waren entsprechende manifeste oder latent dauerhafte Traumatisierungen vorzufinden, die frühzeitig im Kindesalter eingetreten waren.

Die mannigfachen Episoden, die sich um drohenden Verlust und Fallenlassen drehten, waren so ausgestaltet, daß der Mann den Irritationen, die jede Gefühlsäußerung in ihm hervorrief, mit intellektualisierender Abwehr begegnete, worauf die emotional ausgehungerte Frau, die im zweiten Lebensjahr ihre Mutter durch einen tragischen Unfall verloren hatte (an dem sie glaubte schuld zu sein), mit einer Art der Vergeltung reagierte, die ihn in tiefe Verzweiflung brachte. Das gemeinsame Wechselspiel bestand in einer ständigen Reinszenierung des Fast-tot-Seins der Paarbeziehung und einer darauffolgenden Rettung und Wiedergutmachung. Diese Grenzerfahrung von Liebe und Haß, die auf Vernichtung abzielende Attacke und deren Überwindung, bewirkte für beide, sich lebendig und wirklich zu fühlen.

Dieser energieverzehrende Modus war mit viel Angst verbunden, denn eine Trennung, ein Ende, durfte sich ja nicht wirklich ereignen. Insofern mußte die Dimension der Zeit, also eine Vorstellung von Anfang und Ende überhaupt vermieden werden. Denn die Anerkennung des Verstreichens von Zeit bedeutet die Anerkennung von Endlichkeit und Tod. So erklärt es sich, daß das Paar keinen Beginn der Paarbeziehung angeben konnte: irgendwie über gemeinsame Freunde und ohne bewußte Entscheidung kamen sie zusammen. Der eigentliche Anfang und zugleich der zentrale Aspekt der Paarbeziehung erschloß sich dann in der Rettung (der Mann wurde zum Retter, als die Frau sich in verzweifelter Lage befand). Ebenso war jeder weitere Anfang besonders krisenbehaftet, z. B. die Geburt oder frühe Säuglingszeit der Kinder. Schließlich führte der Kauf und das Bewohnen des gemeinsamen Hauses zu einer erneuten schweren Krise und zum Aufsuchen der Therapie. Denn mit dem Kauf des Hauses wurde erneut ein Beginn markiert, ebenso wie ein Ende des vorangegangenen Zeitabschnittes. Vor allem jedoch führte diese Realisierung von Gemeinsamkeit im Sinn von Integration zu einer unerträglichen Erhöhung von Angst: so mußte die Umgebung, die Nachbarschaft, die Lage und alles, was das Haus und das gemeinsame Leben betraf, abgewertet und unterlaufen werden.

In allen von Trennungskrisen durchzogenen und zugleich langanhaltend fortgesetzten Paarbeziehungen ist mir ein vergleichbarer Hintergrund in der Weise begegnet, daß die Problematik scheinbar um Trennungsabsichten kreist, im Grunde es sich jedoch um eine Überwindung der Trennung im Sinne des „Tot-Seins" handelt, und daß eben die gemeinsame Überwindung den Sinn stiftet.

Die Konzepte der Entwicklung des Selbst und die beobachtende Forschung (vgl. Dornes 1993) haben über die vorsprachlichen und vorödipalen Prozesse der Bildung und Differenzierung des Selbst eindrucksvolle Aufschlüsselungen ermöglicht. Besonders die Säuglingsforschung hat mit ihren Ergebnissen, die eine frühe Differenzierung belegen, die Diskussion um ein frühes abgegrenztes Selbst von Geburt an erneut aufgenommen (vgl. Dornes, a.a.O.). Unstrittig ist, daß die Entwicklung des Individuums als krisenanfälliger Prozeß verläuft, der mit Differenzierungs- und Integrationsleistungen bei gleichzeitiger Abgrenzung in Zusammenhang steht. Winnicott (1952) findet für den Zustand, in dem erste frühe Integrationsprozesse zu einem Kernselbst einsetzen, die Metapher eines rohen Eies in zerbrechlicher Schale.[1]

In den Begriffen von Wiederannäherungskampf und Wiederannäherungskrise erfaßt M. Mahler (1975) die Dramatik der Entwicklungsaufgabe, die sich dem Kind vorwiegend im dritten Lebensjahr stellt. Sie verweist auf die erhöhte Verletzlichkeit und Risiken an „Knotenpunkten der Strukturierung" in dieser Phase, an deren Ende – so die Bewältigung gelingt – die Herausbildung der Objektkonstanz steht. Als altersspezifische Ängste werden genannt: Angst vor Objektverlust, Angst vor Liebesverlust, Trennungsangst und Kastrationsangst. Die Art der Bewältigung beeinflußt den Verlauf und die Lösung des späteren ödipalen Konflikts – eine Trennungs- und Integrationsleistung, welche wiederum die genitale infantile Sexualität konstituiert. Oder anders ausgedrückt: Die Ich-Integration und die Liebesfähigkeit erreichen so eine neue, vor zerstörerischen Impulsen geschütztere Qualität. Schließlich wird innerhalb dieses Kontexts auch der „Faktor Zeit" akzeptiert,

---

[1] Winnicott legt sich auf keinen deutlichen Zeitpunkt fest. An dieser Stelle äußert er sich wie folgt: „Die Einheit der individuellen Psyche wird auf verschiedenen Wegen zur Tatsache, zunächst nur für Augenblicke, später über längere Zeiträume von verschiedener Dauer" (a.a.O., S. 124).

und dieses Erkennen der Vergänglichkeit bildet die Voraussetzung zur späteren Einsicht und Toleranz gegenüber der Unwägbarkeit menschlicher Beziehungen.

Eine sexuelle Partnerschaft insbesondere belebt all diese Risiken erneut, wiederholt im Zusammenspiel die Fixierungen an nicht gelöste Konflikte wie auch das Streben nach deren Überwindung (vgl. Willi 1975, 1978). Jedem Paar in einer dauerhaften Verbindung stellen sich in verschiedenen Phasen der Beziehung bestimmte Probleme und Aufgaben; diese ranken sich um:

1. Überwindung bzw. Transformierung, vor allem der ersten (und weiterer) Idealisierungen,

2. Generativität im Sinne der aus der Paarbeziehung hervorgehenden Entwicklungen,

3. Abfuhr und Integration von Aggression.

In Zusammenhang mit diesen zentralen Themen bilden Paare spezifische Konfliktmuster, „private Verrücktheiten" (Kernberg) und Strukturen der Bewältigung aus, die auf gemeinsamen unbewußten Phantasien basieren. Diese beziehen sich auf die individuelle Geschichte beider Partner und wiederbeleben zentrale Konflikte ihrer Objektbeziehungsmuster.

Dieses möchte ich zunächst ausführen und dann einige Bemerkungen zum Zeitgeist der Geschlechterbeziehung machen, bevor ich zur spezifischen Konstellation des „Trennungskonflikt-Paares" zurückkehre.

Freud (1912, 1921) hat die Verliebtheit als „Sexualüberschätzung" beschrieben, als Idealisierung mit den begleitenden Abwehrphänomenen von Spaltung und Verleugnung. Früher oder später beginnen die Verliebten jedoch sich in einer Art der Ernüchterung wahrzunehmen, als realere Personen mit Schwächen und „störenden" Eigenschaften. Dieses Stadium der Entidealisierung ist zu überwinden und zu integrieren, soll die Beziehung darüber hinaus Bestand haben. Im Laufe seiner Verbindung hat das Paar wiederholt mit Entidealisierung und entsprechenden Zweifeln oder Krisen zu ringen. Danach bleibt meist eine mildere Form der Idealisierung erhalten, bzw. sie wird neu erschaffen.

Vermutlich spielen in den meisten Paarbeziehungen solch illusionäre Schwingungen zum Erhalt der Beziehung eine wichtige Rolle. Jedoch läuft eine „primitive Idealisierung" (Kernberg), für die das Überwiegen von Spaltungsmechanismen charakteristisch ist, stets Gefahr, enttäuscht zu werden, womit der Wert des Objekts als Bereicherung für das Selbst infrage gestellt ist. Ob das Paar die Krise übersteht, hängt dann in der Regel von dem Ausmaß der narzißtischen Besetzungen zusammen, das heißt mit dem Potential zur aktiven Zerstörung der Objektbeziehungen.[2]

Die sich entwickelnde Paarbeziehung umfaßt mehr als die Summe zweier Individuen. Das Paar bildet ein gemeinsames Paar-Ich, eine Welt von gemeinsamen unbewußten Phantasien und bewußten Vorstellungen und geht über die Dualität hinaus. Etwas Gemeinsames zu erschaffen, produktiv zu sein als Paar, bildet eine der Grundlagen für die Fortdauer der Paarbeziehung: einen Lebensraum, eine Wohnung, Kinder, Projekte. Insofern strebt das Paar danach, eine Gruppe zu sein (vgl. Ruffiot 1984).

„Die Dyade der Liebenden zerbröckelt, verkümmert im Alltag, wenn sie sich nicht im Originären, dem sie entstammt, regeneriert" (a.a.O., 138).

Kernberg (1976, 1980) hat ausgeführt, daß zunächst die Fähigkeit sich zu verlieben und dann die, dauerhaft zu lieben, eine Entwicklung des Individuums voraussetzt: Integrationsleistungen auf der Ebene der Sexualerotik, der Objektbeziehung und der Besetzung des Über-Ich. Die Dauer einer Paarbeziehung ist jedoch nicht, wie am obigen Beispiel gezeigt, kongruent mit dem „Entwicklungsniveau" der Individuen, wohl aber spiegelt sich dieses auf der Ebene des vorherrschenden Paarkonfliktes.

Eine befriedigende, fortdauernde Liebesbeziehung, die leidenschaftliche Gefühle, das heißt die ganze Bandbreite von Empfindungen einem Menschen gegenüber, und Transzendenz zuläßt, beruht auf der Fortdauer des Selbst beider Partner. Ohne feste Grenzen des Selbst, welche das Gefühl von Identität herstellen, ist eine Grenzüberschreitung im Sinne der Identifizierung jenseits des Selbst, vor allem im Sexuellen, nicht möglich. „Einsamkeit, so könnte man sagen, ist eine Voraussetzung für die Transzendenz" (Kernberg 1980, 332).

In einer langandauernden Liebesbeziehung spielt das Problem der Aggressivität eine besondere Rolle. Kernberg hat im Rahmen der Objektbeziehungstheorie die Bedeutung der Aggression in Paarbeziehungen ausgeführt und somit ein vertieftes Verständnis für deren Dynamik eröffnet. Im folgenden beziehe ich mich auf seine entsprechenden Ausführungen.

Über die Intimität werden zunehmend verdrängte und dissoziierte,

---

[2] Kernberg (1980) beschreibt eine reifere Form der nach-ödipalen Idealisierung, wobei infolge der gelungenen Über-Ich-Bildung die Werte, für die der/die Partner/in steht, idealisiert werden. Diese Form der Idealisierung trage, wie betont wird, zum Erhalt der Beziehung wesentlich bei.

pathogene Objektbeziehungen aus der Kindheit beider Partner reaktiviert. Die Entwicklung der Paarbeziehung legt also allmählich die anfänglich verborgen gebliebene Ambivalenz und Aggression frei. Denn Aggression ist ein zentraler Bestandteil menschlicher Beziehungen, auch in sexuellen Begegnungen und in Wertsystemen, die ja der Verbindung Tiefe und Bestand verleihen. Da die Liebesbeziehung auf Dauer Gefahr läuft, sich aggressiv aufzuladen, müssen beide um die Beziehung kämpfen, indem sie Aggression zurückhalten und einen Teil davon auf die gemeinsame sie umgebende soziale Gruppe verlagern. Je mehr ein Paar isoliert ist, desto problematischer ist der Umgang mit der Aggression. Langeweile und reduzierte oder vermiedene sexuelle Beziehungen sind Ausdruck vermiedener Aggression und erfüllen deshalb andererseits eine Schutzfunktion. Dies ist vor allem dann der Fall, wenn Reifung und Integration des Über-Ich in der ödipalen Konstellation unabgeschlossen bleiben mußten. Der Entwicklung des Über-Ich erwächst die Anteilnahme für das Objekt, verbunden mit Gefühlen von Dankbarkeit und Verantwortlichkeit, was wiederum vor zunehmenden aggressiven Tendenzen bewahrt.

Gesellschaftliche Veränderungen, wie die der fortgeschrittenen Individuierung der Frau innerhalb der letzten Jahrzehnte, erschüttern den kulturell gestützten Schutz des Mannes vor seiner ödipalen Unsicherheit. Zudem werden Neid, Eifersucht und Groll zwischen den Geschlechtern reaktiviert, wodurch sich die aggressiven Anteile in Liebesbeziehungen weiterhin erhöhen.

Letzteres kann als bedeutsame Komponente der vermehrten Trennung und Scheidung von Paarbeziehungen angenommen werden, eines Phänomens, das in zahlreichen Publikationen innerhalb der letzten Jahre zum Thema Paarbeziehung und -problematik festgestellt wurde.

Der zunehmende Zerfall von Paarbeziehungen hängt mit einem raschen Wandel des Geschlechterverhältnisses und der Veränderung bzw. Auflösung der die Paarbeziehung umgebenden und sie absichernden Strukturen und kulturellen Arrangements zusammen. So verliert zum Beispiel im Zuge der geforderten beruflichen und privaten Mobilität die Umgebung der sozialen Gruppe an Bedeutung, welche die Paarbeziehung bereichert und der gegenüber sich das Paar abgrenzen kann, um seine spezifische Intimität auszubilden.

Beck und Beck-Gernsheim (1990) akzentuieren in ihrer soziologischen Analyse des Zeitgeistes eine Herausbildung narzißtischer Motive innerhalb der Paarbeziehungen als Normalfall, wobei Selbstbehauptung zum Gesetz erhoben werde. Der Kampf der Geschlechter wird als „das zentrale Drama der Zeit" benannt. (Zutreffend für einen kleinen Teil der westlichen Welt, wohlbemerkt! wobei jedoch die Tiefe der Dimension im Sinne der Erschütterung von tradierten Gefügen, welche universell zu sein scheint, nicht zu banalisieren ist.) Infolge der fortschreitenden Individualisierung, zuerst des Mannes und dann der Frau ab dem Zeitalter der Moderne, hat die Selbstbehauptung innerhalb der Paarbeziehung zunehmend den ökonomischen Erfordernissen zu entsprechen. Eine scheinbare Wahlfreiheit innerhalb der individuellen Lebensplanung erfordert fortgesetzte Anstrengung, die eigene Biographie zu gestalten. Somit wird die individuelle Freiheit zum Zwang und der andere zum „Erfüllungsgehilfen" vermeintlicher Selbstverwirklichung. Dabei wird der Raum für ein „wir" untergeordnet, oder gar muß der/die Partner/in aufgegeben werden, wenn mit ihm/ihr zuviel „Störendes" verknüpft ist.

Zugleich konfligiert das nüchterne, anscheinend notwendige Prinzip der Selbstbehauptung innerhalb der Paarbeziehung mit der Sehnsucht, eben hier, an dem noch einzig möglichen Ort, einen transzendenten Sinn zu finden, der „den Prinzipien eines kalkulierten Lebens widerspricht" (a.a.O.).

Damit ist ein Dilemma skizziert, das in den Formen des „living-apart-together" und in Begriffen wie dem vom „Lebensabschnittsgefährten" seinen Ausdruck findet – als könne den Schrecken von Trennungen in der Weise begegnet werden, daß man sie zum Programm erhebt. Denn, selbst wenn der weit verbreitete Versuch, Paarkonflikte durch Trennung zu lösen, eine allgemeine Ratlosigkeit im Verhältnis der Geschlechter ausdrückt, sich in erschütterten Strukturen neu zu orten, so ist doch jede Trennung individuell durchzustehen und mit Leiden verbunden. Ruffiot (1984) beschreibt den mit der Trennung eines Paares einhergehenden Prozeß als „Passion des Sich-Entliebens". Verbunden damit ist ein mehr oder weniger bewußter Todeswunsch, denn es wird der innere Tod des Objekts vorbereitet und damit auch der von (Ideal-)Selbstaspekten, die das Objekt repräsentierte.

Der Todeswunsch, der die Trennung verwirklicht, ist immer zweideutig: Der Aggressionsgehalt ist ebenso gegen sich selbst wie gegen den anderen gerichtet. Wer sich zur Trennung entschließt, ahnt die kommende Einbuße, den Zustand der Destabilisierung und Entleerung des Ich durch den Verlust. Andererseits überwiegt das „Störende" des Objekts für die eigene Identität, es entspricht nicht der Vorstellung vom Seinsollen (vgl. Caruso 1974).

Wenn also Trennung und Scheidung in Paarbeziehungen als soziales Faktum allgemein akzeptiert wird, so ist dies deshalb psychologisch keineswegs banal geworden.

Trennungen sind kaum „frei gewählt", sondern erwachsen aus einem subjektiv nicht lösbaren und komplex determinierten Dilemma, wobei jedoch die Vorstellung, in der nächsten Verbindung werde „alles ganz anders" bekanntermaßen ein Trugschluß ist. Denn die Introjekte werden damit nicht einfach aufgegeben, sie nehmen in Variationen in der erneut eingegangenen intimen Beziehung wieder Gestalt an. Zugleich bietet die Herausforderung einer intimen Beziehung die Chance der Auseinandersetzung mit den reaktivierten Konflikten aus der Vergangenheit, sie kann subtile Veränderungen bewirken und bisher ungeahnte Möglichkeiten eröffnen in der Fähigkeit, tiefe Objektbeziehungen herzustellen. Die Bindung des Paares kann dadurch verstärkt werden, jedoch auch aufgegeben werden. Denn zugleich ist mit der Fähigkeit zu tiefen Objektbeziehungen auch die Möglichkeit geschaffen, eine neue Beziehung zu einer anderen Person herstellen zu können, die auf einer neuen Lebensstufe größere Befriedigung erreichen kann.

Eine dauerhafte Paarbeziehung muß mit der Ambivalenz der Gefühle fertigwerden, wobei die Liebe im Verhältnis zum Haß überwiegt. Die Toleranz gegenüber der der Verbindung innewohnenden Aggression und die gleichzeitige Fähigkeit zur Anteilnahme modifiziert die aggressiven Tendenzen. Ebenso wie die Toleranz gegenüber der Unwägbarkeit in der Entwicklung der Paarbeziehung, die Einsicht, daß es letztendlich keine Sicherheit gibt, die ihren Bestand gewährleistet, zum Erhalt der Beziehung beiträgt.

Das führt zurück zur Konstellation des Trennungskonflikt-Paares. Dessen Probleme entspringen dem wechselweisen Agieren widersprüchlicher Gefühle. Dabei können die wenig integrierten aggressiven Strebungen vernichtende Qualität annehmen. Zudem beherrscht die Trennungsangst auf der Ebene eines katastrophalen Selbst- und Objektverlustes die Dynamik. Die Tendenz zur Trennung beinhaltet das Streben nach Individualisierung in der Autonomie, der jedoch eine mit Objektverlust verbundene Todes- und Vernichtungsangst innewohnt. Der Tendenz zur Aufrechterhaltung bzw. Rückkehr in die Beziehung liegt die Beschwichtigung dieser Angst und die Wiedergutmachung zugrunde. Jedoch ist dies wiederum, vor allem bei fortgesetzter Wiederholung, mit vom Ich-Ideal nicht toleriertem Empfinden ohnmächtiger Abhängigkeit verbunden.

Grundlage für die Fähigkeit zu ganzheitlichen Objektbeziehungen ist die Integration libidinöser und aggressiver Strebungen oder auch: die Fähigkeit zur Ambivalenz. Diese entsteht um das Ende des dritten Lebensjahres mit der Bewältigung der Wiederannäherungskrise. Neurotische Paarkonflikte – das sind vor allem neurotische sexuelle Hemmungen – wurzeln ätiologisch im Bereich des Triangulären, Ödipalen. Die oben skizzierte Paarkonfliktstruktur beschreibt die Dramatik des Wiederannäherungskampfes. Es ist davon auszugehen, daß Krisen und Traumata aus dieser Phase bei beiden Partnern wiederbelebt und der leidenschaftliche, unaufgelöste Dialog mit den frühen Objekten, das heißt, der inneren Vorstellung von ihnen in Verbindung mit einer bestimmten Selbstvorstellung, aufrechterhalten wird.

Unter den von Kernberg herausgearbeiteten Aspekten der Entstehung und Bewältigung von Aggression innerhalb der dauerhaften Paarbeziehung kann die hier erörterte stabile Instabilität des Trennungskonflikt-Paares neu verstanden werden: zum einen als unbewußte Reinszenierung pathogener und neurotischer Objektbeziehungseinheiten mit dem Versuch, diese zu „heilen" und zum anderen als Bewältigungsversuch, mit anwachsender Aggression umzugehen. In der wiederkehrenden Trennungsthematik wird die Aggression sowohl agiert, wie – im Versuch, Distanz herzustellen – vorübergehend beschwichtigt.

Einsicht und Durcharbeitung dieser Zusammenhänge kann wachsende Anteilnahme innerhalb der Paarbeziehung zur Folge haben. Ebenso sind die Toleranz gegenüber den eigenen aggressiven Affekten wie denen des Partners und die Fähigkeit, innerhalb der Liebesbeziehung Diskontinuität zu ertragen, mögliche Wege und Reifungsprozesse.

Im Zusammenhang mit meinen Ausführungen über Trennung und Trennungsangst in der Paarbeziehung hat sich die Rolle der Aggression als ein zentraler Aspekt erwiesen. Ich möchte diese Bedeutung am Ende noch einmal hervorheben, weil, insbesondere für die Vorstellung von der Paarbeziehung – aller Realität zum Trotz – (ebenso wie für die Mutter-Kind-Beziehung) in unserer Zivilisation die Aggression ausgeklammert ist.

Aggressive Impulse, so paradox das anmuten mag, sind von ihren frühesten Wurzeln her auf die Erhaltung des Lebens gerichtet, denn sie suchen das Gegenüber. Besonders Winnicott hat die zentrale Bedeutung der Aggression im Sinne der Lebenskraft, zuerst als Äußerungen der Motilität, herausgestellt. Auf der mütterlichen Fähigkeit, sich vom Kind attackieren zu lassen und angemessen präsent zu bleiben, beruht nach seinem Konzept das Wirklichkeitsgefühl, was Grundlage der frühen Konstituierung einer ich-artigen Instanz bildet (vgl. Winnicott 1950). Mir erscheint diese Vorstellung vom Ursprung des aggressiven Impulses in der Motilität, der zuerst und letztendlich den Widerstand des Objekts sucht, dies, um sich in der eigenen Existenz lebendig zu fühlen und dazu ein aushaltendes Gegenüber braucht (aushalten ist nicht mißzuverstehen als erduldende, grenzvermeidende Opferhaltung, sondern genau im umgekehrten Sinne), geeignet als Schlüssel zu einem tiefen Verständnis mannigfacher Ausprägungen von Aggression.

Dazu möchte ich abschließend Winnicott zitieren:

„Vielleicht trifft es zu, daß beim Sexualverkehr Erwachsener und reifer Menschen nicht die rein erotische Befriedigung ein Objekt erfordert. Es ist das aggressive oder destruktive Element im verschmolzenen Impuls, das das Objekt festlegt und das Bedürfnis nach der wirklichen Gegenwart, der wirklichen Befriedigung und dem wirklichen Weiterleben des Partners bestimmt" (Winnicott 1950, 112).

Literatur

Beck, U., E. Beck-Gernsheim
1990   Das ganz normale Chaos der Liebe. Frankfurt a.M.
Caruso, J.A.
1974   Die Trennung der Liebenden. Bern und Stuttgart
Dornes, M.
1993   Der kompetente Säugling. Frankfurt a.M.
Freud, S.
1912   Über die allgemeinste Erniedrigung des Liebeslebens. (Beiträge zur Psychologie des Liebeslebens II GW Bd. 8) Studienausgabe Bd. 5. Frankfurt a.M. 1982
1921   Verliebtheit und Hypnose (Massenpsychologie und Ich-Analyse GW Bd. 13). Studienausgabe Bd. 9. Frankfurt a.M. 1982
Kernberg, O.F.
1976   Objektbeziehungen und Praxis der Psychoanalyse. Stuttgart 1981
1980   Innere Welt und äußere Realität. München-Wien, 1988
Mahler, M.S., Pine, F. und Bergmann, A.
1975   Die psychische Geburt des Menschen. Frankfurt a.M. 1985
Ruffiot, A. und Eigner, A.
1984   Das Paar und die Liebe. Psychoanalytische Paartherapie. Stuttgart 1991
Willi, J.
1975   Die Zweierbeziehung. Reinbek b. Hamburg
1978   Therapie der Zweierbeziehung. Reinbek b. Hamburg
Winnicott, D.W.
1950   Die Beziehung zwischen Aggression und Gefühlsentwicklung. In: Ders., Von der Kinderheilkunde zur Psychoanalyse. Frankfurt a.M. 1983
1952   Psychosen und Kinderpflege. In: Ders., a.a.0. 1983
1958   Von der Kinderheilkunde zur Psychoanalyse. Frankfurt a.M. 1983

Karin Flaake

Abschied von der Kindheit – Weibliche Adoleszenz, Körperlichkeit und Trennungsprozesse in der Mutter-Tochter-Beziehung

Eine eigene Lust und die Abgrenzung von der Mutter

Die Adoleszenz ist eine lebensgeschichtliche Phase, in der Ablösungs- und Trennungsprozesse auf eine besondere Weise von Bedeutung sind.[1] Es geht um den Schritt in ein eigenes Leben: um die Ausgestaltung der eigenen geschlechtlichen Identität, die Modifizierung des Verhältnisses zu den Eltern und die von ihnen abgegrenzte Gestaltung eigener Liebes- und Arbeitsbeziehungen. Katherine Dalsimer beschreibt anschaulich, daß es sich nicht nur um äußere Abgrenzungen und Trennungen handelt – etwa durch neue Beziehungen außerhalb der Familie – sondern innere Loslösungsprozesse wichtig werden, die häufig starke Verlustängste auslösen: „In den ersten Jahren entwickelt das Kind ein konstantes und verläßliches inneres Bild der Mutter, so daß es von ihrer körperlichen Gegenwart und ihren Verrichtungen allmählich unabhängiger wird. Später, während der Adoleszenz, besteht die Aufgabe in einer emotionalen Loslösung von dem, was nun zu inneren psychischen Repräsentanzen und inneren Beziehungen geworden ist" (Dalsimer 1993, 13/14). Diese Loslösung von „inneren psychischen Repräsentanzen" betrifft insbesondere auch das Verhältnis zur eigenen Sexualität, zur eigenen Lust (Flaake 1992a). Maria Torok hat am Beispiel ihrer Patientinnen sehr eindrücklich gezeigt, daß eine Form der inneren Bindung der Tochter an die Mutter im Verzicht auf eine eigene körperliche Lust besteht. Eine eigene Lust – zunächst in Form

---

[1] Aus theoretischer Perspektive ist die Phase des Übergangs zwischen Kindheit und Erwachsensein vor allem in psychoanalytischen, entwicklungspsychologischen und jugendsoziologischen Ansätzen diskutiert worden. Entwicklungen dieser Zeit werden meist unter dem Begriff der „Adoleszenz" gefaßt, der bei der Mehrzahl der Theoretikerinnen und Theoretiker jene psychischen und sozialen Prozesse meint, die die biologischen Veränderungen – auf die sich der Begriff der „Pubertät" bezieht – begleiten und durch sie ausgelöst werden (vgl. Flaake/King 1992, 7–39).

lustvoller Selbstberührungen – hat die psychische Bedeutung einer Trennung von der Mutter. Es gibt eine durch das „Sichberühren", eine durch „den Orgasmus authentisch gewordene Erfahrung von ‚Ich-Mich'": „‚Da ich es mir selbst machen kann, habe ich diejenigen überwunden, die mir die Lust bisher nach ihrem Gutdünken gewährt oder verboten haben.' Durch die Masturbation ... hat das Kind sich aus der Abhängigkeitsbeziehung zur Mutter befreit. Durch die eigene Unabhängigkeit ist auch die mütterliche Imago autonom geworden, das heißt, auch sie könnte ihre Lust bei jemand anderem suchen" (Torok 1974, 205).

Maria Torok beschreibt solche über eigene sexuelle Lust sich vollziehenden Abgrenzungsprozesse von der Mutter wesentlich für die anale Phase, in der auf Sauberkeitserziehung ausgerichtete mütterliche Verhaltensweisen durch die Nähe analer und genitaler Empfindungen auch ohne ausdrückliche entsprechende Aussagen der Mutter die Bedeutung eines „Masturbationsverbotes" enthalten können. Die Wirkung dieses Verbotes sieht Maria Torok darin, „das Kind an den Körper der Mutter zu ketten und seinen eigenen vitalen Plänen Fesseln anzulegen" (Torok 1974, 205).

In der Adoleszenz ist sexuelle Lust durch die genitalen Reifungsprozesse auf eine neue Weise möglich und ein wesentlicher Schritt auf dem Wege zur inneren Ablösung von den Eltern (vgl. Flaake 1992b; King 1992; Waldeck 1992). Maria Berger hat am Beispiel von Schwangerschaften adoleszenter Mädchen sehr eindrücklich beschrieben, wie sich die innere Bindung an die Mutter über die Phantasie einer gemeinsamen Körperlichkeit äußern kann. Für diese jungen Frauen kennzeichnend ist ein „Ringen um eine eigene, von der Mutter abgegrenzte körperliche und psychische Subjektivität ..., die die weibliche Schwierigkeit vergegenwärtigen, sich im Besitz eines von der Mutter unabhängigen sexuellen Körpers befinden zu können, der Beziehung mit einem Nichtmutterobjekt ... aufnehmen kann" (Berger 1989, 247). Maria Berger spricht von einer „inneren Rekonstruktionsarbeit, die im Verlauf der weiblichen Entwicklung – wahrscheinlich bis ins hohe Alter – aufgebracht werden muß, um sich und den eigenen Körper als etwas Abgegrenztes und Eigenes in bezug auf die Mutter erleben zu können" (ebd., 247).

Ich möchte im folgenden auf der Basis der Auswertung von Interviews mit adoleszenten Mädchen und ihren Müttern[2] Facetten

---

[2] Die Interviews mit jungen Mädchen und zum Teil auch ihren Müttern und Vätern wurden im Sommersemester 1992 von Studentinnen des „Arbeitsbereichs Femini-

jener Prozesse aufzeigen, die eine Trennung zwischen Müttern und Töchtern schwierig machen. Es wird dabei wesentlich die Perspektive der Mütter im Vordergrund stehen: Die Frage, was es ihnen so schwer macht, die Tochter in ein eigenes, auch körperlich in eigener Lust verankertes Leben gehen zu lassen. Im Zentrum der Darstellungen steht dabei zunächst die erste Menstruation der Tochter: Sie ist Symbol für das Erwachsenwerden der Tochter und zugleich unbewußt mit Sexualität verknüpft. Wie Mütter auf die erste Menstruation der Tochter reagieren, enthält immer auch unbewußte Botschaften über erlaubte oder tabuisierte Lust.

stische Wissenschaft" am Psychologischen Institut der Freien Universität in Berlin im Rahmen eines studienbegleitenden Forschungsprojekts vorbereitet, durchgeführt und interpretiert. Einige der Interviews sind der Diplomarbeit von Jutta Lieberknecht (1993) entnommen. Ausgearbeitete Interviewinterpretationen finden sich in den Seminar- und Vordiplomarbeiten von Christine Behrend, Katrin Bertram, Birgit Braun, Bettina Buchholz, Christine Bücker-Gärtner, Karen Freyt, Marita Götz, Petra Gutjemann, Ulrike Haase, Katrin Heil, Uta Hildebrandt, Christine Hofmann, Karin Höhmann, Tanja Hüninghausen, Ute Ihrig, Nadja Katsch-Meißner, Vera Leiser, Katrin Meinert, Marita Michalke, Martina Mielke, Sabine Neuffer, Stefanie Sax, Cornelina Schindler, Anne Schirmer, Uta Spat, Claudia Vietze, Kitty Voigt, Dorit Wenke, Michaela Wirner.
Befragt wurden Schülerinnen an Berliner Hauptschulen, Gesamtschulen, Realschulen und Gymnasien. Mädchen aus anderen kulturellen Zusammenhängen sind in die folgenden Darstellungen nicht einbezogen worden.
Die soziale Situation und das kulturelle Umfeld der befragten Mütter war sehr unterschiedlich – Frauen mit akademischer Ausbildung waren ebenso vertreten wie Frauen mit Hauptschulabschluß, Frauen, die sich der Frauenbewegung zugehörig fühlten ebenso wie Frauen mit Distanz zu solchen Zusammenhängen. Gemeinsam war den im Rahmen des Projekts befragten Müttern jedoch ein im weitesten Sinne kritisches Verhältnis zu traditionellen Weiblichkeitsvorstellungen und Lebensformen.
Die Interviews wurden strukturiert durch einen Leitfaden, der flexibel gehandhabt werden konnte und sich – bei den Mädchen – wesentlich auf Fragen zur Verarbeitung der mit der Pubertät verbundenen körperlichen Veränderungen und der ersten sexuellen Erfahrungen bezogen hat. Bei den Müttern und Vätern stand entsprechend ebenfalls die Bedeutung der körperlichen Veränderungen der Tochter im Zentrum.
Die transkribierten Interviews wurden nach einem Verfahren psychoanalytisch-hermeneutischer Textinterpretation ausgewertet. Durch ein solches Auswertungsverfahren erschließt sich mehr als das manifest Gesagte, zugänglich werden auch latente Gehalte, das heißt nicht bewußte, aber dennoch handlungsleitende Motive, Phantasien, Wünsche und Ängste (zur Auswertungsmethode vgl. Flaake 1989, 233ff.).

Die erste Menstruation der Tochter als Symbol von Nähe und Trennung

Die erste Menstruation markiert wie keine andere körperliche Veränderung in der Pubertät eine Art von „Eintritt" in die Weiblichkeit und damit in das Erwachsenwerden. Mit ihr ist eine wichtige Grenze überschritten im Verhältnis zwischen der Heranwachsenden und ihren Eltern. Der Körper der Tochter „nähert" sich dem erwachsenen Körper der Mutter an. Zugleich verweist aber gerade das auf eine notwendig werdende Trennung der Tochter von der Mutter: Ihr Weg in ein eigenes Leben steht bevor. So ist die erste Menstruation in der Mutter-Tochter-Beziehung sowohl Symbol für Nähe als auch für Trennung, und die Verarbeitung der ersten Menstruation sagt immer auch etwas aus über Möglichkeiten einer eigenen Lust, einer eigenen Sexualität für die Tochter.

Vergleicht man die Schilderungen von Müttern und Töchtern über ihre erste Menstruation und die sich anschließenden Entwicklungen, so hat sich zugleich sehr viel und sehr wenig verändert. Verändert hat sich die Informiertheit über Menstruation und die mit ihr verbundenen körperlichen Prozesse und die Offenheit in der Kommunikation zwischen Müttern und Töchtern darüber. Relativ wenig verändert hat sich an der insgesamt negativen Bewertung der Menstruation durch junge Frauen.

Für die meisten der jungen Mädchen ist die erste Menstruation kein „Schock" mehr – ein Erleben, das in der Müttergeneration noch häufig war –, im Gegenteil: Viele der Mädchen schildern ihre erste Menstruation als mit Freude und Stolz verbunden. Freude und Stolz beziehen sich auf das Gefühl, durch die erste Menstruation „dazu zu gehören", „kein Kind mehr zu sein", „Frau zu werden". Auffallend ist jedoch, daß Freude und Stolz über die Menstruation auf das „erste Mal" beschränkt bleiben, daß alle befragten Mädchen berichten, daß sie zum Zeitpunkt des Interviews mit der Menstruation überwiegend Negatives verbinden. Sie wird als „nervig", „lästig" und „doof" empfunden und ist von körperlichen und psychischen Beschwerden begleitet: von Bauch- oder Kopfschmerzen und als negativ empfundenen Stimmungen wie schlechter Laune, großer Verletzlichkeit, Gereiztheit und Aggressivität. Diese Unannehmlichkeiten setzten bei den Mädchen, die zunächst von Freude und Stolz berichteten, mit dem zweiten Mal des Menstruierens ein.

Was ist geschehen nach den ersten euphorischen Gefühlen, der ersten Aufbruchstimmung? Was tut weh, macht aggressiv und schlechte Laune? Ist es nur die unvermeidbare Konfrontation der Hoffnungen auf ein jetzt ganz anderes Leben mit der Realität, daß der Alltag einfach so weitergeht wie bisher? Oder ist es auch die Erfahrung, daß das, was die Mädchen ihrer eigenen Aussage nach „zur Frau" macht, in ihrer Umgebung dann doch gar nicht so „toll" gefunden wird?

Alle befragten Mädchen schildern, daß die Mutter die erste Person war, der sie vom Einsetzen der Menstruation berichtet haben. Die Reaktion der Mütter wird dabei oft wie eine „Bremse" für die Freude und den Stolz der Mädchen dargestellt. „Nicht so, als wenn das jetzt was Weltbewegendes wäre", beschreibt eine der jungen Frauen ihre Enttäuschung über die Reaktion der Mutter. Einige der von den Mädchen berichteten Äußerungen der Mütter bezogen sich auf den Zeitpunkt der ersten Menstruation: „Ach Gott, geht das jetzt schon los." Viele Mädchen schildern, daß Hygienefragen im Gespräch mit der Mutter im Vordergrund standen: „Daß ich jetzt eben Binden benutzen muß, und hat mir dann welche gegeben." Ein Mädchen thematisiert den Bruch, den sie bei ihrer Mutter erlebt hat: Erst habe die Mutter mit ihr die Stimmung erwartungsvoller Spannung geteilt, „aber als 'sie' dann da war, ging es viel um Hygienemaßnahmen". In der Wahrnehmung der Töchter stehen die Mütter hier für ein Realitätsprinzip, in dem die an die erste Menstruation gebundenen Aufbruchsphantasien wenig Raum haben, in dem das Fließen des Blutes zu einem Hygieneproblem und damit zu etwas zu Verbergendem wird.

Ruth Waldeck beschreibt das Dilemma, vor dem adoleszente Mädchen stehen: „Denn auch wenn ein Mädchen noch so ausführlich und einfühlsam auf den Eintritt der Menarche vorbereitet ist, wenn es sich auch noch so sehr darauf gefreut hat, ist es nun einem Widerspruch von Wunsch und Verbot ausgesetzt. Jede andere Leistung, jeden anderen Erfolg darf sie zeigen, die Binde aber hat zu verschwinden. Das Mädchen darf darüber sprechen, aber es darf nichts davon zeigen. Die kulturelle Norm, wie sie Tampon- und Bindenwerbung vorstellt, heißt: Die Frau soll wirken wie an jedem anderen Tag, es soll nichts sichtbar, schon gar nicht riechbar sein" (Waldeck 1988, 342).

So stehen die Reaktionen der Mütter für einen gesellschaftlich nahegelegten Umgang mit Menstruation. Die Tatsache des Menstruierens ist zwar aus dem Privaten, Verschwiegenen hervorgeholt worden in die Öffentlichkeit, weiterhin tabuisiert sind jedoch die Gefühle, die mit der Menstruation verbunden sind. Psychoanalytische Studien zur weiblichen Adoleszenz zeigen, daß für junge Mädchen der Beginn der Menstruation eng verbunden ist mit der Entfaltung sexueller Wünsche und Phantasien. Die Menstruation löst erregende und lustvolle Empfindungen aus, die inneren und äußeren Geschlechtsorgane werden sinnlich erlebbar (Poluda-Korte 1992; Waldeck 1988)[3]. Katherine Dalsimer weist an Hand einer Interpretation des Tagebuchs von Anne Frank sehr eindrücklich die Nähe der ersten Menstruation zu selbstbezogenen und homoerotischen Wünschen auf: „In Annes Tagebuch ist der Beginn der Menstruation mit den ersten Regungen sexueller Gefühle verbunden. Nachdem sie Kitty (ihrem Tagebuch, K. F.) mitgeteilt hat, daß sie nun menstruiert, beschreibt Anne ihren Wunsch, ihre eigenen Brüste und die einer Freundin zu berühren" (Dalsimer 1993, 60). Zugleich entfalten sich auch auf das andere Geschlecht bezogene Phantasien: „Am selben Tag noch – dem Tag also, an dem Anne über ihre sexuellen Sehnsüchte berichtet – fand sie einen Vorwand, um mit Peter alleine zusammen zu sein" (ebd., 60).

In den Interviews deutet sich der Zusammenhang von erster Menstruation und Sexualität in bestimmten Formulierungen mit „Signalcharakter" an. Beschreibungen wie „dann war alles rot", „plötzlich war da ein riesengroßer roter Fleck", sprechen für die Nähe der ersten Menstruation zu einer sexuellen Erregung („rot"), die zugleich Lust und Angst – zum Beispiel vor dem Überschwemmenden („alles rot") und dem Verlust von Kontrolle („plötzlich ... riesengroß") – macht. Der Aspekt des Verbotenen der sexuellen Empfindungen deutet sich zum Beispiel an in der Verknüpfung von erster Menstruation mit Gefühlen wie „eklig und dreckig" und spielt ebenfalls eine Rolle in Darstellungen, in denen die erste Menstruation im Zusammenhang mit dem Thema „Strafe" geschildert wird[4].

Durch die enge Verbindung von erster Menstruation und Sexualität enthalten die an die Menstruation geknüpften Bewertungen zugleich immer auch latente Botschaften über sexuelle Lust. Die Reduzierung der Menstruation auf ein Hygieneproblem – die gesellschaftlich nahegelegt und von Müttern oft vermittelt wird – bedeutet dann: Kümmere dich nicht um deine Lust, die du spürst. Sie ist etwas unsauberes und

---

[3] Helga Haase beschreibt auf der Basis der Interpretation eines Interviews mit der Mutter einer adoleszenten Tochter die erotische Komponente, die sich über die Menstruation zwischen Mutter und Tochter entfaltet und zum Verschwinden gebracht wird (Haase 1992).

[4] So berichtet eine 13jährige Realschülerin, die sich als „total aufgeklärt" bezeichnet, auf die Frage nach der Situation, in der sie ihre Tage bekommen habe: „Mußte Strafe stehen in der Schule, mußte Strafe stehen und dann bin ich nach Hause gekommen, bin aufs Klo gegangen, oh mein Gott, und dann hab' ich's erst nicht gesagt." Die Verbindung von erster Menstruation mit Sexualität unter einem Strafaspekt ist auch enthalten in der bis Ende der sechziger Jahre häufigen Drohung in „aufklärerischer Absicht", von der viele der befragten Mütter berichten: „Jetzt mußt du aufpassen, daß du nicht schwanger wirst."

du bringst sie am besten zum Verschwinden[5]. Eine wesentliche latente Funktion der Reduzierung von Menstruation auf ein Hygieneproblem besteht in einer solchen Tabuisierung sexueller Lust – einer Lust, die zunächst den eigenen Körper, das eigene Geschlecht zum Zentrum hat und Ausgangspunkt sein könnte für ein eigenes „weibliches Begehren", für eine den eigenen Empfindungen, Wünschen und Phantasien folgende Aneignung des Körpers und der Sexualität. Menstruationsbeschwerden können dann verstanden werden als Konversion von sexueller Lust in Schmerzen[6] – Schmerzen, die auch Symbol sind für einen verhinderten Bezug zur weiblichen Körperlichkeit.

Trennungsprozesse als Balancen von Nähe und Distanz

Die beschriebenen Reaktionen der Mütter stehen für einen gesellschaftlich vorgegebenen Umgang mit Menstruation, zugleich werden in den Interviews aber auch eine Vielzahl von Gefühlen deutlich, die durch die erste Menstruation der Tochter ausgelöst werden und die Reaktionen der Mütter widersprüchlicher und ambivalenter werden lassen als sie es sich selbst oft wünschen. Auch die Mütter berichten oft von Reaktionen wie „ach, jetzt schon!". Die erste Menstruation ist Symbol für die Veränderungen, die in der nächsten Zeit im Verhältnis zur Tochter anstehen: dafür, daß sie zunehmend eigene Wege gehen und sich sukzessive von der Mutter lösen wird, dafür, daß zu den eigenen Wegen auch sexuelle Erfahrungen und Beziehungen gehören, und auch dafür, daß die Tochter zu einer jungen Frau wird, die ihr erwachsenes Leben noch vor sich hat, während die Mutter mit den durch das Älterwerden

---

5 Die Nähe von „hygienischen" Maßnahmen während der Menstruation und dem zum Verschwindenbringen von als negativ erlebten an die Menstruation gebundenen Affekten wird in der folgenden Schilderung einer 18jährigen jungen Frau deutlich: „Die ersten Male fühlte ich mich dann immer so eklig und dreckig irgendwie und hab' andauernd geduscht. Aber dann hab' ich ziemlich schnell Tampons benutzt und dann war das in Ordnung." Sich „eklig und dreckig" fühlen könnte sich auf die mit der Menstruation verbundene sexuelle Lust beziehen, die durch hygienische Maßnahmen – Duschen und Tampons – zum Verschwinden gebracht werden soll.

6 Vgl. dazu Poluda-Korte 1992, 153. Auf den Zusammenhang von Menstruationsbeschwerden und sexueller Lust hat der Psychoanalytiker Georg Groddeck 1923 so hingewiesen: „Die Kreuzschmerzen bei der Periode erleichtern der Frau den Widerstand gegen die Begierde. [...] Zuweilen genügt der Kreuzschmerz nicht, dann tritt warnend der Krampf und wehenartige Schmerz im Unterleib hinzu, und reicht das nicht aus, so greift das Es zum Kopfschmerz" (Groddeck 1923, 112).

gesetzten Grenzen konfrontiert ist. So beschreibt eine Mutter ihre widersprüchlichen Gefühle bei der ersten Menstruation der Tochter: „Da war dieses Schmerzgefühl. Das war auch ein Abschiedsgefühl. Auf der einen Seite wünsch' ich mir das immer so herbei, dann denke ich, hoffentlich ist sie bald selbständig und hat ihr Leben in der eigenen Hand, aber es ist auch traurig."

Daß die Tochter zur Frau wird und ihr erwachsenes Leben noch vor sich hat, kann für die Mutter Anlaß sein, ihr bisheriges Leben zu reflektieren: frühere Hoffnungen und Enttäuschungen, Befriedigendes und als einengend und begrenzend Empfundenes. Wie eine solche Bilanz ausfällt, welche Perspektiven Mütter für ihr weiteres Leben haben, und wie sie ihre eigene körperliche Weiblichkeit und Sexualität bewerten, gestaltet auch das Verhältnis zu der heranwachsenden Tochter. So können Neidgefühle der Mutter auf die Jugend ihrer Tochter und die ihr noch offenstehenden Möglichkeiten sich mit den kulturell vorgegebenen Ansichten über die Menstruation verbinden und zu Verhaltensweisen führen, die der Tochter die Botschaft vermitteln: Du hast Dein Leben noch vor Dir und Du bist jung und schön, aber das, was dich zur Frau macht, ist schmutzig und du mußt es verstecken (Waldeck 1988, 342/343). Auf diese Weise können Mutter und Tochter innerlich aneinander gebunden bleiben – auf der Basis einer gemeinsamen entwerteten körperlichen Weiblichkeit.

Besonders schwer scheint es Müttern zu fallen, der Tochter einen eigenen Raum für sexuelle Erfahrungen zuzugestehen. Eigene Ängste bezüglich Sexualität vermischen sich oft mit realen Gefährdungen der Tochter. So, wenn eine Mutter ihrer Tochter nach dem Einsetzen der Menstruation die Pille verschreiben läßt, um zu verhindern, daß sie durch eine Vergewaltigung schwanger werden könne. In den Schilderungen der Tochter wird deutlich, daß Sexualität für sie sehr bedrohlich und angstbesetzt ist. Mütterliche Ängste werden so an die Tochter weitergegeben und der Tochter eine lustvolle Entfaltung ihrer sexuellen Wünsche und die Entwicklung einer entsprechenden aktiven Handlungsfähigkeit schwergemacht.

Die Pille hat in mehreren Interviews eine besondere Bedeutung in der Mutter-Tochter-Beziehung: Über die von der Mutter gewünschte Einnahme vermittelt sich oft eine innere „Anbindung" der Tochter durch die Weitergabe von Ängsten – ganz im Gegensatz zur bewußten Intention, der Tochter ein sorgloseres Leben zu ermöglichen. So wenn eine Mutter ihrer Tochter – obwohl diese noch keine sexuelle Beziehung hat – die Pille verschreiben läßt, um ihr – wie sie sagt – ein Schicksal zu ersparen, wie sie es selbst erlitten hat: nämlich früh schwanger zu werden, eine Berufsausbildung abbrechen zu müssen und ein wenig befriedigendes Leben als Hausfrau und Mutter zu führen. Diese Schilderung erhält eine besondere Brisanz durch die Tatsache, daß die Tochter das Kind dieser frühen, von der Mutter als Beginn eines „nicht glücklichen" Lebens empfundenen Schwangerschaft ist, die Einnahme der Pille symbolisch also gegen ihre eigene Existenz gerichtet ist. Die Tochter hat ein unbewußtes Wissen um diese Zusammenhänge, das in einem Versprecher deutlich wird, in dem sie – auf der Ebene des manifesten Textes sehr vernünftig und aufgeklärt – erläutern will, warum die Einnahme der Pille für sie wichtig ist. Anschließend an eine Äußerung, in der es um die Mutter geht, sagt sie: „Ich nehme die Pille, damit sie nicht schwanger wird."

Die lustvolle Entfaltung sexueller Wünsche wird damit gebremst, sie werden unbewußt mit „Unglück" assoziiert.

Es setzt eine große Bereitschaft zur Reflexion und Bearbeitung der eigenen Ängste und Phantasien voraus, um der Tocher so viel Raum zu geben für sexuelle Erfahrungen, wie es in der folgenden Schilderung einer Mutter deutlich wird: „Sie hat eigentlich ständig irgendwie 'nen Freund. Da mache ich mir schon so meine Gedanken, aber darüber will sie mit mir nicht reden. Und das muß ich akzeptieren. Vielleicht findet sie mich zu neugierig. Vielleicht will sie aber auch diesen Bereich absolut für sich behalten. Das muß ich wohl akzeptieren. Ich weiß nicht, ob sie schon mal mit einem Jungen geschlafen hat. Vor ein paar Monaten hat sie ganz abrupt gesagt: „So weit bin ich nicht." Aber jetzt sagt sie so: „Naja" – mit einem heimlichen Lächeln. Es könnte also sein. Es ist o. k. so für mich, weil ich weiß, daß sie nur Sachen macht, die ihr gefallen und die sie schön findet. Und daß sie selbst den Zeitpunkt bestimmt. Und daß sie sehr wohl in der Lage ist, sich zu wehren und zu sagen, was sie will. Da sage ich mir: Also, wenn sie das will, dann finde ich es schön, dann freue ich mich für sie. Ich hoffe nur, daß sie sich schützt, daß sie Kondome benutzen, und daß sie nicht schwanger wird. Sie kennt die Gefahren, sie weiß über alle Verhütungsmethoden Bescheid, und sie weiß über die Gefahren von Aids Bescheid. Darüber haben wir oft geredet. Deshalb sage ich mir: Was soll passieren?"

Zugleich wird in diesem Interview auch der Neid der Mutter auf die Tochter deutlich, der Verhaltensweisen gegenüber der Tochter nahelegen kann, durch die der Tochter mehr Lust, als die Mutter selbst zu leben vermochte, nur schwer zugestanden werden kann. „Rivalität spüre ich da schon. Ganz deutlich war das in Tunesien. Da hat ein junger Mann mit ihr geflirtet. Ich wäre neidisch gewesen, wenn er mit ihr losgezogen wäre. Denn da fällt einem plötzlich ein: Du bist nicht mehr jung, dir stehen nicht mehr alle Türen offen. Und du hattest es früher einfach nicht so gut."

Dieser Neid muß sich jedoch nicht gegen die Tochter richten, er kann auch produktiv gewendet werden und Auslöser sein für eine Neugestaltung des eigenen Lebens: für eine Auseinandersetzung mit den bisher unerfüllten Wünschen und den Möglichkeiten, ihrer Verwirklichung doch noch näher zu kommen. So hat die zitierte Mutter eine Berufsausbildung begonnen und sich aus einer für sie schon seit langem unbefriedigenden Partnerschaft gelöst. Beides sieht sie im Zusammenhang mit der Aufbruchstimmung, die von ihrer Tochter ausgeht.

So kann die Adoleszenz nicht nur der Tochter, sondern auch der Mutter neue Handlungsspielräume eröffnen. Die Spielräume für die Entwicklung der Tochter sind dabei in starkem Maße davon abhängig, wie Mütter ihre neuen Möglichkeiten einschätzen: ob sie die durch die Entwicklung der Tochter ausgelösten Verunsicherungen produktiv nutzen können für eigene Lernprozesse. Denn die Auseinandersetzung mit Mädchen in der Adoleszenz konfrontiert zugleich mit eigenen Vorstellungen von Weiblichkeit, mit dem eigenen Verhältnis zu Körperlichkeit und Sexualität und den entsprechenden Gefühlen. So kann die Auseinandersetzung mit Mädchen in der Adoleszenz auch Anreiz sein für die Neudefinition eigener Weiblichkeitsvorstellungen und für eine Neubestimmung von Weiblichkeit durch Frauen. In einigen der Interviews wird deutlich, wie groß der Wunsch der Töchter ist, in der Mutter eine auch von ihr selbst positiv besetzte Weiblichkeit sehen zu können und von ihr ein Gefühl von Stolz auf die weibliche Körperlichkeit vermittelt zu bekommen (vgl. dazu auch Haase 1992). So berichtet eine Mutter: „Ich hab' dann mal vor dem Spiegel gestanden als sie dabei war und gesagt, daß ich meinen Busen gar nicht schön finde. Da hab' ich richtig gemerkt, daß sie das nicht hören wollte, daß sie sich gewünscht hätte, daß ich mich schön finde." Sie erinnert sich an ihr eigenes negatives Körpererleben in der Pubertät und die Wünsche an ihre Mutter zu dieser Zeit: „Wenn sie sich selber als begehrenswert empfunden hätte – das wär's schon gewesen."

Eines der jungen Mädchen schildert die Bedeutung der Wertschätzung ihrer körperlichen Weiblichkeit durch eine Frau so: „Meine Tante meinte einmal zu mir: ‚Du hast aber schöne Brüste.' Das weiß ich noch ganz genau, da war ich voll stolz. Da war ich 15, das werde ich nie vergessen, da war ich so stolz, weil vor allem, weil ich die so gerne mag."

Vielleicht ist es nicht zufällig, daß es in dieser Schilderung eine entferntere Person als die Mutter ist, von der das junge Mädchen eine positive Wertschätzung ihrer körperlichen Weiblichkeit annehmen kann. Die Adoleszenz ist eine Zeit, in der die Gefühle der Tochter gegenüber der Mutter besonders widersprüchlich sind: eine Zeit des Kampfes um Ablösung und Differenzierung, in der die Tochter gegenüber der Mutter zwischen Wünschen nach Nähe und Geborgenheit einerseits und Wünschen nach Distanzierung und Autonomie andererseits schwankt. Dennoch bleibt die Mutter als wichtige Bezugsperson und Partnerin für Auseinandersetzungen von großer Bedeutung.[7] Gerade in dieser lebensgeschichtlichen Phase der Tochter ist es für Mütter wichtig, eine Balance zwischen Zuwendung und Abgrenzung, Nähe und Distanz zu finden, die der Tochter ein eigenes Leben erlaubt, die aber gleichzeitig die Möglichkeit mütterlicher Rückversicherung beläßt. „Vor allem in der Adoleszenz kann die Mutter eine unersetzliche Funktion erfüllen, indem sie einerseits Intimität zulassen und beantworten, andererseits Abstand halten und Ambivalenz ertragen kann" (Halberstadt-Freud 1987, 163). Auf dieser Basis kann die Botschaft der Mutter an die Tochter lauten: Dein Körper, der wie meiner weiblich ist, ist gut und wertvoll, und du darfst mit diesem Körper eine von mir unabhängige Lust und Sexualität haben. Damit kann die Tochter ihre Weiblichkeit als eigenständige Quelle von Lust und Kreativität erfahren und mit diesem Fundament einen eigenen, von der Mutter auch innerlich abgegrenzten Weg in ein eigenes Leben finden.

Literatur

Apter, T.
1990   Altered Loves. Mothers and Daughters during Adolescence. New York
Berger, M.
1989   Zur Bedeutung des „Anna-selbdritt"-Motivs für die Beziehung der Frau zum eigenen Körper und zu ihrem Kind. In: Hirsch, M. (Hg.): Der eigene Körper als Objekt. Zur Psychodynamik selbstdestruktiven Körperagierens. Berlin, Heidelberg, 241-277
Dalsimer, K.
1993   Vom Mädchen zur Frau. Literarische Darstellungen – psychoanalytisch betrachtet. Berlin, Heidelberg
Eggert-Schmid Noerr, A.
1993   Besprechung zu: Flaake, K., King, V.: Weibliche Adoleszenz. Psyche 6, 609-611
Flaake, K.
1989   Berufliche Orientierungen von Lehrerinnen und Lehrern. Eine empirische Untersuchung. Frankfurt/Main. New York
1990   Geschlechterverhältnisse, geschlechtsspezifische Identität und Adoleszenz. Zeitschrift für Sozialisationsforschung und Erziehungssoziologie 1, 2-13

[7]   Zur Bedeutung der Mutter-Tochter-Beziehung in der Adoleszenz vgl. Apter 1990; Jansen/Jockenhövel-Poth 1992; Stern 1992.

1992a Ein Körper für sich allein. Sexuelle Entwicklungen und körperliche Weiblichkeit in der Mutter-Tocher-Beziehung. Psyche 7, 642-652

1992b Weibliche Adoleszenz und Einschreibungen in den Körper. Zur Bedeutung kultureller Definitionen von körperlicher Weiblichkeit für die Entwicklungsmöglichkeiten von Mädchen. In: Trescher, Hans-Georg u.a. (Hg.): Jahrbuch für Psychoanalytische Pädagogik 4, Mainz, 137-148

1993 Es besser machen als die eigene Mutter. Mütter-Töchter-Sexualität. In: Nuber, U.: Wir wollten alles ... was haben wir nun? Eine Zwischenbilanz der Frauenbewegung. Zürich, 146-155

Flaake, K., King, V. (Hg.)

1992 Weibliche Adoleszenz. Zur Sozialisation junger Frauen. Frankfurt a.M., New York

Groddeck, G.

1923 Das Buch vom Es. Psychoanalytische Briefe an eine Freundin. Leipzig, Wien, Zürich

Haase, H.

1992 Die Preisgabe. Überlegungen zur Bedeutung der Menstruation in der Mutter-Tochter-Beziehung. In: Flaake, K., King, V. (Hg.): Weibliche Adoleszenz. Zur Sozialisation junger Frauen. Frankfurt a.M., New York, 166-185

Halberstadt-Freud, H.

1987 Die symbiotische Illusion in der Mutter-Tochter-Beziehung. In: Psychoanalytisches Seminar Zürich (Hg.): Bei Licht betrachtet wird es finster: Frauensichten. Frankfurt a. M., 139-166

Jansen, M., Jockenhövel-Poth, A.

1992 Trennung und Bindung bei adoleszenten Mädchen aus psychoanalytischer Sicht. In: Flaake, K., King, V. (Hg.): Weibliche Adoleszenz. Zur Sozialisation junger Frauen. Frankfurt a.M., New York

King, V.

1992 Geburtswehen der Weiblichkeit – Verkehrte Entbindungen. Zur Konflikthaftigkeit der psychischen Aneignung der Innergenitalität in der Adoleszenz. In: Flaake, K., King, V.(Hg.): Weibliche Adoleszenz. Zur Sozialisation junger Frauen. Frankfurt a.M., New York, 103-125

Lieberknecht, J.

1993 Körperlichkeit und Sexualität in der weiblichen Adoleszenz. Unv. Diplomarbeit am Psychologischen Institut der Freien Universität Berlin

Poluda-Korte, E.S.

1988 Brief an eine Freundin. In: Gehrke, Claudia (Hg.): Mein heimliches Auge III. Berlin

1990 Das Wasser war viel zu tief. In: Geschlechterverhältnis. Konkursbuch 24, Tübingen

1992 Identität im Fluß. Zur Psychoanalyse weiblicher Adoleszenz im Spiegel des Menstruationserlebens. In: Flaake, K., King, V. (Hg.): Weibliche Adoleszenz. Zur Sozialisation junger Frauen. Frankfurt a.M., New York, 147-165

1993 Der „lesbische Komplex". Das homosexuelle Tabu und die Weiblichkeit". In: Alves, E.: Stumme Liebe. Der „lesbische Komplex" in der Psychoanalyse. Freiburg, 73-132

Rohde-Dachser, CH.

1991 Expedition in den dunklen Kontinent. Weiblichkeit im Diskurs der Psychoanalyse. Berlin, Heidelberg, New York

Schmauch, U.

1987 Anatomie und Schicksal. Zur Psychoanalyse der frühen Geschlechtersozialisation. Frankfurt a.M.

Stern, L.
1992 Vorstellungen von Trennung und Bindung bei adoleszenten Mädchen. In: Flaake, K., King, V. (Hg.): Weibliche Adoleszenz. Zur Sozialisation junger Frauen. Frankfurt a.M., New York

Torok, M.
1974 Die Bedeutung des „Penisneides" bei der Frau. In: Chasseguet-Smirgel, J. (Hg.): Psychoanalyse der weiblichen Sexualität, Frankfurt a.M.

Waldeck, R.
1988 Der rote Fleck im dunklen Kontinent. Zeitschrift für Sexualforschung 1 und 2, 189-205; 337-350
1992 Die Frau ohne Hände. Über Sexualität und Selbständigkeit. In: Flaake, K., King, V. (Hg.): Weibliche Adoleszenz. Zur Sozialisation junger Frauen. Frankfurt a.M., New York, 186-198

Annelinde Eggert-Schmid Noerr

Entfernung und Wiederkehr

Zur Bedeutung adoleszenter Ablösungskonflikte für männliche Berufsidentitäten

Das Besondere des psychoanalytischen Blicks auf lebensgeschichtliche Verläufe ist, daß er die Dimension des Unbewußten mit einbezieht. Jene Dimension also, die sich dem unmittelbaren Bewußtsein entzieht und die doch – gleichsam hinter dem Rücken der einzelnen – in hohem Maße sinnstiftend und bedeutsam ist für den lebenslangen Strukturierungs- und Umstrukturierungsprozeß, den wir Identität nennen.

Erik Erikson, der den Begriff der Identität in den psychoanalytischen Diskurs einführte, betont den engen Zusammenhang von bewußten und unbewußten, individuellen und gruppenbezogenen Aspekten der Identität (Erikson 1966, 124f). Heute läßt sich dieser Begriff ohne eine weitere basale Kategorie nicht mehr denken, die Erikson noch weitgehend vernachlässigte: Identität ist immer auch Geschlechtsidentität. Der neueren psychologischen und psychoanalytischen Literatur zufolge bildet sich die Geschlechtsidentität von Geburt an durch ein subtiles Zusammenspiel von Körperprozessen und intersubjektiven Einfädelungen, von Erwartungen, Befriedigungen und Versagungen heraus. Sie wird außerdem schon in der frühen Kindheit, in der die Einbindung in peer-groups eine besondere Bedeutung gewinnt – ein Prozeß, der während der Adoleszenz verstärkt wird, durch gesellschaftliche Geschlechtsrollenerwartungen sozial überformt (vgl. Tyson, 1991).

Da Identitätsbildung immer auch an Identifizierungsprozesse gebunden ist, ist für die innere Aneignung von Weiblichkeit und Männlichkeit zudem entscheidend, daß das erste Liebesobjekt für beide Geschlechter in der Regel eine Frau, die Mutter, ist. Daß die Arbeitsteilung unserer Gesellschaft die Kindererziehung weitgehend als Domäne der Frauen festlegt, während die Männer üblicherweise außer Haus arbeiten, ist ein zentrales Moment der frühen familialen Sozialisation. Aber nicht nur dies: Auch die Art und Weise, wie Jungen und Mädchen die Anforderungen der Adoleszenz erleben, die darin besteht, einen selbständigen Weg zur Welt der Liebe und der Arbeit zu finden, wird hiervon bestimmt. Darüber hinaus bleiben auch die erwachsenen Bilder von Arbeit und beruflichem Erfolg oftmals von dieser Auftrennung geprägt (vgl.

Eggert-Schmid Noerr 1991). Während Mädchen, zumindest der Möglichkeit nach, ungebrochener an der Identifikation mit dem primären Liebesobjekt festhalten können, gilt dies für Jungen nicht in derselben Weise.[1]

Ihre Reifung zum Mann erfordert die „Desidentifizierung". Gegenentwürfe gegen das mütterliche Vorbild müssen entwickelt werden, die sich nicht selten zur übertriebenen Abgrenzung gegenüber Weiblichkeit und zu deren Entwertung (oder gegenläufiger Überhöhung) schlechthin generalisieren (vgl. Brandes 1992).

Der personalen Identität liegen also Verarbeitungsmuster zugrunde, die als unbewußte Sinnstrukturen die Bewältigung späterer Entwicklungsanforderungen nachhaltig formen, sei es als Reservoir individueller Möglichkeiten, sei es als Mechanismus ihrer Beschränkung. Auf diesen Aspekt hat insbesondere auch Mario Erdheim hingewiesen (vgl. Erdheim 1988). Er sieht die Entwicklungsaufgabe der Adoleszenz als den „Übergang von der Familie zur Kultur" und verweist darauf, daß die „Imagines von Familie und Kultur" (Gesellschaft) dem Grunde nach antagonistisch seien. Es bleibe den einzelnen geschuldet, dem „krisenhaften Geschehen" der „Konstituierung des Antagonismus" zwischen Familie und Kultur in der Adoleszenz nicht auszuweichen, sondern zu erlernen, die Spannung auszuhalten und die Unterschiede zwischen beiden Bereichen angemessen wahrzunehmen (ders. 1992, 23ff).

So erhellend aber zunächst die Grenzziehung zwischen diesen diametralen „Organisatoren von Erfahrung" auch sein mag, so ist doch zu fragen, ob die Familienstruktur nicht ihrerseits bis ins Innerste von kulturellen Vorgaben abhängt und auch auf gesellschaftliche Muster zurückwirkt. Wenn diese wechselseitige Durchdringung vernachlässigt wird, erscheint die Adoleszenz allzu einseitig als Prozeß der Ablösung und Grenzziehung. Das psychoanalytische Konzept der Identität legt es indessen nahe, der tatsächlichen Widersprüchlichkeit der inneren Welt- und Selbsterfahrung sowohl in der „Familie" als auch in der „Kultur" gerecht zu werden und ihr Verhältnis als eines der Umstrukturierung zu erfassen.

Die einseitige Gewichtung der Ablösungsprozesse hat einen normativen Aspekt. Lange Zeit galt auch dem main-stream der psychoanalytischen Literatur die männliche Persönlichkeitsstruktur theorieleitend, an der gemessen spezifisch weibliche Strukturen als bloße Abweichungen erschienen sind. Studien zur Herausbildung geschlechts-

---

[1] Diese Zusammenhänge sind mit breiter Rezeptionswirkung von N. Chodorow aufgeschlüsselt worden. Vgl. N. Chodorow: Das Erbe der Mütter, München 1985.

spezifischer Sozialcharaktere haben jedoch inzwischen überzeugend dargelegt, daß etwa das Modell der vorrangigen Ablösung während der Adoleszenz der weiblichen Entwicklung gar nicht entspricht: Mädchen scheinen – im Gegensatz zu Jungen – während der Adoleszenz nicht vorrangig mit der Trennung und Loslösung aus Beziehungen, sondern mit deren Aufrechterhaltung und Umgestaltung beschäftigt zu sein (vgl. Flaake/King 1992) Ungeklärt bleibt dabei, ob nicht auch in der männlichen Sozialisation die Bedeutung der Ablösung zugunsten der Bindungswünsche überbetont wurde. Hat nicht die psychoanalytische Theoriebildung schon der primären Sozialisation einseitig das sozialisatorische Entwicklungsziel der Ablösung in den Vordergrund gestellt? Jessica Benjamin, die diese Kritik sehr pointiert formuliert, bringt demgegenüber das Bedürfnis nach Intersubjektivität, nach wechselseitiger Bindung und Anerkennung ins Spiel, und zwar sowohl für das weibliche Kind als auch für das männliche gleichermaßen (vgl. dies. 1990).

Im folgenden werde ich anhand lebensgeschichtlicher Interviews darstellen, inwieweit sich berufliche Entwicklungen als Variationen und Reformulierungen der adoleszenten Problematik von Ablösung und Bindung verstehen lassen. Ich beziehe mich dabei auf Interviews, die im Rahmen einer Studie zur „Leitung in Einrichtungen für Kinder" durchgeführt wurden.[2]

Im folgenden interpretiere ich signifikante Passagen aus zwei dieser Interviews mit Männern, die Leitungsfunktionen in traditionell weiblichen Arbeitsfeldern innehaben, also Vorgesetzte in überwiegend weiblichen Mitarbeiterinnenteams sind.[3]

Mir kommt es primär darauf an, die Bedeutung adoleszenter Konflikte für die Entwicklung beruflicher Werdegänge herauszuarbeiten. Dabei möchte ich der institutionsrelevanten Frage nachgehen, inwieweit die hier exemplarisch aufgezeigte Sicht männlicher Vorgesetzter durch deren eigene Aufarbeitungsbestrebungen adoleszenter Konflikte bestimmt ist. Darüber hinaus erscheint mir aber auch die

---

[2] Das Projekt ist dokumentiert in: Chr. Büttner 1994. Methodisch basieren die Interpretationen auf der zunächst in der klassischen Psychoanalyse und dann anhand von sozialpsychologischen Texten weiterentwickelten „Tiefenhermeneutik", die hier wie dort als Medium zum Aufspüren latenter Sinngehalte und verborgener Lebensentwürfe dient (vgl. A. Lorenzer 1986).
An der Erarbeitung der Interpretationen waren StudentInnen des Instituts für Heil- und Sonderpädagogik der Universität Frankfurt beteiligt, denen ich hiermit nochmals danken möchte.

[3] Zur Interpretation weiblicher Interviews vgl. A. Eggert-Schmid Noerr 1994.

sozialisationstheoretische Frage bedeutsam, ob nicht die Loslösung von mütterlichen Lebensentwürfen, die für die Entwicklung zur Männlichkeit zentral sind, die Akzentuierung von Bindungswünschen überschatten. Diese Bindungswünsche scheinen insbesondere an den Vater gerichtet zu sein.

Bedrohliche Weiblichkeit – die Mutter als „Block, der vor dem Grab steht"

Herr A. ist zur Zeit des Interviews 38 Jahre alt. Er ist Theologe und seit 10 Jahren Gemeindepfarrer in einer ländlichen Pfarrei. Sein besonderes Engagement gilt dem Kindergarten. „Richtig Feuer gefangen" für die Kindergartenarbeit habe er 1987 anläßlich einer Tagung für Kindergartenleiterinnen, auf der er, neben dem Oberkirchenrat und einem weiteren Veranstalter, „der einzige Mann unter 50 Frauen" gewesen sei. Damals habe er sein „Herz da dran verloren":

„Zu diesem Zeitpunkt war ziemlich viel noch im argen, es gab noch keine Verwaltungsanordnung, und da haben die Leiterinnen erzählt von dem Druck, unter dem sie stehen, im Krankenstand, und daß sie kein Personal haben und, und..., und daß das wie so ein Teufelskreis wäre. Worauf der Oberkirchenrat sagte, ja, also, ganz kühl und knallhart zurückgab, da müßte man mal sehen, ob die überhaupt noch arbeitsfähig wären, wenn die sich dauernd krankmelden, dann sollen sie sie entlassen. Das hat mich so wütend gemacht, daß ich ihn angeschrieen habe und gesagt habe, man müsse sich ja schämen als Mann, daß also einer so damit umgeht. Und das war so wie so eine Art coming out..."

Sein Engagement für den Kindergarten ist emotionsgeladen und beginnt mit einer Empörung, und zwar gegenüber dem Oberkirchenrat. Noch wichtiger aber war für ihn offenbar sein Appell „als einziger Mann" an die „50 Frauen", die hier als bloß klagende erscheinen. Dem folgt der trotzige Beschluß, nicht nur zu „schimpfen", sondern „mehr zu erfahren über das Problem der Frauen, die dort arbeiten".

Er will „etwas tun", und das heißt zuächst: Sprechen. Aber die Sprache ist auch ein unwägbares Terrain. Im Interviewtext fallen sprachliche Brüche auf: Herr A. spricht sehr elaboriert, zugleich ist der sprachliche Duktus durch dialektgefärbte Redewendungen gekennzeichnet. Dies erscheint wie ein Schlingern zwischen hoher Sprachfähigkeit einerseits und Sprachunsicherheit andererseits. Darin manifestieren sich der hohe psychische Anpassungsdruck, die Loyalitätskonflikte und die „Ausbruchsschuld" des sozialen Aufsteigers, der – ob er will oder nicht – seine Herkunftsschicht nicht verlassen kann. Denn seine Familie ist sehr traditions- und bindungsorientiert.

Der Vater – er ist mittlerweile pensioniert – war Maschinenschlosser in einem großen Konzern, in dem schon der Großvater beschäftigt war, und in dem der Vater sich vom Lehrling zu einer außertariflich bezahlten Stellung hochgearbeitet hatte. „Immerhin", bemerkt Herr A. anerkennend hierzu. Die Mutter ist Hausfrau; sie arbeitete sporadisch als Putzfrau. Er hat einen zwei Jahre jüngeren Bruder, der noch bei den Eltern lebt. Dieser Bruder arbeitet in dem gleichen Konzern wie der Vater und ist dort „auf dem besten Weg ins mittlere Management". Herr A. ist unverheiratet und hat keine Kinder. Seit 16 Jahren hat er eine feste Partnerin, die als Vorstandssekretärin in der Industrie arbeitet. Beide unterhalten getrennte Wohnungen, sie treffen sich am Wochenende und in den Ferien in seiner Wohnung („da kommt sie runter").

Hinsichtlich seiner Berufswahl fällt Herrn A. zunächst eine Szene aus der eigenen Kindergartenzeit ein: die „Vogelhochzeit" sei aufgeführt worden, und er habe („ich sag nicht 'natürlich'") die Rolle des Pfarrers übernommen. Aber im Text finden sich viele Hinweise darauf, daß im subjektiven Erleben der späteren Berufswahl doch etwas gleichsam Naturgewachsenes anhaftet. So etwa auch die Wendung, er sei als Gemeindepfarrer „geborenes Mitglied" im Kirchenvorstand. Die „natürliche" Zugehörigkeit zur Primärfamilie scheint durch den Wechsel zur Institution Kirche verlagert und zugleich bewahrt zu bleiben. In der Adoleszenz („Primanertagung") erhält er eine Einladung einer theologischen Ausbildungsstätte. Mit einigem Widerstreben („gegen Vampire schützt man sich mit Knoblauch") besucht er diese Veranstaltung. Er sei kein „frommer Mensch" gewesen, sondern eher von der „Reformbewegung" („Karl Marx-Engels-Studienausgabe... so Willy Brandt") beeinflußt; der Studiengang sei ein „Schnäppchen" gewesen. Dennoch trifft er eine Entscheidung („Ich studier jetzt auf Pfarrer"). Auf die Reaktion der Eltern hin befragt, sagt er, die Mutter sei „erschrocken" gewesen („nie im Leben, du gibst doch keinen Pfarrer, so wie du rumläufst...") Bei dem Vater habe er eher „Wohlwollen" über den beruflichen Aufstieg verspürt: „für den war es wichtig, daß ich mal was Besseres werde als er".

Auch das ist eine Vorgabe, die ihre Zwänge mit sich bringt. Der Vater wird als toleranter und aufgeschlossener Mann geschildert. Bei häuslichen Auseinandersetzungen sei er „der Moderator" gewesen, der seinem Sohn viele Spielräume zugestand. Er hat diesem aber auch mit dem angestrebten Charakterbild des zunehmend Erfolgreichen „ein Ei ins

Nest gelegt", das Herr A. „nicht immer selber ausbrüten möchte". Soll
der Vater dies doch tun, mag Herr A. denken. Aber das sagt er so nicht.
Stattdessen versichert er, wie dankbar er sei, daß die Eltern sich
„krummgelegt" haben für sein Studium, und beginnt schon früh damit,
Sprecherrollen zu übernehmen. Er wird „Schulklassensprecher", „Schul-
sprecher", „Konviktsprecher".

Welche Bedeutung hat die Mutter? Im Interview erscheint sie als die
lebensgeschichtlich prägende Person. Im Erleben von Herrn A. wirken
ihre Vermeidungen und ihre Sprachlosigkeit („die Kultur des Schwei-
gens") als ein einziger erpresserischer Vorwurf und damit als entscheidende Sperre für sein persönliches Wachstum. Mit der Mutter lassen
sich keine Konflikte austragen. Professionell macht er das „jeden Tag",
aber mit der Mutter sind Auseinandersetzungen (im strengen Sinne des
Wortes) nicht möglich. Er hat es versucht, hat sich mit seinen Ängsten
konfrontiert. Denn: was könnte schon passieren? Keine Realität ist so
schlimm wie die Phantasie. Doch derartig abwiegelnden Vorwegnahmen
steht doch stets die schreckliche Vorstellung entgegen: „Die Mutter liebt
dich nicht mehr, der Kontakt bricht ab." In einem biblisch anmutenden
Bild illustriert Herr A. sein Dilemma: „Die Mutter ist der Block, der so
wie vor'm Grab steht, wer wälzt uns diesen dicken Block weg?"
Demzufolge ist die Mutter ein Grabstein, sie tötet ihn ab, und er hofft
darauf, ein Engel möge ihn von diesem Block befreien. Die Mutter ist
nur als dieser Stein repräsentiert. Derart versteinert, ist sie aber auch
dauerhaft gegenwärtig. An ihren Vorstellungen wird gemessen, ob Herr
A. den richtigen Lebensweg eingeschlagen hat, ein „rechter Pfarrer"
geworden ist. Und auch sonst läßt sie ihn nicht los, er darf nicht mit
seiner Frau zusammen wohnen, darf keine Familie gründen.

Wer könnte der besagte Engel sein? Es konstelliert sich folgende
Phantasie bei Herrn A.: Er und sein Bruder sind unverheiratet und
haben keine Kinder. Über die Kernfamilie hinaus gibt es jedoch eine
Kette von 5 Cousins, in die Herr A. sich einreiht, die alle ebenfalls keine
Familie gegründet haben. Diese Männer stehen vom Lebensalter her in
einer jeweils 2-jährigen Abfolge. Einer dieser Cousins ist tödlich
verunglückt, was Herr A. offenkundig mit einem unbewußten familialen
Auftrag in Verbindung bringt. Der Eindruck entsteht, daß es gemäß
dieser fiktiven Abfolge nur noch einen gebe, der vor ihm steht, und daß
dann die Reihe an ihm sei, entweder erwachsen zu werden (eine Familie
zu gründen) oder zu sterben. Diese Bedrohung wiegt schwer. Einem
anderen inneren Bild entsprechend darf Herr A. aber nicht heiraten,
weil er sich sonst zu sehr von der Mutter entfernen würde. Auch diese
Seite hat im inneren Erleben erhebliches Gewicht. Er tat sich schwer

damit, von zu Hause auszuziehen und vermochte dies nur, indem er sich auf berufliche Gründe stützte. Zunächst (als Zivildienstleistender) hat er im Kindergarten gewohnt. Dann „war klar, ich gehe irgendwann raus, ich werde auch nie mehr zurückkehren, weil ich immer auf Dienstwohnungen und so weiter werde angewiesen sein." Der Bruder, der über derartige Legitimationen nicht verfügt, wohnt immer noch zu Hause. Eine eigene Wohnung zu haben und über diese frei verfügen zu können, scheint innerlich immer noch verwehrt. Allemal verhindert er von ihm eingeleitete Trennungssituationen, indem er die Freundin dazu bringt, stets zu ihm zu kommen und auch wieder von ihm fortzugehen. Allein schafft er es nicht.

An die „Erretterphantasie" fügt sich auch die „Schlüsselerfahrung" eines ersten Weihnachtsfeiertags, den die Brüder und ihre Partnerinnen gemeinsam in Herrn A.s Wohnung feierten. Der Szene haftet etwas Verbotenes, gegen die Eltern gerichtetes an: Die Freundinnen werden als „fröhlich, lachend und mit viel Humor und Esprit" beschrieben, während die Brüder wie „graue", brave (präadoleszente) Schüler herumsitzen und sich dafür „regelrecht auslachen" lassen, daß sie „Schiß vor den Alten" haben. In dieser Szene wird deutlich, wie sehr die innere Dynamik darauf ausgerichtet ist, die verfehlte Adoleszenz im nachhinein doch noch zu wiederholen.

Der Pfarrerberuf stellte einen Kompromiß dar zwischen dem Wunsch nach Nähe zur Primärfamilie und dem gegenläufigen Wunsch, sich von deren Regeln zu entfernen. Doch wird der adoleszente Generationenkonflikt nicht ausgetragen, sondern frühzeitig umgebogen: Herr A. hat die Tradition gewahrt, ist, von Äußerlichkeiten abgesehen, der Pfarrer geworden, der dem mütterlichen Bild entspricht:

„Und heute erzählen wir manchmal, oder ich erzähle, wieviel von diesem alten Pfarrer, der meine Mutter schon getauft hat und der mich getauft hat, konfirmiert, wieviel ich von dem übernommen habe, also was mich von dem geprägt hat. Zu den Leuten gehen, sie besuchen, Kranke besuchen, ja. Was ich nicht übernommen habe, ist, daß er immer im schwarzen Anzug rumgelaufen ist und daß er halt der Pfarrherr war. Das war 'ne andere Generation, aber diese Nähe zu den Menschen, und der hat sich auch mit den Alten geduzt und so, und hat Bescheid gewußt, wer zu wem, und kannte die Familien. Das merke ich heute, und ich denke, warum bist du nach zehn Jahren noch auf'm Dorf, warum kommst du überhaupt zurecht mit der Mentalität der Leute?"

Ja warum? Vermutlich weil er die Mutter dort wiederfindet. Das macht seine Stärke aus und seine Empathie. Aber er ist es auch leid, als braver Sohn die Geschichten der Mutter zu erzählen und Frauen zum

Sprechen zu bringen, die – im Gegensatz zur Mutter – sich mittlerweile selbst artikulieren können. Herr A. – und das unterstreicht seine Sprachfähigkeit – illustriert sein Lebensthema als Suche nach der Ausgewogenheit von Nähe und Distanz. Mit seiner Berufswahl setzt er zwar den mütterlichen Wünschen eigenes entgegen, aber zugleich kann er diesen damit auch stets nahe bleiben.

Er selbst sieht, daß eine offene Konfliktaustragung mit der Mutter ihn in andere berufliche Fährten leiten könnte. Was er jedoch übersieht, ist, daß auch die väterlichen Forderungen (das „Ei", das „ins Nest gelegt" wurde) einer Auseinandersetzung harren. Denn die eigentlich verpflichtende Dankesschuld ist an den Vater gebunden, was jedoch verleugnet wird.

Herrn A.s beruflicher Werdegang erweist sich somit als auf beide Elternteile gerichtete Vermeidung einer in der Adoleszenz verhinderten Auseinandersetzung mit den Eltern. Sie stellt eine Kompromißbildung dar, die die Dringlichkeit dieser Auseinandersetzung einerseits unterstreicht und andererseits aufzuschieben trachtet. Herr A. will keine Leitungsfunktion in „dieser Kirche". Oder doch? Aber vielleicht woanders? Dazu fällt ihm ein, er könne vielleicht einmal eine völlig andere Tätigkeit aufnehmen und „Manager" werden oder plötzlich „heiraten oder so". Das aber wäre erst nach „dieser Klärung" möglich.

Forcierte Männlichkeit: der Vater als „ausführendes Organ"

Herr A. sieht die Frauen seines Arbeitfeldes schwach und sprachlos. Die eingangs von ihm geschilderte Szene rückt sie in die Nähe des „Krankenstandes"; sie wirken überfordert und von dem „knallharten" Oberkirchenrat unterdrückt. Er entwickelt als Antwort eine fürsorgliche Haltung. Daß aber auch ganz andere Bilder möglich sind, soll die nun folgende Darstellung eines weiteren Interviews zeigen. In ihm wird Gegensätzliches thematisiert: es ist keineswegs von eifrigen und angestrengten Frauen die Rede, sondern von Mitarbeiterinnen, die eher renitent und wenig einsatzbereit wirken. Nichts nehmen sie „widerspruchlos" hin, vielmehr vertreten sie „knallhart ihre Position" und bringen ihren Vorgesetzten damit in Harnisch.

Vielleicht sind es auch ganz unterschiedliche Frauen, die bei unterschiedlichen Trägern arbeiten. Das mag sein. Aber wie die Frauen gesehen werden, hängt entscheidend auch von dem eigenen Mutterbild (und auch Vaterbild) derjenigen ab, die in Leitungspositionen sind. Und dieses hängt davon ab, wie die Umstrukturierung dieser Repräsentanzen gelang und wie infolgedessen der eigene Berufsauftrag gesehen werden kann. Während etwa Herr A. die Sache der Frauen zu seiner eigenen macht, geht es Herrn B. vorwiegend um Abgrenzung von diesen.

Herr B. ist 42 Jahre alt. Er lebt allein, hat keine Kinder und ist seit 10 Jahren Abteilungsleiter in einem Sozialamt. Davor war er Sozialarbeiter und organisierte Ferienfreizeiten, er betreute und koordinierte den Einsatz von Honorarkräften, zumeist Studentinnen. Über den Wechsel in die Leitungsposition berichtet er:

„Das war für mich, als ich dann gewechselt habe, weitaus schwieriger. Also es waren andere Frauen gewesen, die viel stärker waren als Studentinnen, also die einfach eine ganz andere Persönlichkeit hatten, die nicht widerspruchslos Sachen hingenommen haben, sondern ganz im Gegenteil, knallhart ihre Position vertreten haben."

Konflikte in seinem jetzigen Tätigkeitsfeld und Zugeständnisse bei der Durchsetzung seiner Ideen lösen in ihm den Wunsch aus, derartige Reibungen „sehr eindeutig" diktatorisch zu lösen. So sieht er es als „großen Fehler" an, es bei der Gestaltung eines Jugendhauses, an der die Mitarbeiterinnen sich nicht so beteiligten, wie er es sich wünschte, versäumt zu haben, rechtzeitig auf mögliche Konsequenzen hinzuweisen. Er hätte – so meint er heute – den Mitarbeiterinnen sagen müssen: „Willst du oder willst du nicht. Wenn du nicht willst, mußt du gehen."

Läßt sich nun diese ganz andere Haltung, die Herr B. im Gegensatz zu Herrn A. an den Tag legt, auch lebensgeschichtlich verstehen? Über seinen familialen Hintergrund berichtet Herr B., seine Eltern seien aus Siebenbürgen geflüchtet, wo der Vater Bauer war. Die Hoffnung, sich und den Kindern woanders ein besseres Leben aufbauen zu können, mag der Grund für diese Flucht gewesen sein. Aber der Stachel der Entwurzelung saß tief. In Deutschland hätten die Eltern, die beide „nichts gelernt" hatten, bloß noch „gearbeitet, gearbeitet, gearbeitet", der Vater bei der Kreisverwaltung, die Mutter übernahm verschiedene Aushilfsarbeiten. Es sollte wieder „Grund und Boden geschaffen" werden, was, mühsam genug, auch gelang: ein neues Haus wurde gebaut, unter vielen Entbehrungen.

Herr B. der jüngste von fünf Geschwistern, erlebte die Mutter als einseitig bestimmende Person; sie sei wenig liebevoll und sehr streng gewesen, habe immer „ihren Willen durchgesetzt". Im Gegensatz zu ihr sei der Vater ein „sehr gutmütiger Mensch" gewesen. Im Verhältnis zu den Kindern übernahm er die Rolle des „ausführenden Organs" mütterlicher Anordnungen. In einem tieferen Sinne durchschaut habe er, Herr B., die Machtstrukturen innerhalb der Familie aber erst vor kurzem, als die schwer erkrankte Mutter kurz vor ihrem Tode darauf drängte, das gemeinsame Haus zu verkaufen und zu einer Tochter zu ziehen, um sich dort eine günstigere Pflegesituation zu schaffen:

„Mein Vater wollte da nicht hin. Mein Vater braucht auch sein Haus. Er ist sehr fit, also körperlich und geistig jetzt auch, er braucht seinen Garten, weil das seine Beschäftigung ist. Ich hätte es eine Katastrophe gefunden, wenn er das gemacht hätte. Und er hätte das gemacht. Er hätte das gemacht wider seinen Willen. Ich habe mit ihm sehr lange darüber geredet. Ich bin mit ihm spazieren gegangen, habe ihm gesagt, er soll es wirklich nicht tun, nur weil die Mutter es will. Aber er war schon kurz davor, das Haus, in dem er wohnt, zu verkaufen. Wenn meine Mutter nicht gestorben wäre, wäre das auch passiert. Das hat mich total erschreckt. Es hat mir nochmal sehr viel deutlich gemacht über die Machtstrukturen innerhalb unserer Familie."

Die Textpassage verdeutlicht den emotionalen Konflikt, der mit der Erinnerung an den als schwach erlebten Vater und an die Dominanz der Mutter verbunden ist. Spontan bemerkt Herr B.: „daß ich vielleicht hier sitze wegen meinem Vater." Während aber die Mutter harscher Kritik unterworfen wird, wird die Schwäche des Vaters im familialen Kontext nicht auf diese Weise kritisiert, sondern die Bindung an ihn vielfach unterstrichen. Es scheint, Herr B. schwankt zwischen den Wünschen nach Macht und den Wünschen nach Wiedergutmachung.

Im nachhinein zollt Herr B. den elterlichen Anstrengungen hohe Anerkennung. In der Kindheit aber habe er es aber als „nervig und quälend" gefunden, beständig zu „Arbeitseinsätzen geholt" zu werden. Mit 15 Jahren, nach der mittleren Reife, verläßt er das Elternhaus und zieht in ein Lehrlingswohnheim. Dies war offenbar eine Entscheidung, die es ermöglichen sollte, weitergehende Konflikte mit den Eltern, insbesondere mit der Mutter, durch räumliche Distanzierung zu vermeiden. Die familiale Bindung sei mächtig gewesen („wir waren als Familie sehr zusammen"). In einer kontextual denkwürdig anmutenden Wendung formuliert er einmal: „Wir hatten ein gutes Jugendhaus." Mit den drei Geschwistern habe er sich auch „hervorragend" verstanden. Aber mit den Eltern habe es „sehr viel Streit" gegeben, insbesondere um „Freiräume". Ein Lehrvertrag, der ihn offenbar halten sollte, lag schon vor, aber er mußte weg. Je stärker und entschiedener er sich im weiteren Verlauf seines Lebens gegen die „Flüchtlingsmentalität" der Eltern abgrenzt, desto mehr fühlt er sich doch auch dieser verpflichtet. Das Fluchtmotiv bestimmt auch sein Handeln und prägt den Wunsch, durch fleißigen Einsatz überschaubare, verläßliche Strukturen zu erschaffen, die von einem Regelwerk geprägt sind, das er selbst kontrollieren kann. Er entwickelt ein Gespür dafür, was ihn weiterbringt, fängt vieles an, führt es zuverlässig und und erfolgreich durch, läßt es aber dann wieder fallen, um etwas Neues zu beginnen. Nach diesem Muster gestaltet er auch seine bisherigen privaten Beziehungen: er stellt Bindungen her, die lange währen, dann aber – schmerzlich, zugleich aber mit der Perspektive eines neuen Anfangs – wieder aufgelöst werden.

Auch das Elternhaus zu verlassen, fiel ihm schwer. Er habe den Eltern „nie weh tun" wollen. Wir hatten „ein gutes Kinderhaus", sagt er an einer Stelle. Der adoleszente Trennungskonflikt blieb sprachlos und offenbar weitgehend unbewußt. Nachträgliche Erklärungen wirken als Versuche, die Lücke zu kitten: Danach sei das Verhältnis zu den Eltern sehr viel besser geworden, „so auf die Entfernung war das hervorragend", das zu den Geschwistern und dem Vater sei „total gut". Allein, das Vokabular muß verwundern. „Hervorragend" mögen die familialen Beziehungen schon gewesen sein. Bloß: in welchem Sinne? Herr B. will damit zweifelsfrei Harmonisches, Gelungenes betonen. Zugleich fällt auf, daß die Beziehung zur Mutter abgespalten wird aus dem „total guten" Zusammenhang. Sie bleibt auch über den Tod hinaus die „böse", die „egoistische". Mit der Festschreibung dieser Aufspaltung bleiben aber auch die latenten Schuldgefühle lebendig und Bindungswünsche werden zugunsten von Autonomie und Beherrschungswünschen vernachlässigt. Herrn Bs. beruflicher Werdegang ist von zwei gegensätzlichen Bestrebungen geprägt: von den Wünschen nach Macht einerseits und den Wünschen nach Wiedergutmachung andererseits. Die Faszination der Machtausübung läßt sich als Gegenentwurf gegen das väterliche Vorbild verstehen. Er will sich (insbesondere Frauen gegenüber) nicht so unterwerfen, wie es der Vater einst tat. Die Wünsche nach Wiedergutmachung lassen sich als Verarbeitungsversuch von Schuldgefühlen gegenüber der Mutter interpretieren.

In der Lehre fühlt er sich bald „unterfordert". Er besucht das Abendgymnasium, verläßt es aber vorzeitig, weil er sich, durch sein Engagement in der Jugendarbeit, wo er eine „Ersatzfamilie" findet, für einen sozialen Beruf entscheidet. Während des Studiums der Sozialarbeit betreibt er mit Vorliebe „Institutionsanalysen", die Beschäftigung mit Macht fasziniert ihn. Als Sozialarbeiter findet er es reizvoll, anderen in „sämtlichen Lebensschwierigkeiten, die Einzelpersonen kriegen können" zu helfen. Parallel zu dieser Tätigkeit beginnt er, Verwaltungsrecht zu studieren. Dieses Studium bricht er ab, weil ihm eine Abteilungsleiterstelle im Sozialamt angeboten wird. Dort ist er, mit wechselnden Zuständigkeiten, bis heute tätig.

Anfangs habe ihm die Funktion als Arbeitgeber zu schaffen gemacht. Er habe es als schwierig empfunden, „auf einmal die Seite des Schreibtischs gewechselt" zu haben und „viel distanzierter behandelt" zu werden als zuvor. Auch habe er unter dem Verlust des „Vertrauensverhältnisses" gelitten, und das habe ihm „die eine oder andere schlaflose Nacht gebracht". Dies erscheint als notwendige Folge eines Rollenwechsels. Die Erklärung, er habe „so Elemente wie Zuneigung" gewollt und sei deshalb „völlig unklar geworden", ist im Hinblick auf die Erwartung an Führungspositionen plausibel. Auch der Konsequenz einer zunehmenden Entmischung beruflicher Anforderungen und persönlicher Wünsche, das Streben nach „eindeutigen Regelungen", ist aus pragmatischer Sicht nicht zu widersprechen. Im Lichte der Biographie betrachtet wird jedoch deutlich, wie sehr die Ausformung von Leitungsfunktionen auch mit den je eigenen unbewältigten adoleszenten Konflikten zusammenspielt. „Eindeutig geregelt" ist im Grunde sehr wenig.

Die beiden hier vorgestellten Lebensläufe zeigen die vielfältige Vermittlung von „Familie" und „Kultur". Die zunächst in der Familie strukturierte personale Identität wird nicht einfach durch Trennung verändert. Vielmehr stellen die verschiedenen Schritte der Ablösung von den Elternvorbildern zugleich Stadien der Identifikation und Neuidentifikation dar. Diese Umstrukturierungsprozesse betreffen zentral auch die Berufswahlen und – einstellungen. Das soll nicht besagen, daß berufliche Identitäten bloß individuelle Konstrukte seien. Sie sind vielmehr in einen gesellschaftlichen und historischen Rahmen eingepaßt und hängen von vielerlei sozialen Faktoren ab, die sich den individuellen Einflüssen und Entscheidungen entziehen. Als besonders bedeutsam haben sich dabei die geschlechtergebundenen unterschiedlichen Chancen und Rollenvorschriften erwiesen. So sind etwa auch im sozialen Bereich nach wie vor Aufstieg und Machtausübung überwiegend Männern vorbehalten, während Frauen eher für die unmittelbar erzieherischen und pflegerischen Arbeiten zuständig sind.

Anhand der beiden Interpretationen sollte exemplarisch gezeigt werden, inwiefern sich geschlechtsspezifische berufliche Verläufe auch als Fortsetzung und Umarbeitung adoleszenter Ablösungskonflikte verstehen lassen. Zugleich wurde deutlich, auf welche Weise sich latente individuelle Konfliktneigungen mit institutionellen Vorgaben verweben: die Einschätzungen der weiblichen Mitarbeiterinnen erwiesen sich als Spiegelungen der Loslösung von der Mutter. Diesem Loslösungsprozeß wird auch in der Literatur großes Gewicht beigemessen. Was dabei aus dem Blick zu geraten droht, ist jedoch, daß die

Herausbildung einer Identität des reifen Erwachsenen als Aufgabe beinhaltet, die Bindung an beide Elternteile, die Trennung von ihnen und die Identifizierung mit ihnen in ein ausgewogenes und realitätsgerechtes Verhältnis zueinander zu bringen.

Literatur

Benjamin, J.
1990   Die Fesseln der Liebe. Frankfurt
Brandes, H.
1992   Ein schwacher Mann kriegt keine Frau. Münster
Eggert-Schmid Noerr, A.
1991   Geschlechtsrollenbilder und Arbeitslosigkeit. Mainz
1994   Leitungsfunktion und Lebensgeschichte. In: Büttner, Ch. (Hg.): Leitungsfunktion und Lebensgeschichte. Berlin
Erdheim, M.
1988   Die Psychoanalyse und das Unbewußte in der Kultur. Frankfurt
1992   Aggression und Wachstum. In: Finger-Trescher, U., Trescher, H.-G. (Hg.): Aggression und Wachstum. Mainz
Erikson, E.
1966   Identität und Lebensgeschichte. Frankfurt
Flaake, K., King, V.
1992   Weibliche Adoleszenz. Frankfurt
Lorenzer, A.
1986   Tiefenhermeneutische Kultur-Analysen. In: König, H.D. (Hg.): Kultur-Analysen. Frankfurt
Tyson, Ph.
1991   Männliche Geschlechtsidentität und ihre Wurzel in der frühkindlichen Entwicklung. In: Friedman, R.M., Lerner, L. (Hg.): Zur Psychoanalyse des Mannes. Berlin, Heidelberg

Heinz Krebs

Traditionelle Familienstrukturen und geschlechtsspezifische Verarbeitungsformen in der Trennungsberatung

Einleitung

Die Trennungs- und Scheidungszahlen in der BRD befinden sich auf einem hohen Niveau. Schon 1985 wurde in den alten Bundesländern etwa jede dritte Ehe geschieden. Zwar erfährt die Ehe nach wie vor eine hohe Wertschätzung, sie hat aber ihren Charakter als allein verbindliche Lebensform eingebüßt. Nach Schätzungen lebten 1989 ca. 2,5 Millionen Personen in nicht-ehelichen Lebensgemeinschaften. Jährlich sind etwa 135000 Kinder von Scheidung betroffen. Von 1970 bis 1989 hat sich die Gesamtzahl der Ein-Eltern-Familien von 656000 auf 937000 erhöht, wobei der Anteil der durch Scheidungen und Trennungen zustande gekommenen Ein-Eltern-Familien von 40% (1970) auf 61% (1989) gestiegen ist. Heute leben etwa 10% aller Kinder bis 18 Jahre bei nur einem Elternteil, weitere 10% leben in Stieffamilien (vgl. Peukert 1991; Menne et al 1993; BMJFFG 1990).

Mit dem 1991 in Kraft getretenen Kinder-und Jugendhilfegesetz hat der Gesetzgeber diesen gesellschaftlichen Entwicklungen Rechnung getragen und die Beratung von Eltern und Kindern in Fragen der Partnerschaft, Trennung und Scheidung als eine eigenständige Aufgabe der institutionellen Erziehungs- und Familienberatungsstellen, die ein Bereich der Jugendhilfe sind, ausgewiesen (vgl. BMJFFG 1990a, Paragraphen 16, 17, 28; Menne 1989, 1992a). Aufgrund meiner Erfahrungen in diesem Praxisfeld möchte ich die Bedeutung der gesellschaftlichen Veränderungen der Familien-und Lebensformen sowie der geschlechtsspezifischen Rollenvorstellungen für den Beratungsprozeß mit Eltern bei Trennung und Scheidung herausarbeiten.

Das Aufbrechen tradierter Lebensformen erzeugt bei ratsuchenden Eltern große Unsicherheit. Sie machen die Erfahrung, daß der Entwurf der lebenslangen Einheitsfamilie mit der klassischen Arbeits- und Rollenaufteilung zwischen Vater, Mutter und Kind nicht mehr umstandslos als Fundament der individuellen Lebensplanung tauglich ist. Die kulturelle Überzeugung, daß die auf der Leiblichkeit der Beziehungen aufbauende Kernfamilie das beste Sozialisationsschema für die Kinder ist, gerät ebenfalls in eine Krise. Die Beratung von Eltern bei Trennung und Scheidung muß auf diese gesellschaftlichen Entwicklungstendenzen eine konzeptionelle Antwort finden. Sie hat die Aufgabe, Eltern – besonders auch im Interesse ihrer Kinder – bei der Gestaltung von Zukunftsperspektiven für Fortsetzungsfamilien zu unterstützen. Dazu bedarf es einer kritischen Betrachtung der die Familie belastenden sozialen und kulturellen Widersprüche, damit das konflikterzeugende Soziale mit dem Ziel transparent gemacht werden kann, die persönliche Handlungsfreiheit der Eltern sowie ihre Erziehungsfähigkeit bei Trennung und Scheidung zu stärken.

Das hier vertretene Beratungskonzept ist im Rahmen der Psychoanalytischen Pädagogik verankert (vgl. Trescher 1985, 107ff, 1992, 1993; Bittner 1967, 187; Ertle 1971, 22ff). Diese ist der Doppelperspektive einer sozialwissenschaftlichen Betrachtungsweise subjektiver Struktur verpflichtet (vgl. Müller 1989; Thiersch 1985), die einerseits die individuelle Genese psychischen Leidens nicht ins Soziale auflöst und die relative Verselbständigung des subjektiven Bildungsprozesses anerkennt sowie andererseits individuelles Leiden als sozial erzeugtes versteht (vgl. Horn 1974, 1984; Lorenzer 1981, 1986; Cremer 1976, 1984; Krebs 1991). Die Erziehungsberatung fußt auf dem Junktim von Forschen und Heilen als einem Kernstück der Psychoanalyse, das für die pädagogische bzw. beraterische Praxis besser als Junktim von „Fördern und Forschen" oder „Erziehen und Forschen" (Trescher) formuliert wird. Der Zusammenhang von Klärung und Veränderung der sozial determinierten Besonderheiten der Handlungs- und Bewußtseinsfiguren der Klienten sowie andererseits die Erschließung lebensgeschichtlicher Sinnzusammenhänge und unbewußter Motive soll neue konfliktverarbeitende und entwicklungsfördernde Gestaltungsspielräume eröffnen (vgl. Trescher 1993, 167ff; Leber 1984, 1988).

Dieser Aufsatz gliedert sich in die folgenden Abschnitte: Im ersten Kapitel werden die veränderten gesellschaftlichen Bedingungen familialen Lebens, die die relativ hohen Trennungs- und Scheidungsziffern mitverursachen, dargelegt. Im zweiten Teil werden klassische psychoanalytische Konzepte, die die patriachalische Rollenteilung in der Familie als normatives Muster festlegen, kritisch diskutiert und ihre Abhängigkeit vom gesellschaftlichen Kontext aufgezeigt. Im dritten Teil geht es um die Reproduktion traditioneller Beziehungsmuster bei Familiengründungen und um die schwierigen Versuche, Familie neu gestalten zu wollen. Im vierten Teil wird anhand von zwei Praxisbeispielen die Notwendigkeit der sozialkritischen Betrachtung familialer Beziehungen und geschlechtsspezifischer Rollenbilder im Beratungsprozeß aufgezeigt.

1. Gesellschaftliche Ursachen von Trennung und Scheidung

Trennung und Scheidung stellen für Eltern und Kinder einen schmerzhaften Einschnitt in ein langfristig angelegtes Lebenskonzept dar. Besonders Kinder sind auf die Dauerhaftigkeit der Eltern-Kind-Beziehung existentiell angewiesen. Mit Trennung und Scheidung verbindet sich neben Wut, Trauer und Verlassenheitsängsten bei allen Beteiligten eine belastende Schuldproblematik. Hinsichtlich dieser durch die Trennung verursachten Probleme bilden Eltern und Kinder häufig eine „Koalition der Verleugnung" (Figdor), durch die sie die traumatische Qualität dieses Ereignisses herunterspielen. Diese Verleugnungstendenz bewirkt eine Regression der Elternschaft, die die Verantwortlichkeit und Handlungsfähigkeit der Eltern erheblich einschränkt. Sie können ihren Kindern deswegen oftmals nur unzureichende emotionale erste Hilfe leisten, die den durch die Trennung ausgelösten Schock abmildern würde (vgl. Figdor 1991, 47ff, 128ff; Bauers 1993).

Die Schwierigkeiten von Eltern beim Umgang mit den Auswirkungen von Trennung und Scheidung auf ihre Kinder sind nicht allein durch persönliche Überforderung sowie eine unverarbeitete Schuldproblematik verursacht. Was als individuelles Versagen der Beteiligten erscheint, ist auch Ausdruck von gesellschaftlichen Verhältnissen, die über die Köpfe der einzelnen hinweg das private Leben bestimmen und zum Scheitern der Familienprojekte beitragen. Das Erkennen dieser Umwelteinflüsse ist indes schwierig, und die Revision einmal vollzogener Anpassung an soziale Normen und Rollen – wie z.B. an die durch die biologische Abstammung konstituierte Kleinfamilie als Idealform privaten Lebens oder an das traditionelle Geschlechterverhältnis – würde neben negativen Sanktionen zusätzliche Selbstzweifel in einer persönlich schwierigen Lebenssituation auslösen.

Beck/Beck-Gernsheim (1990) erläutern aus soziologischer Sicht, daß das patriachalische Kleinfamilien-Modell mit der geschlechtsspezifischen Arbeitsteilung eines voll berufstätigen Ehemannes und Vaters und einer Vollzeit-Ehefrau und Mutter nach dem Ende des Zweiten Weltkrieges zusehends in eine Krise geraten ist. Es geschieht etwas

Doppeltes: Die Anforderungen marktabhängiger Normalbiografien werden auf die weiblichen Lebenskontexte ausgedehnt und auf diese Weise entstehen innerhalb der Familie neue Lagen zwischen Männern und Frauen, die die Veränderung der geschlechtsspezifischen Aufgaben tangieren. Als gesellschaftliche Bedingungen für diese Prozesse nennen die Autoren: Die enorme Expansion der Industriegesellschaft, den großen Arbeitskräftebedarf, den Ausbau des Bildungswesens und die damit verbundene Angleichung der Bildungschancen für Frauen sowie den Ausbau des Sozialstaats; die 1977 erfolgte rechtliche Gleichstellung der Frau im Ehe- und Familienrecht, die Planbarkeit von Mutterschaft durch empfängnisverhütende Methoden sowie die bedingte Legalisierung von Abtreibungen, d.h. die Freisetzung von der schicksalhaften Mutterrolle durch ungewollte Schwangerschaften.

Die gesellschaftlichen Individualisierungsschübe erweitern die entscheidungsoffenen Lebensbereiche für Männer und Frauen, Mütter und Väter. Das geschlechtsständische Binnengefüge der Familie verändert sich und die lebenslangen, qua Geschlechtszugehörigkeit festgelegten Rollen der Frau als Arbeiterin im Haus und als Erzieherin der Kinder und die des Mannes als Arbeitsmarkt-Subjekt verlieren ihre Legitimation. Die Partner müssen aushandeln, insbesonders wenn Kinder vorhanden sind, wer, wie und wann sich um den Haushalt und die Kinder kümmert bzw. arbeiten geht. Durch die Pluralisierung der Lebenslagen sind die Menschen gezwungen, sich eine „(...) eigene Existenz über den Arbeitsmarkt, Ausbildung, Mobilität aufzubauen und diese notfalls gegen Familien-, Partnerschafts- und Nachbarschaftsbindungen durchzusetzen und durchzuhalten" (Beck/Beck-Gernsheim 1990, 14).

Trotz der erheblichen Veränderungen der sozialen und individuellen Lebensbedingungen für Frauen bleibt das Bild weiblicher Unterprivilegierung in ökonomischer und sozialer Hinsicht bestehen. Sie müssen die Dreifachbelastung von Beruf, Hausfrau und Mutter managen. Frauen verdienen schlechter als Männer, haben die weniger zukunftsträchtigen Arbeitsplätze und sind eher von Erwerbslosigkeit bedroht.

Sozialwissenschaftliche Untersuchungen zeigen bei Männern eine verbale Aufgeschlossenheit hinsichtlich der Veränderung des Geschlechterverhältnisses bei weitgehender Verhaltensstarre. Vor allen Dingen bei den alten Zuständigkeiten für Haushalt und Kinder sind nur wenige Veränderungen bemerkbar. Die Männer und Väter beteiligen sich nicht an der Hausarbeit. Männer wünschen sich zwar eine selbständige Frau, die ihre Angelegenheiten regelt, aber sobald Kinder auf die Welt kommen, ist für sie klar, daß die Frau zu Hause bleibt und die Kinder versorgen soll. Die Frauenfrage wird zur Kinderfrage gemacht und ist ein Bollwerk gegen die Gleichstellung der Frau (vgl. Beck 1990, 31ff).

Wie werden diese gesellschaftlichen Veränderungen in Familie und Partnerschaft privat und politisch verarbeitet? Die Individualisierungsdynamik führt zu ausgedünnten Sozialbeziehungen, die die Menschen in die Zweisamkeit hineintreiben. Zudem werden die Ansprüche von Mann und Frau an ein selbstbestimmtes und persönlich befriedigendes Leben größer. In allen Formen von Zusammenleben brechen demzufolge Konflikte aus. Jedoch ist die Partnerschaft und die Familie nur der Ort, aber nicht die alleinige Ursache des Geschehens (vgl. Peuckert 1991, 90ff). Das Ineinander und Gegeneinander der Geschlechter in seiner ganzen Vielfalt von Politik, Beruf, Ehe, Liebe, Elternschaft und Selbstverwirklichung schlägt sich auch in den privaten Beziehungen nieder und wirkt sich dort als sprengende Kraft aus. Gerade wenn institutionelle Lösungen für die Bewältigung familialer Konflikte wie Kindergartenplätze, flexible Arbeitszeiten und ausreichende soziale Sicherungen für die familialen Erzieher fehlen, potenzieren sich die privaten Konflikte, steigern sich die Trennungs-und Scheidungsquoten. Das heißt umgekehrt, institutionelle Lösungen würden das private Hickhack entlasten (vgl. Beck 1990, 36ff; Frankfurter Rundschau 1993).

Gerade die idealisierten Vorstellungen von Partnerschaft, Ehe und Familie markieren unter diesen gesellschaftlichen Bedingungen die Stolpersteine des Scheiterns persönlicher Glückserwartungen und in der Folge kommt es zur Auflösung der Beziehungen, weil diese ihren Sinn nicht mehr erfüllen (vgl. Nave-Herz et al 1990, 138ff).

Die Pluralisierung der Lebenslagen von Männern und Frauen, Müttern und Vätern und die Notwendigkeit, Individuelles und Soziales in einem Selbstfindungsprozeß neu zu bestimmen, lassen die Rolle des Kindes nicht unberührt. Das Kind wird zum Individualisierungshemmnis, aber auch zum Sinnbild eines erfüllten Lebens:

„Es kostet Arbeit und Geld, ist unberechenbar, bindet an und würfelt die sorgfältig geschmiedeten Tages- und Lebenspläne durcheinander. (Es; H.K.) zwingt (..) den Eltern seinen kreatürlichen Lebensrhytmus auf. Das Kind wird zur letzten verbliebenen, unaufkündbaren, unaustauschbaren Primärbeziehung. Partner kommen und gehen. Das Kind bleibt. Auf es richtet sich all das, was von der Partnerschaft herbeigesehnt, aber in ihr unauslebbar wird" (Beck 1990, 55).

In der technisierten Industriegesellschaft kann das Kind zum Sinn-Mittelpunkt der privaten Existenz werden, das noch so etwas wie Natürlichkeit und Unmittelbarkeit repräsentiert. Das Kind erhält für seine Eltern eine hauptsächlich psychologische Funktion und verkörpert einen Glücksanspruch. Kinder stellen heute aber auch hohe Anforderungen an Eltern, die sich mit dem Anspruch konfrontiert sehen, ihre Kinder um der individuellen Entfaltung willen und der Zukunftssicherung im allgemeinen Wettbewerb optimal zu fördern. Diese kindzentrierte Einstellung, so richtig sie auch ist, führt allerdings zum Konflikt mit den Selbstentfaltungsansprüchen der Eltern und legt besonders Mütter ungerechtfertigt auf ihre traditionellen Rollen in Haus und Familie fest (vgl. Beck-Gernsheim 1990, 1990a).

Diese Problemkonstellationen berühren die oben aufgezeigten Widersprüche im familialen Geschlechterverhältnis und tragen zur Instabilität der Familie bei. Die Rede von der „anachronistischen Sozialerfahrung" (Beck), die die familiale Rolle des Kindes prägt, zeigt nochmals deutlich, welche Risiken Eltern und Kinder heutzutage bewältigen müssen.

2. Psychoanalytische Konzepte der familialen Geschlechter-Beziehungen

Die Annahmen der traditionellen psychoanalytischen Entwicklungspsychologie reproduzieren noch einmal die gesellschaftlich vorgegebenen familialen Arbeits- und Rollenverteilungen zwischen Mann und Frau.

Zu diesem Diskurs gehört die Überzeugung, daß es das beste sei, wenn die leibliche Mutter ihren Körper und all ihre zwischenmenschlichen Fähigkeiten möglichst restlos ihrem Kind zur Verfügung stellt (vgl. Winnicott 1956). Die enge Mutter-Kind-Beziehung als dyadische Einheit wird dabei als Ideal angesehen, und diese Beziehungsfigur soll besonders befähigt sein, gesunde Kinder hervorzubringen. Der Vater steht der Dyade komplementär gegenüber. Er vertritt psychologisch gesehen die Außenwelt, das Realitätsprinzip und repräsentiert das Gesetz. Er ermöglicht die Ablösung des Kindes von der Familie und gewährleistet seine Autonomie (vgl. Stork 1986, 26ff).

In diesem Zusammenhang wird die frühe Triangulierung im 2./3. Lebensjahr als entscheidende Schaltstelle im subjektiven Bildungsprozeß gesehen (vgl. Mahler et al 1975, 142). Die gelungene frühe Triangulierung ist die Voraussetzung der ödipalen Triangulierung. Hier interessiert zunächst die frühe Triangulierungsfunktion des Vaters in Abgrenzung zur Mutter:

„Der Vater ist als ,nicht-kontaminiertes' drittes Objekt (...) nicht so ambivalent besetzt wie die Mutter. (...) Im Gegenteil, die Identifikation mit dem präödipalen ,Vater der persönlichen Vorzeit' (S.Freud ...) bietet einen mächtigen Schutz gegen das Zurücksinken in die primärnarzißtische Position der unstrukturierten primären Identität mit der Mutter der Symbiose" (Rotmann 1978, 1117).

Rohde-Dachser kritisiert diese geschlechtsspezifischen Festlegungen von Mann und Frau im familialen Gefüge:

„Der Vater wurde zum Schrittmacher der Individuation, während die Mutter der Dyade den festhaltenden, verschlingenden, undifferenzierten Ort des Ursprungs verkörpert, von dem das Kind sich mit Hilfe des Vaters löst und entfernt" (Rohde-Dachser 1991, 133).

Im ödipalen Konflikt wird eine trianguläre Beziehungsform zwischen Vater-Mutter-Kind errichtet, die die Definition einer geschlechtsspezifischen Identität als Junge oder Mädchen zum Gegenstand hat. Dies beinhaltet die Akzeptanz des Inzesttabus sowie der Generationsunterschiede in der Eltern-Kind-Beziehung und hat die Hinwendung zur außerfamiliären Lebenswelt wie z.B. der Schule zur Folge. Dieses Konstrukt wird in der traditionellen Psychoanalyse ebenfalls mit geschlechtsspezifischen Rollenvorstellungen verknüpft, die die asymmetrischen Beziehungen zwischen Vater und Mutter bzw. Tochter und Sohn zementieren. Blos führt unter Bezugnahme auf S.Freud aus, daß der Junge den ödipalen Konflikt durch die Identifikation mit dem Vater löst, was den Wunsch impliziert – vermittelt über die Adoleszenz –, in Zukunft so zu werden wie dieser, nämlich ein Vertreter des Realitätsprinzips. Würde er sich zu stark mit seiner Mutter identifizieren, würde er wieder unter die Herrschaft des Lustprinzips geraten (vgl. ders. 1962, 39). Für das Mädchen beschreibt der Autor die ödipale Entwicklung als eine Überwindung der phallischen Position und einen Verzicht auf ödipale Wünsche, der – besonders in der Adoleszenz – zur Identifizierung mit der Mutter führt, was deren soziale Rollen als Mutter und Ehefrau und ihre Beziehung und Haltung zum Ehemann-Vater im Haus und in der Gesellschaft einschließt (vgl. Blos 1962, 44).

Ley/Borer führen aus, daß diese psychoanalytische Theoriebildung die patriachalischen Machtverhältnisse widerspiegelt und geschlechtsspezifische Subjektpositionen und Arbeitsteilungen festlegt, die der Frau bzw. dem Mann aufgrund ihrer Biologie einander ausschließende psychologische Funktionen und Handlungspotentiale zuschreibt (vgl. dies. 1992, 105, 117). Diese Annahmen unterschlagen, daß selbstverständlich Mütter wie Väter behütende, versorgende, auf Verschmelzung beruhende Beziehungserfahrungen ihren Kindern vermitteln können, wie umgekehrt Mütter wie Väter differenzierende Funktionen wahrnehmen und das Realitätsprinzip vertreten können, d.h. das Kind an die außerfamiliale Welt heranzuführen und erfolgreich ihren Beruf auszuüben (vgl. Rohde-Dachser 1991, 144; 1991a, 220; Ley/Borer 1992, 198).

Mertens unterstützt diese Argumentation, indem er für die frühe Triangulierung zwischen Mutter und Tochter bzw. Sohn einen reziproken Prozeß annimmt, der der differenzierenden Funktion des Vaters gleichgestellt ist. Die Eltern-Beziehung als Gemeinschaft wird in dieser Sichtweise zum Kristallisationspunkt der kindlichen Selbstentwicklung und Geschlechtsidentitätsbildung (vgl. Mertens 1992, 28f, 77f). Fast (1984) argumentiert ähnlich für die ödipale Entwicklung und legt dar, daß mit den Eltern im Rahmen der entstehenden kindlichen Entwürfe von interpersoneller und genitaler Männlichkeit und Weiblichkeit der gesamte individuelle Bereich unter der Maßgabe des Inzesttabus neu entfaltet werden muß:

„Auch hier schaffen die Eltern den Rahmen für weniger dichotome und eher zutreffende subjektive Geschlechtsdefinitionen. Beispielsweise können Väter durch ihre Rollen als fürsorgliche Ernährer und Lehrer ihren Söhnen die Möglichkeit geben, solche Fähigkeiten in ihre Männlichkeitsdefinition aufzunehmen, die sie zunächst in der Identifikation mit ihrer Mutter kennengelernt haben. (...) Auf ähnliche Weise können beruflich engagierte Mütter den Mädchen die Möglichkeit geben, Karrierewünsche als Bestandteile ihres weiblichen Selbst zu betrachten" (Fast 1984, 88).

Die traditionellen sozialisatorischen Funktionen von Vater und Mutter sind also keine anthropologischen Konstanten, sondern es handelt sich bei ihnen um gesellschaftlich bedingte Zuschreibungen (vgl. Rohde-Dachser 1991a, 195f, 208f; Stork 1986, 10f). Diese werden durch die gegenwärtigen gesellschaftlichen Entwicklungen infrage gestellt, auch wenn sie noch in erheblichem Maße das individuelle Verhalten bestimmen (vgl. Eggert-Schmid Noerr 1992, 56ff) und relevante Interpretationsfolien für familiale Krisen darstellen.

3. Die Reproduktion traditioneller Familienbeziehungen und die schwierige Suche nach dem Neuen

Sies (1991) führt aus, daß durch die Gründung einer Familie und die Geburt von Kindern häufig die produktive Spannung zwischen dem Individuum und der Kultur entfällt. Es findet eine Abwendung von gesellschaftlichen Interessen hin zur Abgeschlossenheit der Familie und eine Zentrierung auf das Kind statt. Dies wirkt sich wie ein regressiver Sog auf die Paare aus, der besonders bei unzureichender Ablösung von den Herkunftsfamilien zur Wiederbelebung traditioneller Beziehungsmuster führt. Diese machen es den Paaren oft schwer, alternative, nicht-geschlechtshierarchische Familienmodelle zu leben.

Das Fortbestehen traditioneller Verhaltensweisen fördert einseitige Fähigkeiten von Mann und Frau. Die Frauen entwickeln versorgende und behütende Gefühlsanteile, währenddessen die Männer im Gegensatz dazu ihr Handlungspotential der Berufsstruktur anpassen und eher intellektuelle, rivalisierende und auf Durchsetzungsvermögen ausgerichtete Verhaltensweisen generieren (vgl. Ley/Borer 1992, 65). Beck spricht hier kritisch vom emotional verkümmerten männlichen Berufsmenschen, der gerade heutzutage seine Unselbständigkeit in Alltagsdingen und persönlichen Fragen schmerzhaft spürt (vgl. ders. 1990, 48).

Ley/Borer (vgl. 1992, 56ff) erwähnen im Rahmen ihrer soziopsychoanalytischen Familienforschung, daß die klassische Arbeitsteilung „parallele Leben" (Ley/Borer) erzeugt, die das herkömmliche Postulat einer ehelichen Harmonie zwischen Mann und Frau in einen Kampf um Imaginationen verwandeln. Die Autorinnen berichten von Müttern, die nicht die Konflikte wegen ihrer Mutterschaft als Trennungs- bzw. Scheidungsgrund angaben. Vielmehr erlebten diese Frauen den Versuch, eine gleichberechtigte, auf Austausch und Kommunikation mit ihren Männern basierende Beziehung zu errichten sowie das Unterfangen neben der Elternschaft, Kultur und Arbeit zu leben, als ein nicht zu realisierendes Bestreben. Diese Enttäuschungen bewirkten einen Entfremdungsprozeß zwischen ihnen und ihren Männern, der das befriedigende Zusammenleben der Geschlechter und der Generationen unter einem Dach vereitelte. Diese Frauen, aber auch ihre Männer, interpretierten diese Probleme als individuelles Versagen.

Aus dieser Sicht sind Schwellensituationen wie der Bezug einer gemeinsamen Wohnung, Heirat, Kinderkriegen Gefahrensituationen, in denen Paare merken, daß die Utopie zerbricht, tiefe Liebesgefühle zweier Menschen zueinander könnten alle Bereiche des Lebens regeln und Körper, Seele und Geist, Alltag und Festtage in glücklicher Ausgewogenheit halten (vgl. Sies 1991, 108), die Selbstbestimmung der Partner regeln und die Verzahnung von Arbeit und Leben gewährleisten. Diesen Erfahrungen und Enttäuschungen folgen häufig längerfristig Trennung und Scheidung (vgl. Bauers 1993, 42f).

Hinsichtlich des gesellschaftlichen Erwartungshorizontes an Frauen und Mütter trägt der „Liebesauftrag" (Ley/Borer) eine „gute" Mutter zu sein und ihre Stilisierung zum grandiosen Objekt erheblich zu ihrer psychischen Belastung und Schuldverstrickung in Krisensituationen bei. Es wäre daher für Mütter entlastend, wenn sie sich von der Phantasie der „perfekten Mutter" (Rohde-Dachser) befreien würden, „(...) jener tief im Menschen, insbesondere in der Frau, verwurzelten

Illusion, nach der Mütter prinzipiell 'alles' im Leben ihrer Kinder bewirken können, wären sie nur selbstlos, natürlich, informiert, weiblich oder auch mächtig genug (...)" (Rohde-Dachser 1991a, 212).

Auch Väter teilen dieses Bild von der „allmächtigen" Mutter und überlassen ihren Frauen im Regelfall auch heute noch uneingeschränkt das Feld der Erziehung; allerdings ist dies nicht nur Ausdruck einer kollektiven, aufgrund von Erziehungseinflüssen entstandenen psychologischen Schwierigkeit von Männern und Vätern, sondern mit dieser Haltung sind gesellschaftliche und materielle Privilegien verbunden, die ihr konservatives Verhalten unterstützen (vgl. Beck 1990).

Ergänzt und gestützt werden diese geschlechtsspezifischen Rollenvorstellungen durch die Überzeugungen, die Leiblichkeit der Eltern-Kind-Beziehung und besonders die Liebe der biologischen Mutter garantiere soziale Fürsorge und Zuneigung für das Kind. Diese Zuordnungen werden auch vom Kind geteilt, und leibliche Zugehörigkeit wird so zum mythischen Garanten der Elternliebe. Diese subjektiven Annahmen, so verständlich sie sind, verdecken jedoch den Umstand, daß sie zunehmend weniger Gültigkeit besitzen. Ley/Borer führen dazu aus:

„Ehe, Familie erscheinen als kulturelle Selbstverständlichkeiten, als klare Begriffe, die sowohl im Alltag, in der Rechtssprache als auch in der Wissenschaft gut und eindeutig zu gebrauchen sind. Es wundert also nicht, daß auch dann noch an diesen Selbstverständlichkeiten festgehalten wird, wenn sie nur mehr einen Teil der heutigen Realität betreffen. Das Aufbrechen der gelebten Selbstverständlichkeiten erzeugt Wahrnehmungs- und Benennungsschwierigkeiten und vor allem eine generelle Unsicherheit" (Ley/Borer 1992, 167).

Diese Entwicklungstendenzen setzen ein „Jenseits der Familie" auf die Tagesordnung privaten Lebens und die scheinbar „natürliche" Familie wird zum Verhandlungsgegenstand. Es beginnt, um nochmals mit Beck zu argumentieren, ein allgemeines, familiale Lebensformen destabilisierendes Ringen zwischen den Paaren um die „Wiedervereinigungsformen von Arbeit und Leben, Haus- und Erwerbsarbeit" (Beck 1990, 42), wenn die „Prinzipien entwickelter Marktgesellschaften über die Geschlechtslinie hinweg" (ebd. 41) ausgedehnt werden. Unter Konstanthaltung der institutionellen Strukturen, die die patriachalische Kleinfamilie als typische Reproduktionsform zur Voraussetzung haben, tobt sich dann der Geschlechterkampf im privaten Gegeneinander von Männern und Frauen aus, was die relativ hohen Trennungs- und Scheidungsraten mitverursacht. Diese Sachlage ruft auch eine strukturell bedingte Kinderfeindlichkeit hervor. Denn das „Marktsubjekt ist in letzter Konsequenz das alleinstehende, nicht partnerschafts-, ehe- oder familien-'behinderte' Individuum. Entsprechend ist die durchgesetzte Marktgesellschaft auch eine kinderlose Gesellschaft – es sei denn, die Kinder wachsen bei mobilen, alleinerziehenden Vätern und Müttern auf" (ebd. 53).

4. Sozialkritische Reflexion geschlechtsspezifischer Trennungs- und Scheidungskonflikte im Beratungsdialog

Solange das traditionelle Familienmodell als kulturelles Ideal gelten kann, werden von Trennung und Scheidung betroffene Eltern dazu neigen, Abweichungen von dieser Familienform als defizitär zu definieren. Diese Defizienzorientierung steht der Entfaltung ihrer selbstbestimmten Handlungspotentiale in der Beratung entgegen.

Die Kritik der Normen und Werte muß in die individuell-genetische Frageperspektive psychoanalytisch-pädagogischer Beratung eingehen. Wenn Trennung und Scheidung als Variationen alltäglicher Lebensbedingungen von Eltern und Kindern angesehen werden, dann muß das Set der auf die Familie bezogenen lebenspraktischen Vorannahmen und psychoanalytischen Theoriekonzepte auf ihre gesellschaftlichen Implikationen hin überprüft werden, damit die Berater/innen vorbereitet sind, quer zum kulturellen Konsens denken zu können (vgl. Kap. 1-3).

Die Berater/innen können die familialen Lebensentwürfe der Klienten nur verstehen, wenn sie dieser unmittelbaren Erfahrung mit den eigenen alltagspraktischen Vorannahmen in einem Prozeß der Anteilnahme begegnen. Sie setzen ihre Entwürfe der Familie ein, um die „Distanz zwischen fremdem Erleben und eigenem Lebensverständnis" zu überbrücken. Auf diesem Weg wird die „Verstehensdifferenz" (Lorenzer) in einer nicht vom Alltag abstrahierenden Form abgearbeitet und bleibt der umgangssprachlichen Darstellung des Lebenszusammenhangs verhaftet. Damit die lebenspraktischen Vorannahmen der Berater/innen nicht nur naturwüchsige Situationsmodelle reproduzieren, muß die Bildung einer „szenischen Aussage" (Lorenzer) die Erfahrungsgehalte sich ändernder sozialer Lebensbedingungen und subjektiven Leidens aufgreifen und mit dem System der lebenspraktischen Vorannahmen und der Persönlichkeitstheorie der Psychoanalyse in Verbindung bringen. Dies ist die Voraussetzung einer „offenen Wahrnehmungshaltung" (Trescher), durch die das System der Vorannahmen der Berater/innen reflektiert, gelenkig gemacht und sensibilisiert wird im Hinblick auf das aktuelle Spannungsverhältnis der traditionellen

Einheitsfamilie versus der durch Trennung und Scheidung entstandenen Fortsetzungsfamilien (vgl. Lorenzer 1974, 156ff; 1986, 60ff).

Dieses Beratungskonzept korrespondiert mit Parins (1975) Postulat von der Notwendigkeit der Gesellschaftskritik im psychoanalytischen Prozeß. Das beobachtende Ich nimmt von der gesellschaftlichen Wirklichkeit oft ein verzerrtes oder ins Gegenteil verkehrtes Bild wahr. Ich-Bedürfnisse, die auf die Einhaltung des Realitätsprinzips ausgerichtet sind, halten die Realitätsprüfung von jenen Wahrnehmungen der Umwelt ab, die eine einmal erfolgte Anpassung gefährden würden (vgl. ebd. 40f). Diese Form des Bewußtseins ist als eine „Ich-Einschränkung" (A. Freud) kennzeichenbar, da Außenwelteindrücke, die Unlust hervorrufen können, nicht apperzeptiert werden (vgl. Horn 1974a, 92f). Die Vermittlungsfähigkeit des Ichs zwischen der Innen- und der Außenwelt bricht ein Stück weit zusammen, qualitativ verschiedene Erfahrungen werden nicht als Momente der Diskontinuität in die Kontinuität des individuellen Erlebens eingebracht, sondern begrifflich zu einer scheinbaren Einheit verschmolzen. Das solchermaßen „beschädigte" Ich verzichtet auf die Reflexion zwischen den Widersprüchen des Bewußtseins und der Lebenspraxis und knüpft an kollektiv vorgegebene Rollenidentifikationen an, die die Autonomie des einzelnen einschränken:

„Man hat sich die Rolle nicht gewählt. Sie ist aufgezwungen worden. Um den Zwang nicht zu spüren, nimmt man ihn ins Ich herein; das falsche Ideal folgt nach, ergänzt das falsche Bewußtsein. Das Ich ist entlastet. Man ist nicht allein, Ängsten ausgesetzt (...). Man ist Rollenträger, nimmt teil an einer Institution, einer Gruppe. Was an Autonomie verlorenging, wird wettgemacht durch neue Arten von Befriedigung, die die Rolle bietet" (Parin/Parin-Mathey 1978, 118). Und:

„Es sind die gesellschaftlichen Strukturen selbst, die sich in Ideologien übermitteln und im Ich, zur psychischen Struktur geworden, (...) zeitweise unser Fühlen, Denken und Handeln bestimmen" (vgl. dies. 1978, 126).

Parin unterstreicht, daß das Wissen um die Wirkungen gesellschaftlicher Strukturen und Ideologien den Individuen hilft, angestrebte subjektive Veränderungen als einen persönlichen Autonomiezuwachs zu verarbeiten:

„Macht- und Produktionsverhältnisse mit allen von ihnen abgeleiteten Institutionen, Regel- und Wertsystemen bedürfen einer Erschließung und Enthüllung – vergleichbar der Arbeit, welche die Psychoanalyse ehedem mit der Instanz 'Unbewußt' geleistet hat" (Parin 1975, 41).

Die männlichen und weiblichen Geschlechtsrollen, „in der jeweiligen

Sozietät, Klasse, Schicht und Zeit (...) als Ichveränderungen fixiert" (Parin/Parin-Matthey 1978, 131), sind für diese Autoren Ausdrucksformen einer subjektiven Realität und stellen Techniken des Umgangs des Ichs mit den Bedürfnispotentialen des Narzißmus und der Triebe im Vollzug der Anpassung an die soziale Wirklichkeit dar. Diese Verhaltens- und Bewußtseinsfiguren bedürfen einer Enthüllung, da sie in die deskriptiv-unbewußten Ebenen hineinreichen und Berührungspunkte zu den dynamisch-unbewußten Bereichen der Persönlichkeit haben (vgl. dies. 1978, 124f; Erdheim 1984, 316ff).

Bei Trennungs- und Scheidungskonflikten geraten die familialen und geschlechtsspezifischen Rollenidentifikationen der Individuen ins Wanken. Repressive gesellschaftliche Einflüsse fixieren sie an überkommene Leitbilder. In der Erziehungsberatung sollen demzufolge vermittelt über das Ensemble der sozialkritisch reflektierten lebenspraktischen Vorannahmen der Berater/innen lösungsorientierte Sichtweisen entwickelt werden, die das Scheitern der privaten Lebenspläne mit dem sozial lizensierten familialen „Wunsch-Wert-Panorama" (Lorenzer) verknüpfen, um die verdeckten Konflikte im Alltagsbewußtsein der Eltern zu thematisieren.

Dieses Beratungskonzept wendet sich gegen das alltägliche Vorurteil, daß Trennung und Scheidung von Eltern aus egoistischen Motiven erfolgt und Kindern per se schadet. Dieser Schritt der Eltern geschieht im Regelfall aus einem Verantwortungsgefühl heraus. Natürlich will der trennungs- oder scheidungswillige Partner seine Handlungsfreiheit und unter Umständen besonders seine sexuelle Freiheit wieder gewinnen, und insofern liegen für das Auseinandergehen auch „egoistische" Motive vor. Aber ein selbstverantwortlicher Elternteil trennt sich, weil er keine andere Lösung sieht und seine seelische Gesundheit bewahren will. Kinder spüren gemäß Dolto (1988) sehr genau, wie es um die Eltern bestellt ist und welcher Elternteil die Lebendigkeit eines sinnerfüllten Erwachsenenlebens vorlebt. Die Übernahme der Verantwortung für die Trennung und für das Leid, daß die Eltern ihren Kindern damit angetan haben, ist ein wichtiger Schritt der Eltern in Richtung eines konstruktiven Neubeginns; und damit Trennung und Scheidung auch für das Kind als „Reifungsfaktoren" (Dolto) wirken können, muß ihm in verständlichen Worten die Wahrheit über die Trennungsursachen gesagt werden. Kinder sind entgegen weit verbreiteter Ansichten durchaus in der Lage, mit den Beziehungswirklichkeiten ihrer Familien umzugehen. Zu diesen gehören, daß die Eltern sich trennen, weil das Begehren erloschen ist und oft schon lange vor der Trennung bekannte „Unzulänglichkeiten" des Partners wie Kommunikationsunfähigkeit oder Alkoholprobleme nicht mehr von der Liebe ausgeglichen werden können und dann zum Trennungsgrund werden. Diese Mitteilung ist notwendig, damit das Kind begreifen kann, daß es die Eltern sind, die aufgrund bestimmter Konflikte mit ihrem gemeinsamen Leben nicht fertig geworden sind. Wenn diese „Aufklärung" erfolgt, muß sich das Kind weniger schuldig an der Trennung der Eltern fühlen (vgl. Figdor 1991, 35). Alle Beteiligten können dann eine Haltung verstärkter Selbstverantwortung einnehmen, die ein zukunftsweisendes Prinzip der Erziehung von Kindern darstellt (vgl. Dolto 1988, 29ff).

Diese Art des Umgangs mit Trennung oder Scheidung können viele Eltern allerdings nicht umsetzen. Für Väter, besonders aber für Mütter, folgt diesem Schritt oft ein unheilvoller Zirkel der „Selbststigmatisierung" (Rohde-Dachser), durch den sie sich als „schlechte" Mütter oder „schlechte" Väter brandmarken. Ich möchte diese Problematik an Hand eines Erstgesprächs mit einer alleinerziehenden Mutter entwickeln:

Frau G. (ca. 26 J.) kommt wegen ihres 6 Jahre alten Sohnes Peter zur Beratung, da er im Kindergarten aggressives Verhalten zeigt, sich häufig mit anderen Kindern prügelt und gelegentlich aus dem Kindergarten fortläuft. Weil die Einschulung bevorsteht, macht sich die Mutter Sorgen, ob der Junge in der Grundschule zurecht kommen wird. Die Mutter berichtet im weiteren Verlauf des Gesprächs, daß sie sich vor etwa einem Jahr von dem Vater ihres Sohnes, mit dem sie seit 8 Jahren verheiratet ist, getrennt hat. Als Grund gibt sie eine schon seit einigen Jahren bestehende Entfremdung an. Ihr Mann ist beruflich gescheitert, finanziell unzuverlässig und zahlt keinen Unterhalt. Er kümmert sich bis heute nur sporadisch um seinen Sohn, obwohl er immer wieder beteuert, daß er ihn liebt. Frau G. hat eine große Verwandschaft, und Peter kann sich bei der Großmutter, Onkeln und Tanten für den Verlust des Vaters etwas entschädigen. Herr G. hat seine Familie tief gekränkt verlassen und ist notgedrungen aus der seiner Frau gehörenden Wohnung ausgezogen. Sie hat die Scheidung eingereicht, die der Ehemann ablehnt.

Frau G. hat bei der Heirat als junge Frau ihre Berufsausbildung aufgegeben, weil sie glaubte, diese als Ehefrau und Mutter nicht mehr zu benötigen. Nach der Trennung stand sie vor dem Nichts und lebt bis jetzt von Sozialhilfe. Sie hat aber eine neue Berufsausbildung angefangen, um sich eine Zukunft aufzubauen. Ihr Sohn geht ganztags in den Kindergarten. Mutter und Sohn verclinchen sich zusehends. Sie kämpfen um den Anspruch auf Versorgung und Behütung auf der Seite des Kindes und um das Recht auf ein eigenes Leben auf der Seite der Mutter. Obwohl Frau G. die Unterstützung ihres (Ex-) Ehemannes und der Verwandten bei der Erziehung von Peter einfordert, hat sie andererseits doch wieder Angst vor deren Einmischung, weil sie davon ausgeht, daß sie als Mutter die Angelegenheiten ihres Sohnes allein regeln muß. Zudem bekommt sie ihre Ausbildung von ihrer Umwelt wegen der Probleme des Sohnes als egoistisches Verhalten vorgeworfen und denkt oft, keine „gute" Mutter zu sein. Manchmal spielt sie mit dem Gedanken, aufgrund dieser Konflikte ihre Berufsausbildung aufzugeben. Sie gesteht fast beschämt, daß sie einen neuen Freund hat und beteuert, daß er nicht bei ihr lebt, sondern seine eigene Wohnung hat.

Aus einer gesellschaftskritischen Perspektive gesehen hat sich Frau G. auf herkömmliche Rollenvorstellungen als tragende Stützen ihrer Ehe und Mutterschaft eingelassen. Weder sie noch ihr Mann konnten jedoch diese Denk- und Handlungsmuster im Familienalltag umsetzen.

Frau G. erlebte die Abhängigkeit von ihrem Mann als nicht berufstätige Ehefrau sowie die Mutterrolle als eine erhebliche Einschränkung ihrer Selbstbestimmung. Sie kann bis heute nicht verstehen, daß diese Rollen, die sie als Teil ihrer „natürlichen" Bestimmung als Frau ansieht, ihr keine tragfähige Lebensperspektive geben konnten. Zudem ist es für sie befremdlich, daß sie ihre Unzufriedenheit nicht nur auf die Erfolglosigkeit des Mannes in beruflichen und finanziellen Dingen sowie auf seine private Unzuverlässigkeit zurückführen kann, sondern daß ihr Unwohlsein den Ansatz einer prinzipiellen Kritik an der herkömmlichen Frauen- und Mutterrolle enthält. Sie legt dar, daß sie es sich nicht mehr vorstellen kann, nochmals eine traditionelle Ehe einzugehen.

Der bei der Familiengründung von Frau G. stattgefundene Rückzug ins Private auf die Rolle als Ehefrau und Mutter wird durch die Trennung von ihrem Mann radikal hinterfragt (vgl. Sies 1991). Sie sieht sich gezwungen, eine selbständigere Lebensgestaltung zu praktizieren. Gleichzeitig ist sie der für Trennungs- bzw. Scheidungseltern typischen „Regression der Elternschaft" (Figdor) ausgesetzt. In der Beziehung zu ihrem Kind stellt sie sich mit ihm auf eine Stufe und wird von seinem Wohlverhalten sowie seinem sozialen Erfolg abhängig. Sie wünscht sich, der Junge möge den Beweis erbringen, daß ihm die Trennung nicht geschadet habe (vgl. Bauers 1993, 53). Darüberhinaus kämpft sie mit dem Sohn um das Recht auf ein eigenes Leben. Frau G. glaubt, daß Peter ihr dieses Recht nicht zugestehen kann, weil ihm der Vater durch die bevorstehende Scheidung noch seltener als früher zur Verfügung steht. In diesem Zusammenhang „gesteht" sie, daß sie einen neuen Freund hat, so als würde sie mit dieser Liebe den Sohn verraten und ihm endgültig den Vater rauben. Es erscheint ihr verwerflich, daß das

Ende der Zuneigung zu ihrem Ehemann der eigentliche Trennungsgrund war, und sie das Bedürfnis hat, neu zu lieben.

Frau G. hatte an sich als Ehefrau und Mutter die Erwartung gestellt, die Einheit der Familie unter einem Dach zu gewährleisten. Nachdem die Ehe nur noch zum Preis ihrer Selbstaufgabe aufrecht zu erhalten gewesen wäre und sie die Scheidung einreicht, fehlt es ihr nun an gesicherten und zukunftsweisenden Denk- und Handlungsschemata, die ihre innovatorischen Kräfte in befriedigender Weise umsetzbar und ihre weibliche Identität mit verschiedenen Rollen wie einer alleinstehenden und berufstätigen Frau mit Kind vereinbar erscheinen lassen (vgl. Parin/Parin-Matthey 1978, 131).

Diese Konfliktlage von Frau G. sollte zum Fokus einer an der gelingenden Lebensbewältigung ansetzenden Beratung werden, die ihre Entscheidung, einen Beruf zu erlernen, zum Ausgangspunkt nimmt.

Da diese Lebensplanung mit der traditionellen Mutterrolle in Konflikt gerät, sollte sich Frau G. mit dem Gedanken vertraut machen, daß Peters besitzergreifendes, auf symbiotische Anklammerung zielendes Verhalten, das mit heftigen Zurückweisungen von seiner Seite alterniert, nicht zwangsläufig bedeutet, daß sie ihren Beruf aufgeben muß. Sein Verhalten ist der Ausdruck seines eigenen Scheidungserlebnisses als verlassenes Kind, das nicht mit dem der Mutter identisch und auch nicht nur durch den Einsatz von mehr Mütterlichkeit bewältigbar ist. Peter sieht sich durch die Scheidung seiner Eltern um sein existentielles Bedürfnis nach einer stabilen Lebensperspektive „betrogen", und er hat daher auch das „Recht", sein seelisches Leiden auf seine Weise zu äußern. Er hat aber auch gleichzeitig die „Pflicht", sich von der frühen Kindheit zu verabschieden und sich auf die Vorbereitung zur Selbständigkeit einzulassen. Dies setzt allerdings voraus, daß die getrennten Eltern ihre Erziehungsverantwortung umsetzen können. Der Vater von Peter hat demgemäß nicht nur ein Besuchsrecht, sondern sogar die Verpflichtung, seinen Sohn zu besuchen, und soll sich bei diesen Gelegenheiten an der Erziehung seines Sohnes beteiligen; und diese Mitsprache muß von der Mutter akzeptiert werden (vgl. Dolto 1988, 40ff).

Damit Frau G. in dieser konstruktiven Art mit den Problemen der Nachtrennungsphase umgehen und mehr Verständnis für ihren Sohn aufbringen kann, muß sie aber die Phantasie der „allmächtigen" und „perfekten" Mutter, die alles für ihr Kind regelt und zum Guten richtet, aufgeben. Andernfalls bleiben die Erziehungsversuche des Vaters, die Konflikte oder Autonomiewünsche von Peter sowie seine Sehnsucht nach dem Vater oder anderen Bezugspersonen mit dem Verdikt behaftet, daß Frau G. ihren Sohn nicht ausreichend versorgt. Daß sie auf diesen Muttermythos verzichten kann, ist jedoch nicht nur ihren subjektiven Besonderheiten und Fähigkeiten geschuldet, sondern ebenfalls daran geknüpft, ob sie zum Ausgleich für diese elterliche Omnipotenzphantasie ein Stück mehr Kultur leben kann; und daß die Verbindung von Arbeit und Leben, gegen alle gesellschaftlichen Widrigkeiten, zumindest ansatzweise verwirklichbar wird. Dies könnte auf der Seite von Frau G. zur Annahme einer Elternverantwortung im Sinne der „verantworteten Schuld" (Figdor) führen und wie eine Befreiung aus Schuld- und Loyalitätsverstrickungen wirken. Nicht nur die Mutter, sondern auch der Sohn würden entlastet, wenn jeder zu seinem persönlichen Scheidungserlebnis nicht auch noch den Trennungs- und Scheidungskonflikt des anderen in unerkannter Form mittragen müßte. Die Wünsche und Lebensziele des Sohnes und der Mutter würden aufgrund der abgegrenzteren Beziehungswirklichkeit der Einelternfamilie eine jeweils eigenständige persönliche Qualität erhalten und das Zusammengehörigkeitsgefühl zwischen ihnen in einer günstigen Weise stärken.

Diese Differenzierung der Standpunkte von Mutter und Kind kann zur Folge haben, daß die schon vor der Trennung instabile triadische Familienstruktur vielleicht sogar tragfähiger als vorher reinstalliert und die Verwischung der Generationsgrenzen zurückgenommen wird. Bauers (1993) spricht an dieser Stelle von der notwendigen Aufhebung des oft in Trennungs-und Scheidungsfamilien anzutreffenden „Triangulierungsverbots", das allerdings nicht nur auf möglicherweise vorhandene Trennungs-und Vereinsamungsängste der sorgetragenden Elternteile zurückzuführen ist, sondern ebenfalls mit einer Ideologie in Verbindung steht, die die Familie als einen vom sozialen Leben abgetrennten Raum betrachtet. Es ist insofern für Trennungs- und Scheidungskinder wichtig, daß ihnen andere Erwachsene, wenn möglich der leibliche Vater oder die Mutter, zusätzlich zur Beziehung des sorgetragenden Elternteils zur Verfügung stehen, um die Verschmelzung mit diesem Elternteil zu verhindern. Das Beharren auf der Exklusivität der Eltern-Kind-Beziehung schafft daher eher ungünstige Entwicklungsvoraussetzungen für die Kinder. Inwieweit allerdings der Vater als verlassener Elternteil in der Lage ist, eine verantwortungsvolle Vaterschaft zu praktizieren, hängt sicherlich davon ab, ob es ihm gelingt, die durch das Scheidungsbegehren seiner Frau hervorgerufene Kränkung zu überwinden und eine von der Mutter unabhängige Beziehung zu seinem Sohn aufzubauen. Auf jeden Fall hätten aber in der Einelternfamilie G. die „dritten" Bezugspersonen im Sinne der „Entwicklungslinien" von A. Freud (1965) die wichtigen Aufgaben zu übernehmen, die Mutter-Kind-Beziehung bei der Bewältigung der frühen kindlichen Abhängigkeit zu entlasten, bei der Lösung der ödipalen Entwicklungsaufgaben zu unterstützen sowie Peter und der Mutter zu helfen, daß der Junge die gesellschaftliche Rolle eines Schulkindes übernehmen kann, d.h. lernt mit Gleichaltrigen und Lehrern zu kooperieren und sublimierte Interessen wie Freude am Lernen zu entwickeln.

Anhand meines zweiten Beispiels möchte ich die umgekehrte Konstellation wie bei Familie G. diskutieren und die Bedeutung und Wirkung der kulturell geprägten und geschlechtsspezifischen familialen Leitbilder auf einen alleinerziehenden und sorgeberechtigten Vater mit seiner Tochter im Verhältnis zur weggeschiedenen Mutter und ihrem zweiten Mannes darstellen. Ich will zunächst eine Einführung in die Familiensituation und Beziehungsdynamik geben:

Herr F. (ca. 35 J.) kommt zur Beratung, weil seine 10 Jahre alte Tochter Nadine die Regelung, daß sie alle 2-4 Wochen ein Wochenende bei der Mutter verbringt, verändern und ganz zur Mutter umziehen möchte. Herr F. will seiner Tochter die Entscheidung darüber überlassen, obwohl es ihm schwer fallen würde, den Umzug der Tochter zu akzeptieren. Er will eigentlich verhindern, daß seine Tochter ein Stiefkind bei der wiederverheirateten Mutter wird. Die Eltern von Herrn F. haben sich vor ca. 25 Jahren scheiden lassen, und er lebte mit seiner Mutter in einer Fortsetzungsfamilie. Durch die Wiederheirat der Mutter verlor er aus heutiger Sicht seine bevorzugte Stellung als ihr einziges Kind und empfand sich gegenüber den Stiefbrüdern, Stiefschwestern sowie dem Stiefvater als „fünftes Rad am Wagen". Sein leiblicher Vater verschwand nach der Scheidung fast völlig von der Bildfläche, worunter er gelitten hat.

Von seiner Ex-Frau glaubt er, daß sie die Tochter nicht bei sich aufnehmen würde. Er mißtraut sich trotzdem als Mann in seiner Rolle als hauptverantwortlichem Elternteil und schätzt seine „Vater-Liebe" im Vergleich zur „Mutter-Liebe" für das Wohlergehen seiner Tochter als nicht genügend ein. Er nimmt an, daß seine Tochter dies ähnlich sieht, ist darüber entttäuscht, will ihre Zuneigung erringen und macht bei Konflikten Zugeständnisse, die er hinterher bereut. Dann setzt er sich gegen ihre Versorgungsansprüche und seine „Mutterpflichten" zur Wehr, die er überdies als unvereinbar mit Beruf und Freundin einschätzt. Als Mann und Vater äußert er auch Unbehagen angesichts der bevorstehenden pubertären Entwicklung seiner Tochter. Er weiß nicht, wie er ihre Geschlechtsreifung begleiten soll. Er erwägt, ob er es mit einem Sohn nicht grundsätzlich leichter hätte. Er verneint dies, weil er mit einem Sohn in eine ihn noch stärker als die sexuelle Frage bei der Tochter belastende Konkurrenz- und Streitbeziehung geraten würde und dann kein „guter" Vater mehr sein könnte. Seine Familie, besonders die Großmutter, vertritt die Ansicht, daß Nadine zur Mutter gehört.

Zwischen Herrn F. und seiner langjährigen Freundin bestehen erhebliche Schwierigkeiten, weil sie glaubt, daß er sie wegen seiner Tochter nicht heiraten will. Da er ihr nicht offen sagt, daß er keine zweite Ehe eingehen will und auch keine weiteren Kinder wünscht, obwohl er durchaus eine verbindliche Beziehung anstrebt, gerät Nadine oft in die Schußlinie zwischen Vater und Freundin.

Die Eltern des Mädchens haben sich vor 5 Jahren scheiden lassen, weil es zwischen ihnen viel Streit gab und sie mehr und mehr das Interesse aneinander verloren hatten. Die Mutter zog ohne die Tochter aus. Sie wollte einen Beruf erlernen und sich ein neues Leben ohne Bindungen aufbauen. Sie hat vor ca. 1 Jahr Herrn B. geheiratet, und sie haben ein kleines Kind. Sie geht deswegen nicht arbeiten.

Nadine äußert eine starke Sehnsucht nach der Mutter und ist davon fasziniert, daß sie nun wieder eine „richtige" Familie gegründet hat. Sie vermittelt ihr die Hoffnung, dort einen mehr Sicherheit versprechenden Platz als beim Vater zu finden. Sie ist davon überzeugt, daß ein Kind in häuslicher Gemeinschaft mit der Mutter, wie das ambivalent beurteilte Stiefgeschwister, leben sollte. Schließlich sei sie auch lange genug beim Vater gewesen, obwohl sie gleichzeitig bei einem Wechsel zur Mutter befürchtet, den Vater zu verlieren. Nadine klagt, daß sie manchmal nicht mehr weiß, wie sie sich entscheiden soll, und oft auch nicht mehr wisse, was die Eltern und besonders die Mutter eigentlich vorhaben. Am liebsten wäre es ihr, wenn die leiblichen Eltern wieder ein Paar werden würden, wobei sie ihr Stiefgeschwister zur Familie rechnet, den Stiefvater aber ausschließt. Darüberhinaus führt sie den Streit zwischen Herrn F. und seiner Freundin sowie ihr Nichtverheiratetsein als Gründe für ihren gewünschten Wechsel an. Eine Ersatzmutter würde Nadine nur im Fall einer Heirat ihres Vaters akzeptieren. Hinsichtlich der Annehmbarkeit von Herrn B. als Stiefvater sieht sie keine größeren Probleme.

Frau B. und ihr Mann erklären sich aufgrund der Initiative von Herrn F. und den Bestrebungen von Nadine zu Gesprächen bereit, obwohl sie von sich aus keinen Beratungsbedarf haben. Entsprechend spärlich sind ihre Angaben über die Hintergründe ihres Handelns. Frau B. vermittelt hinsichtlich der Frage eines Umzuges von Nadine einen zwiespältigen Eindruck. Einerseits erklärt sie, daß Nadine jederzeit zu ihr ziehen könne. Andererseits sieht sie z.Zt. keinen Änderungsbedarf für die Aufenthaltsregelung und führt eine fiktive Notfallsituation, d.h. wenn dem Vater irgendetwas passieren würde, als zusätzliche Bedingung dafür ein. Sie zählt der Tochter immer wieder die Vorteile des Wohnens beim Vater auf. Sie hat dort z.B. ein eigenes Zimmer, was ihr die Mutter nicht zur Verfügung stellen könnte. Frau B. glaubt zudem, daß der Umzugswunsch von Nadine nur durch die Konflikte in der Beziehung ihres Ex-Mannes entstanden sind. Das heißt, wenn es diese nicht gäbe, würde Nadine ihrer Ansicht nach beim Vater bleiben wollen, und sie würde sich nicht gezwungen sehen, die Tochter zu „retten". Sie deutet an, daß es ihr im Moment wichtiger ist, sich voll und ganz auf ihr zweites Familienprojekt und ihr neugeborenes Kind zu konzentrieren. Herr B. versteht sich zwar recht gut mit Nadine, will aber keine Verantwortung für sie übernehmen. Er koppelt seine Bereitschaft, Nadine aufzunehmen, an die Entscheidung seiner Frau, da er ihr als Mutter nicht zumuten kann, auf die Tochter zu verzichten. Das heißt, wenn seine Frau Nadine aufnehmen wolle, würde er dies akzeptieren. Das Paar bemerkt nicht die Widersprüche in seinen Aussagen. Sie betonen stattdessen immer wieder, daß Nadine es allein entscheiden muß, ob sie bei ihnen oder beim Vater leben will.

Nadine ist von diesen Haltungen ihrer Eltern offensichtlich überfordert und schiebt den Entscheid über ihren Hauptwohnort vor sich her. Trotzdem will sie auf die ihr von den Eltern zugeschobene Entscheidungsbefugnis nicht verzichten. Das gemäß der Schilderungen beider Eltern sozial und psychisch relativ gut integrierte Mädchen reagiert in diesem Kontext mit psychosomatischen Beschwerden, sozialem Rückzug und der Verschlechterung der schulischen Leistungen.

Im folgenden möchte ich meine Interpretation der Familienkonflikte auf dem Hintergrund der oben dargestellten kulturkritischen Thesen entfalten und in knapper Form den weiteren Beratungsverlauf darlegen.

Herr F. hat als Mann nur wenig Vertrauen in seine Erziehungskompetenz. Er hat erhebliche Schuldgefühle, weil er glaubt, wegen seiner Tochter eigentlich auf seine Arbeit, seine Freundin und seine sonstigen Vergnügungen verzichten zu müssen, um ihr voll und ganz zur Verfügung zu stehen. Herr F. ist entrüstet, daß er sich als Vater mit Ansprüchen konfrontiert sieht, die seiner Ansicht nach nur eine Mutter erfüllen kann.

Herr F. parallelisiert sein eigenes, Jahrzehnte zurückliegendes Scheidungsschicksal mit dem seiner Tochter. Er blieb bei der Mutter. Durch ihre Wiederheirat verlor er seine Privilegien und haderte in der

Folge mit seiner Fortsetzungsfamilie. Nadine will er dieses Schicksal ersparen, das – wie er sagte – „fünfte Rad am Wagen" in der neugegründeten Familie seiner Ex-Frau zu sein. Diese Sicht des Vaters legt nahe, daß er mit Hilfe seiner Tochter eine Wiedergutmachung für sein kindliches Lebensschicksal anstrebt und sich von ihr die Erfüllung unverbrüchlicher Treue und Liebe erhofft, wie er es einst von seiner Mutter erwartete.

In der Beziehung zwischen Herrn F. und der Tochter zeichnet sich aufgrund dieser Konstellation eine Generationsumkehrung (vgl. Richter 1963) ab, durch die er in ähnlicher Form von Nadines Zuneigung wie von der seiner Mutter abhängig wird. Dies zeigt sich obendrein in Berichten von häuslichen Szenen mit Nadine, in denen er sich von ihr, wie von seiner Mutter, „geschimpft" vorkommt. Nadine erhält dadurch eine bedeutsame Machtposition, gegen die der Vater etwas hilflos ankämpft. Er verstrickt sich in ein die Generationsgrenzen überschreitendes, inzestuös geprägtes und von Sicherheitsbedürfnissen bestimmtes Beziehungsgeflecht, durch das die Tochter zur Ersatzpartnerin und zur seine väterlichen Leistungen bewertenden Gewissensinstanz wird.

Auf diesem Hintergrund wird Nadine indessen nicht nur mit Erwartungen konfrontiert, die die Großmutter betreffen, sondern ebenfalls mit Einstellungen, die sich auf den schmerzlich vermißten Vater und negativ wahrgenommenen Stiefvater beziehen. Ein Sohn könnte zwar für die Kompensation der Schattenseiten seiner Väterbilder „hilfreich" sein, dennoch scheint für Herrn F. die Gefahr eines offen aggressiven Rivalitätskampfes die wahrscheinlichere Alternative zu sein. In seiner Vorstellung würde diese Auseinandersetzung seine Rolle als Vater in ernsthafter Weise gefährden. Die Identifikation von Herrn F. mit seiner Mutter, die zuverlässiger als die Väter war, hat ihm insofern trotz aller Ambivalenzen mehr Selbstvertrauen und ein hinreichend gutes Fundament für seine gegenwärtge Rolle als sorgetragender Elternteil gegeben; allerdings um den Preis, daß er sich durch die versorgenden Aspekte seiner Rolle und durch die anstehende Pubertät seiner Tochter in seiner Männlichkeit verunsichert fühlt und befürchtet, mit ihrer Weiblichkeit nicht konfliktfrei umgehen zu können.

Aus seinen Lebenserfahrungen zieht Herr F. den Schluß, daß der nicht leibliche Charakter familialer Beziehungen für ein Kind ungünstig ist. Mit dieser Überzeugung kann er an die kulturell tradierten Ideale der Zusammengehörigkeit von Abstammung, Dach und Name anknüpfen. Er negiert jedoch, daß er als alleinerziehender Vater überhaupt nicht gemäß diesen Idealen leben kann. Er vermeidet so die Wahrnehmung des endgültigen Charakters der Trennungen und Verluste in den verschiedenen Generationen. Durch die Zuweisung der Entscheidungsbefugnis an Nadine über ihren Hauptwohnort soll sie zwar die Chance erhalten, ihre Mutter-, aber auch Vater-Konflikte besser als Herr F. zu lösen, andererseits werden auf diesem Weg die Trennungstraumata gewissermaßen wiederholt sowie gleichzeitig umgangen, ohne eine Lösung herbeizuführen.

Die Freundin von Herrn F. glaubt, daß die Tochter der Hinderungsgrund für eine Heirat ist. Sie hat mit dieser Einschätzung recht und unrecht zugleich. Einerseits kristallisiert sich in der Rolle von Nadine die unzureichende Ablösung von Herrn F. von seiner Herkunftsfamilie, die jede Beziehungspartnerin als potentiell inzestuöses Objekt in Erscheinung treten läßt und bei Herrn F. Rückzugstendenzen und Angst vor Verbindlichkeit hervorruft. Andererseits will er durchaus eine dauerhafte Bindung zu seiner Freundin eingehen, möchte diese Liebe aber nicht in den Schablonen einer „normalen" Ehe leben, die seiner Erfahrung gemäß die Zuneigung eher abtötet als fördert und z.B. die getrennten Wohnungen beibehalten. Da er sich nicht in die traditionell geprägten Beziehungswünsche seiner Freundin einpassen will, hat er Schuldgefühle, erkennt jedoch nicht deren soziale und individuelle Wurzeln. Das Paar kann sich über seine unterschiedlichen Bedürfnisse nur schlecht verständigen. Es weicht auf Nadine aus und trägt auf ihrem Rücken einen Streit aus, den diese nicht zu verantworten hat.[1]

Da das Ehepaar B. eigentlich keine Beratungsmotivation hat, machen sie keine Angaben zu ihrer Lebensgeschichte, und ich beschränke mich daher auf die Interpretation der aktuellen Familiensituation auf dem Hintergrund der hier vertretenen Sichtweisen. Frau B. ist mit der bisher praktizierten Sorgerechts- und Besuchsregelung vollkommen einverstanden und von ihrer Seite besteht kein Änderungsbedarf. Sie kann ihrer Tochter diese Ansicht nicht offen mitteilen, weil sie sie dadurch nach der Scheidung zum zweiten Mal „verstoßen" und „verraten" würde. Obwohl Frau B. Nadine nun schon seit Jahren nicht mehr als hauptsorgetragender Elternteil zur Verfügung steht, fühlt sie sich anscheinend trotzdem dem Muttermythos verpflichtet, der der Mutter die Liebe zu ihrem Kind qua Leiblichkeit zuschreibt und das Zusammenleben unter einem Dach diktiert (vgl. Ley/Borer 1992, 183ff).

---

[1] Auf die Rolle und Probleme der Partnerin von Herrn F. wird im folgenden nicht mehr näher eingegangen, weil ich die Darstellung auf die Eltern-Kind-Konflikte konzentriere.

Sie beteuert daher auch immer wieder, daß sie ihre Tochter jederzeit zu sich nehmen würde, ohne zu merken, daß sie dieses Angebot fast im gleichen Atemzug zurücknimmt. In einer Kompromißbildung schiebt sie ihrer Tochter die Entscheidung über deren Hauptwohnort zu. Frau B. hält darüberhinaus Nadines Umzugswunsch nicht für ein authentisches Bedürfnis, sondern nur durch ihre Rolle als Zankapfel in der Beziehung von Herrn F. bedingt. Sie will sich auf ihre neue Familie konzentrieren und hat Angst, daß Nadine diese als Stiefkind mit den damit verbundenen Problemen der Fremdheit, Rivalität und Eifersucht sprengen könnte.

Herr B. unterstützt die zwiespältigen Positionen seiner Frau mit ähnlichen Überlegungen. Eigentlich will er Nadine nicht aufnehmen, traut sich aber ebenfalls nicht, die „offiziellen Pflichten" einer Mutter außer Kraft zu setzen. Gleichzeitig zieht er sich auf die traditionelle Nicht-Zuständigkeit der Männer für die Kinder zurück und will keine Verantwortung als Stiefvater für Nadine übernehmen. Ohne es zu beabsichtigen, entzieht er seiner Frau auf diesem Weg die Unterstützung und bekräftigt ihr Selbstbild einer „schlechten" Mutter.

Die Bedürfnisse und Wünsche von Nadine sind von traditionellen Familienleitbildern geprägt, die die Zusammengehörigkeit der biologischen Kernfamilie postulieren. Sie verleugnet, daß diese Idealvorstellungen durch die Scheidung der Eltern Brüche erfahren haben und weder von ihrer Mutter noch von ihrem Vater real erfüllt werden können. Ihre Kernfamilie existiert nur noch als Wunschvorstellung. Vor diesem Hintergrund ist ihre Absicht, bei der Mutter zu leben, ein Widerspruch in sich selbst, da seine Umsetzung den Ausschluß des Vaters und seine Degradierung zum Besuchsvater zur Folge hätte. Dies ist indessen für Nadine fast genauso inakzeptabel wie der dauerhafte Verzicht auf die Mutter. Sie entwirft deshalb eine Art Rettungsphantasie, in der sie die Eltern durch Verleugnung der realen Verhältnisse der Fortsetzungsfamilien wieder zu einem Paar macht. Sie macht sich Vorwürfe, daß ihr das nicht gelingt.

Vor dem Hintergrund der angeblich klaren Familienverhältnisse der Mutter als verheirateter Frau erscheint Nadine ihr Vater als nicht verheirateter Mann, der keine neue Ehe anstrebt, fast ein wenig haltlos. Sie formuliert daher den Anspruch, daß er wieder heiraten soll. Seine Heirat könnte aus ihrem Blickwinkel, je nach familialer Konstellation, verschiedene entlastende Funktionen erfüllen: Wenn sie beim Vater bleiben würde, bekäme sie zum Ausgleich für die abwesende leibliche Mutter wenigstens eine Ersatzmutter; im Fall des Umzugs zur Mutter wäre sie von Schuld- und Loyalitätskonflikten entlastet, weil sie den

Vater versorgt wüßte, und in jedem Fall wäre sie von ihrer Rolle als „Ersatzfrau" und „mütterliche Versorgerin" des Vaters ein Stück weit befreit.

Die konservativ verkleideten Sicherheits- und Entwicklungsbedürfnisse von Nadine haben also auch eine progressive Funktion und stellen einen zukunftsorientierten und altersangemessenen Lebensentwurf dar. Nach fünf Jahren beim Vater möchte Nadine nämlich ihren Anspruch auf den anderen Elternteil verwirklichen und die seelisches Wachstum erschwerenden Bindungen an den Vater überwinden. Aus entwicklungspsychologischen Gründen benötigt Nadine obendrein die Mutter wegen der anstehenden Adoleszenz und Pubertät als Identifikationsobjekt. Da der Vater vor der Geschlechtsreifung seiner Tochter schon heute Angst hat, was von ihr als Ablehnung und Vertrauensverlust erlebt wird, verspricht sie sich von der Mutter zurecht einen Halt und erzieherische Hilfe.

Die Bestrebungen von Nadine fügen sich allerdings in paradoxer Weise in die familiale Gesamtkonstellation. Sie soll Lösungen finden, die die belastenden Dimensionen der Trennungen in ihren Wirkungen auf die Fortsetzungsfamilien tendenziell ungeschehen machen. Obwohl Nadine diese Aufgabe nicht meistern kann, will sie den Eltern helfen. Nadine arbeitet sich an dem Auftrag der Mutter ab, den Beweis zu erbringen, daß sie keine „schlechte" Mutter ist, und zwar indem sie auf ihren Wunsch, zur Mutter zu ziehen, verzichtet. Im umgekehrten Fall würde dies ja zeigen, daß Frau B. ihrer Tochter Nadine geschadet hat und potentiell ihrem zweiten Kind auch schaden kann, dem sie eine traditionelle Mutter sein will. Der Vater erwartet ebenfalls, wenn auch aus anderen Motiven, daß Nadine sich für ihn entscheidet; beide Eltern tun aber so, als könnte sich Nadine für die Mutter entscheiden. Da die elterlichen Aufträge wegen ihres „double-bind" (Watzlawick et. al.) Charakters nicht bewältigbar sind, reagiert Nadine mit autoplastischen Verhaltensweisen wie z.B. psychosomatischen Symptomen.

Auf diesem Hintergrund wird deutlich, daß die Eltern sich darüber Klarheit verschaffen müssen, daß Nadine sich nicht für sie, sondern sie sich für Nadine entscheiden müssen, indem sie die Delegation der Elternverantwortung zurücknehmen und eine Entscheidung über den zukünftig hauptsorgetragenden Elternteil herbeiführen. Hinsichtlich der Beratung findet eine Einigung auf diesen Fokus statt.

Für Herrn F. ist angesichts seiner Fixierung auf das traditionelle Familienmodell die Überlegung wichtig, daß die Fortsetzungsfamilien mit ihm als sorgeberechtigtem Vater und seiner wiederverheirateten Ex-Frau mit Besuchsrecht nicht zwangsläufig ein Desaster für seine

Tochter darstellen, sofern es den Eltern gelingt, eine konstruktive Nachscheidungs-Elternschaft aufzubauen.

Die Rückbesinnung auf seine elterliche Entscheidungskompetenz führt zur Verringerung der durch seine Kern- und Stieffamilien geprägten Übertragungsbereitschaften und gibt den Trennungen der Eltern in den verschiedenen Generationen (Eltern von Herrn F./Eltern von Nadine) einen endgültigeren Charakter. Damit geht eine Entkoppelung des Erwachsenenlebens von der Elternschaft einher. Diese erschöpft sich nicht als Adaption des Bildes der „sich aufopfernden Mutter". Die Vereinbarkeit von Beruf, Tochter und Freundin erscheint vielmehr grundsätzlich möglich, wenn die Lebensbereiche voneinander getrennt werden. Herr F. setzt sich mit dem Gedanken auseinander, daß er als Mann und Vater weder nur einmal liebt, noch gleich heiraten muß, um als Vater seinem Kind nach Trennung und Scheidung gerecht werden zu können. Gleichzeitig verliert die Polarität der klassischen weiblichen und männlichen erzieherischen Funktionen ihre Schärfe, was Herrn F. hilft, die regelsetzenden und fürsorglichen Aspekte seiner Vaterrolle etwas besser zu integrieren. Dadurch tritt auch klarer ins Bewußtsein, daß Nadine ja eine Mutter hat und sich mit ihr im geschlechtsspezifischen Sinn identifizieren kann, selbst wenn diese nicht der ständig anwesende Elternteil ist.

Die relativ größere Akzeptanz der Einelternfamilie als gleichwertiges Lebensmodell durch Herrn F. offenbart erneut die Differenz der Standpunkte zwischen dem Vater und seiner Tochter, die sich aus naheliegenden Sicherheitsgründen gegen eine Revision überlieferter familialer Normen und Werte ausspricht. Diese Festlegung entspricht jedoch nicht ihrer Lebenssituation als Scheidungskind und führt die Antizipation ihrer Entwicklungsziele einer weiblichen Identität und Autonomie in eine Sackgasse. Um dieses Dilemma zu überwinden, ist sie auf die Hilfe ihrer Eltern angewiesen, die das Gesetz des erzieherischen Handelns, das nicht mit den unmittelbaren Interessen und Wünschen der Tochter identisch sein muß, wieder für sich in Anspruch nehmen müssen.

Die Gespräche mit Frau B. gestalten sich schwierig, da sie sich schnell angegriffen fühlt. Auf dem Hintergrund des neuen Familienprojekts mit einem Kleinkind und der traditionell geprägten Haltung des Ehemannes muß sie nämlich beweisen, daß sie keine „schlechte" Mutter ist, die ihre Kinder verläßt. Sie kann es daher vor sich und ihrer Familie nicht vertreten, daß sie „nur" die Besuchsmutter bleibt, obwohl es sich für mich abzeichnet, daß dieser Status ihrer Beziehung zur Tochter angemessen wäre. Dies würde auch ihrem Bedürfnis entsprechen, zu Nadine eine nicht so enge Bindung einzugehen. Erst die mehrfachen Hinweise, daß sie für ihre Tochter auch dann eine wichtige erzieherische Funktion haben kann, wenn sie die Besuchsmutter bleibt, führen zur Abschwächung ihrer durch Schuldgefühle entstandenen Aggressivität und bewirken eine hilfreiche Beruhigung der Emotionen. Sie kann in der Folge Nadine etwas besser verstehen und sieht, daß ihr Umzugswunsch nicht nur durch die Konflikte in der Beziehung des Vaters zu seiner Freundin entstanden ist, sondern ein ernstzunehmendes und echtes Entwicklungs- und Liebesbedürfnis ihrer Tochter darstellt.

Frau B. ist von der Zuneigung ihrer Tochter positiv berührt und macht sich mit dem Gedanken vertraut, daß die Umgangsregelung für Nadine neu festgelegt werden muß, damit dem existentiellen Bedürfnis von Nadine auf beide Eltern besser Rechnung getragen werden kann. Sie äußert die Absicht, mit Nadine über die Gründe der Scheidung und den Verzicht auf das Sorgerecht zu sprechen. Mit ihrem Ex-Mann legt sie in einem mehrere Wochen dauernden Verhandlungsprozeß[2], bei dem alle Beteiligten einbezogen sind, fest, daß die Tochter beim Vater bleibt. Nadine erhält aber das Recht auf freie Passage zur Mutter; d.h., sie kann die Mutter jederzeit nach vorheriger Absprache besuchen. Nadine ist über diese Entscheidung der Eltern zunächst schockiert. Die familiale Gesamtkonstellation entspannt sich trotzdem im Zuge dieser Neuabsprache. Nadine kann mit der Wahrheit, wie die Eltern zu ihr stehen, doch besser leben, als mit ungewissen Hoffnungen und Zweifeln.

Die Zurücknahme des paradoxen Auftrages der Eltern F. und B. an ihre Tochter erweist sich erzieherisch als sinnvoll, weil dieser Schritt die Elternverantwortung und die Generationsgrenzen in den Fortsetzungsfamilien stärkt, zur infantilen Ablösung und damit zur Durchsetzung des Inzesttabus beiträgt. Diese Begriffe antizipieren den Verzicht des Kindes auf die Eltern, nehmen seine zukünftige Unabhängigkeit von ihnen vorweg und bekräftigen die Möglichkeit einer günstigen psychischen Entwicklung trotz Trennung und Scheidung.

Zum Abschluß dieser Arbeit möchte ich festhalten, daß die Eltern bei der Bewältigung ihrer familialen Krisen in der Scheidungs- bzw. Nachscheidungsphase dann in eine Sackgasse geraten, wenn sie das Konzept ihrer Elternschaft und die Konflikte der Kinder in den Rastern traditioneller Rollenvorstellungen und Familienleitbilder interpretieren.

---

[2] An diesen Diskussionen war ich nicht mehr beteiligt, sondern bekam von Herrn F. nur kurz das Ergebnis mitgeteilt.

Diese machen die Eltern im Sinne einer geteilten Elternschaft tendenziell handlungsunfähig.

Die Kinder aus Trennungs- und Scheidungsfamilien werden langfristig gesehen nicht umhin können, zu akzeptieren, daß sie Eltern lieben, die Unzulänglichkeiten haben. Es wäre für sie als Heranwachsende sinnvoll, ihre Eltern als Menschen zu beurteilen, die in der Erziehung das ihnen mögliche getan haben. Diese Entidealisierung böte den Kindern die Chance, ihr zukünftiges Leben angemessener zu gestalten, als die Eltern es konnten. Die Lösung aus der Identifikation mit den Eltern – gegebenenfalls mit psychoanalytischer Hilfe – und die Suche nach Personen außerhalb der eigenen Familie, mit denen sie sich in ihrem eigenen Interesse identifizieren können, gehören daher zur Selbstverantwortlichkeit der nachwachsenden Generation.

Die heutige soziale Lage von Familien trägt wesentlich dazu bei, daß die Individuen Wahl- und Gestaltungsmöglichkeiten hinsichtlich familialer Lebensformen haben. Der Ausgang dieser Prozesse ist offen. Die Reorganisation einer Familie nach Trennung und Scheidung hängt substantiell davon ab, ob der sozialen Elternschaft auf gesellschaftlicher und individueller Ebene neben traditionellen Familienformen eine gleichwertige Stellung eingeräumt wird.

Literatur

Der Bundesminister für Jugend, Familie, Frauen und Gesundheit (Hg.)
1990   Achter Jugendbericht.
1990a   Kinder – und Jugendhilfegesetz (KJHG). 1. Auflage
Bauers, B.
1993   Psychische Folgen von Trennung und Scheidung für Kinder. In: Menne/Schilling/Weber, a.a.O.
Beck, U.
1990   Freiheit oder Liebe. Vom Ohne-, Mit- und Gegeneinander der Geschlechter innerhalb und außerhalb der Familie. In: Beck/Beck-Gernsheim, a.a.O.
Beck-Gernsheim, E.
1990   Von der Liebe zur Beziehung? Veränderungen im Verhältnis von Mann und Frau in der individualisierten Gesellschaft. In: Beck/Beck-Gernsheim, a.a.O.
1990a   Alles aus Liebe zum Kind. In: Beck/Beck-Gernsheim, a.a.O.
Beck, U., Beck-Gernsheim, E.
1990   Das ganz normale Chaos der Liebe. Frankfurt/M
Bittner, G.
1967   Psychoanalyse und soziale Erziehung. München 1972
Blos, P.
1962   Adoleszenz. Eine psychoanalytische Interpretation. Stuttgart [3]1983
Borer, Ch., Ley, K. (Hg.)
1991   Fesselnde Familie. Realität – Mythos – Familienroman. Tübingen

Brigitte
1992   Dossier: Scheidungskinder. H 5, 124-138
Cremer, H.
1976   Erziehungsberatung als Instanz sozialer Kontrolle. In: EB-Kurier. Hg.:
        LAG-Erziehungsberatung in Hessen, H 6, 10-27
1984   Professionelle Hilfe ohne politische Ziele. In: Zygowski, H. (Hg.), Erziehungsbe-
        ratung in der Krise. Bd. 6. Forum für Verhaltenstherapie und psychosoziale
        Praxis. DGVT. Tübingen
Dolto, F.
1988   Scheidung. Wie ein Kind sie erlebt. Stuttgart 1990
Eggert-Schmid Noerr, A.
1992   Aggression und Geschlecht. In: Finger-Trescher/Trescher, a.a.O.
Erdheim, M.
1982   Die gesellschaftliche Produktion von Unbewußtheit. Frankfurt/M 21988
Ertle, C.
1971   Erziehungsberatung. Stuttgart
Fast, I.
1984   Von der Einheit zur Differenz. Psychoanalyse der Geschlechtsidentität. Berlin
        1991
Figdor, H.
1991   Kinder aus geschiedenen Ehen: Zwischen Trauma und Hoffnung. Mainz
1992   Kinder aus geschiedenen Ehen. Hilfen zur seelischen Verarbeitung von
        Trennung. In: Informationen für Erziehungsberatungsstellen, a.a.O., H 2,
        17-20
Finger-Trescher, U., Trescher, H.G. (Hg.)
1992   Aggression und Wachstum. Mainz
Frankfurter Rundschau
1993   Weniger Geburten wegen fehlender Kindergartenplätze, vom 29.4.1993
Freud, A.
1965   Wege und Irrwege in der Kinderentwicklung. Schriften. Bd. 8. Frankfurt/M
        1987
Fürstenau, P.
1990   Entwicklungsförderung oder Orientierung an der Defizienz? Plädoyer für
        zielgerichtetes psychoanalytisch-therapeutisches Handeln. In: Ders., Entwick-
        lungsförderung durch Therapie. München 1992
Horn, K.
1974   Das psychoanalytische als Teil eines sozialwissenschaftlichen Krankheitskon-
        zeptes. In: Muck, M., Schröter, K., Klüwer, R., Eberenz, U., Kennel, K., Horn,
        K., Informationen über Psychoanalyse. Frankfurt/M.
1974a   Gesellschaftliche Produktion von Gewalt. In: Rammstedt, O. (Hg.), Gewaltver-
        hältnisse und die Ohnmacht der Kritik. Frankfurt/M.
1984   Die Medizinalisierung sozialer Kontrolle und die Psychoanalyse. In: Bareuther,
        H., Busch, H.J., Ohlmeier, D., Plänkers, T. (Hg.), Forschen und Heilen.
        Frankfurt/M.
Informationen für Erziehungsberatungsstellen
1992   Hg.: Bundeskonferenz für Erziehungsberatung e.V. Fürth
Krebs, H.
1991   Zur Zusammenarbeit von Erziehungsberatungsstelle und Schule. In: Büttner,
        Ch., Finger-Trescher, U. (Hg.), Psychoanalyse und Schule. Mainz
Laplanche, J., Pontalis, J.B.
1967   Das Vokabular der Psychoanalyse. 2 Bde. Frankfurt/M. 1973

Leber, A.
1984 Heilpädagogik. In: Eyferth, H., Otto, H.U., Thiersch, H. (Hg.), Handbuch zur
       Sozialarbeit/Sozialpädagogik. Neuwied
1988 Zur Begründung des fördernden Dialogs in der Heilpädagogik. In: Iben, G., Das
       Dialogische in der Heilpädagogik. Mainz
Ley, K., Borer, C.
1992 Und sie paaren sich wieder. Über Fortsetzungsfamilien. Tübingen
Lorenzer, A.
1974 Die Wahrheit der psychoanalytischen Erkenntnis. Frankfurt/M. 1976
1981 Die Anstößigkeit der psychoanalytischen Erkenntnismethode. In: Krovoza, A.
       (Hg.): Zum Beispiel Peter Brückner. Frankfurt/M.
1986 Tiefenhermeneutische Kulturanalyse. In: Ders. (Hg.), Kultur-Analysen.
       Frankfurt/M 1988
Mahler, M.S., Pine, F., Bergman, A.
1975 Die psychische Geburt des Menschen. Symbiose und Individuation. Stuttgart
       1978
Menne, K.
1989 Allgemeine Erziehungs- und Familienberatung. In: Blandow, J., Faltermeier, J.
       (Hg.), Erziehungshilfen in der Bundesrepublik Deutschland. Arbeitshilfen. H.
       36. Hg.: Deutscher Verein für öffentliche und private Fürsorge. Frankfurt/M.
1992 EB-Forum: Zwischen Beratung und Gericht. Aufgaben der Erziehungsbera-
       tungsstellen und des Allgemeinen Sozialen Dienstes bei Trennung und
       Scheidung. In: Informationen für Erziehungsberatungsstellen, a.a.O., H 1,
       12-23
1992a Die Arbeitsbedingungen für Erziehungsberatung nach dem KJHG -Probleme
       der Umsetzung. In: Informationen für Erziehungsberatungsstellen, a.a.O., H 2,
       21-24
Menne, K., Schilling, H., Weber, M. (Hg.)
1993 Kinder im Scheidungskonflikt. Beratung von Kindern und Eltern bei Trennung
       und Scheidung. München
Mertens, W.
1992 Entwicklung der Psychosexualität und der Geschlechtsidentität. Bd. 1. Geburt
       bis 4. Lebensjahr. Stuttgart
Nave-Herz, R.
1993 Trennungs- und Ablösungsprozesse der Kinder von ihren Eltern. Ein histori-
       scher Vergleich. In: Menne/Schilling/Weber, a.a.O.
Nave-Herz, R., Daum-Jaballa, M., Hauser, S., Matthias, H., Scheller, G.
1990 Scheidungsursachen im Wandel. Eine zeitgeschichtliche Analyse des Anstiegs
       der Ehescheidungen in der Bundesrepublik Deutschland. Bielefeld
Parin, P.
1975 Gesellschaftskritik im Deutungsprozeß. In: Ders., a.a.O., 1978
1977 Das Ich und die Anpassungsmechanismen. In: Ders., a.a.O., 1978
1978 Der Widerspruch im Subjekt. Ethnopsychoanalytische Studien. Frankfurt/M.
Parin, P., Parin-Matthey, G.
1978 Der Widerspruch im Subjekt. Die Anpassungsmechanismen des Ich und die
       Psychoanalyse gesellschaftlicher Prozesse. In: Parin, P., a.a.O., 1978
Peuckert, R.
1991 Familienformen im sozialen Wandel. Opladen
Racker, H.
1959 Übertragung und Gegenübertragung. Studien zur psychoanalytischen Technik.
       München ²1982

Richter, H.E.
1963   Eltern, Kind, Neurose. Reinbeck b. Hamburg 1972
Rohde-Dachser, Ch.
1991   Implizite Eltern- und Familienbilder im Diskurs der Psychoanalyse. In: Borer/Ley, a.a.O.
1991a   Expeditionen in den dunklen Kontinent. Weiblichkeit im Diskurs der Psychoanalyse. Berlin
Rotmann, M.
1978   Über die Bedeutung des Vaters in der „Wiederannäherungs-Krise". In: Psyche, 32, 1105-1147
Thiersch, H.
1985   Erziehungsberatung und Jugendhilfe. In: Klug/Specht (Hg.), Erziehungs-und Familienberatung. Aufgaben und Ziele. Göttingen
Thomä, H., Kächele, H.
1985   Lehrbuch der psychoanalytischen Therapie. 1. Bd. Grundlagen. Berlin
Trescher, H.G.
1985   Theorie und Praxis der Psychoanalytischen Pädagogik. Mainz ²1992
1993   Handlungstheoretische Aspekte der Psychoanalytischen Pädagogik. In: Muck, M., Trescher, H.G. (Hg.), Grundlagen der Psychoanalytischen Pädagogik. Mainz
Trescher, H.G., Finger-Trescher, U.
1992   Setting und Holding-Function. Über den Zusammenhang von äußerer und innerer Strukturbildung. In: Finger-Trescher/Trescher, a.a.O.
Sies, C.
1991   Schwellen des Begehrens. Über regressive Prozesse bei Familienbildung: Zusammenziehen, Heirat, erstes Kind. In: Borer/Ley, a.a.O.
Spiegel, Der
1992   Illusion vom Lebens-Lego, 46, 68-83
1993   Der Kampf ums Kind, 47, 56-68
Stork, J.
1986   Der Vater – Störenfried oder Befreier?. In: Ders. (Hg.), Das Vaterbild in Kontinuität und Wandlung. Stuttgart-Bad Cannstatt
Watzlawick, P., Beavin, J.H., Jackson, D.D.
1967   Menschliche Kommunikation. Formen, Störungen, Paradoxien. Stuttgart ⁴1974
Winnicott, D.W.
1956   Primäre Mütterlichkeit. In: Ders., Von der Kinderheilkunde zur Psychoanalyse. München 1976

Helmuth Figdor

Zwischen Aufklärung und Deutung – zur Methode und Technik psychoanalytisch-pädagogischer Beratung von Scheidungseltern[1]

Übersicht

Im I. Teil der Arbeit weise ich anhand eines Fallbeispiels auf die Wichtigkeit einer differenzierten Diagnose und Indikationsstellung hin. Im II. Teil behandle ich Probleme herkömmlicher Elternarbeit aus psychoanalytisch-pädagogischer Sicht. Im III. Teil schließlich stelle ich das methodische und technische Konzept der „Psychoanalytisch-pädagogischen Scheidungsberatung" vor.

I. Diagnostik und Indikationsstellung

1. Robert reagiert auf die Trennung seiner Eltern

Roberts Eltern trennten sich vor ca. einem Jahr, nachdem der Vater seiner Frau gestanden hatte, eine Freundin zu haben. Robert war zu diesem Zeitpunkt 6;6 Jahre alt und besuchte die erste Klasse Grundschule. Zwei Gründe waren es, die die Eltern bewogen, sich nun an mich zu wenden. Einmal berichtete die Lehrerin, daß sich Robert völlig in sich zurückgezogen hätte, keinerlei Kontakt mit anderen Kindern pflege, in der Pause still auf seinem Platz verharre und – selbst mit der Lehrerin – kaum ein Wort spräche. Zweitens lehne er seit

---

[1] Da mein Tagungsvortrag „Zwischen Trennungsillusionen und Verantworteter Schuld" bereits für eine andere Publikation vorgesehen war, habe ich mich entschlossen, statt einer bloß formalen Neubearbeitung die zentralen Gedanken des Vortrages weiterzuentwickeln und in eine erste systematische Form zu bringen. Zwischen Trennungsillusionen und Verantworteter Schuld. Ansätze psychoanalytisch-pädagogischer Elternberatung. In: Kinder zwischen Verlust und Neubeginn. Eine Familie geht auseinander. Klagenfurt (Amt der Kärntner Landesregierung), erscheint voraussichtlich 1994.

Monaten die Mutter ab, zucke bei jedem Körperkontakt zusammen und spräche immer wieder von seinem Wunsch, zum Vater zu ziehen. Dieser wäre viel lieber, bei ihm müsse er auch nicht in die Schule gehen, obwohl ihm – auch vom Vater selbst – erklärt wurde, daß das nicht der Fall sei. Der um zwei Jahre jüngere Bruder zeige dagegen keinerlei Reaktion auf die Trennung der Eltern.

Wie alle Kinder reagiert Robert auf die Trennung seiner Eltern.[2] Und die Art, wie er reagiert, verheißt für seine künftige Entwicklung nichts Gutes: weder für die Schulkarriere noch für die Entfaltung seiner sozialen Kontaktfähigkeit und ganz besonders nicht für seine emotionelle Entwicklung. Somit scheint Robert ein typisches „Scheidungsopfer" zu sein und jene Forschungergebnisse zu bestätigen, wonach die Trennung/Scheidung der Eltern die Kinder nicht nur akut mit vielerlei Symptomen reagieren läßt, sondern sich auch langfristig nachteilig auf die soziale, geistige und emotionale Entwicklung auswirkt (z.B. Napp-Peters 1985). Und es ist fraglich, ob Robert zu jenen 40% der Kinder gehören wird, die fünf Jahre später die Trennung der Eltern hinreichend bewältigt haben werden (Wallerstein/Kelly 1980). Ganz abgesehen davon, daß sich bei einer Nachuntersuchung zehn Jahre später herausstellte, daß ein Großteil dieser Kinder einst nur ihre Symptome verloren hatten, jedoch nach wie vor an den Narben der Trennung litten (Wallerstein/Blakeslee 1989).

2. Trennung ist nicht gleich Trennung

Aber schon ein erstes genaueres Hinsehen auf die näheren Umstände läßt uns zögern, Roberts Verhalten einfach unter dem Titel „Trennungssymptome" zu verallgemeinern. So stellte sich bei Befragen der Eltern heraus, daß die Ablehnung der Mutter durch Robert nicht unmittelbar dem Weggehen des Vaters folgte, sondern sich erst ein halbes Jahr später einstellte: Der Vater war drei Monate, nachdem er von zu Hause weg zu seiner Freundin gezogen war, wieder nach Hause zurückgekehrt, allerdings nur für zwei Wochen. Heftigen Auseinandersetzungen

---

[2] Nur bei schwer beziehungsgestörten Kindern ist es vorstellbar, daß ihnen der (zumindest teilweise) Verlust eines Elternteils nichts oder nicht allzuviel ausmacht. Oder bei Kindern, deren Leben etwa durch einen gewaltsamen Vater schwer belastet ist, und die sich daher durch die Trennung unmittelbar entlastet fühlen. (Was übrigens nicht sein muß: Selbst Kinder, die unter den elterlichen Auseinandersetzungen schwerstens leiden, kämpfen oft um den Erhalt der Familie.) Allerdings kommt es häufig vor, daß die Kinder ihr Leid, ihre Gefühle und Ängste nicht zeigen (vgl. Figdor 1991, 29 ff.), was auch auf Roberts jüngeren Bruder zutreffen dürfte.

zwischen den Eltern folgte der neuerliche Auszug des Vaters. Zwei Monate später, kurz vor Weihnachten, trennte er sich abermals von seiner Freundin und stand mit Sack und Pack vor der Tür der ehelichen Wohnung. Diesmal dauerte die „Rückkehr" nur zehn Tage, dann zog er wieder zur Freundin. Während Roberts Zurückgezogenheit in der Klasse der Lehrerin bereits im ersten Schuljahr aufgefallen war, stellte sich das andere „Trennungssymptom", die Ablehnung der Mutter, erst jetzt, nach dem nun schon dritten Auszug des Vaters aus der Familie ein. Das legt die Vermutung nahe, daß es sich bei den „beiden Trennungssymptomen" um Reaktionen auf ganz unterschiedliche Ereignisse handelt, wobei die eigentliche Trennung, oder besser: der erstmalige Auszug des Vaters sogar eine untergeordnete Rolle zu spielen scheint: Für die Beziehungsstörung zur Mutter dürfte eher das halbe Jahr, das dem Auszug folgte, also die Art und Weise, wie die Eltern mit der Krise umgingen, verantwortlich sein. Roberts Rückzugsverhalten in der Schule begann hingegen schon längere Zeit vor dem Weggehen des Vaters und könnte vielleicht mit den Spannungen und Konflikten vor der Trennung zusammenhängen. Aus dem Fall des „typischen Scheidungskindes" wird somit der ganz individuelle Fall einer familiären Krise, in welchem nicht die Trennung der Eltern als solche im Vordergrund steht, sondern wie die Eltern diese Trennung bzw. die Krise untereinander und gegenüber den Kindern gestalten.

Der Umstand, daß das eine der „Trennungssymptome" bereits vor der Trennung bestand, rückt darüber hinaus auch die grundsätzliche Relation zwischen „Scheidungsfamilie" und „Konfliktfamilie" ins Blickfeld. Und zwar in zweifacher Hinsicht: Wenn erstens die Befunde über langfristige Scheidungsfolgen zum Anlaß genommen werden, Eltern nahezulegen, auf die Trennung zugunsten der kindlichen Entwicklungsinteressen zu verzichten, wird übersehen, daß im konkreten Einzelfall die Alternative zur Trennung nicht eine intakte Familie ist (wie in den Forschungsarbeiten), sondern eine Familie mit möglicherweise massiven Spannungen und Konflikten und einem hohen Maß an Lebensunzufriedenheit auf Seiten der Eltern – Faktoren, die sich ebenfalls überaus nachteilig auf die kindliche Entwicklung auswirken können. Zweitens werden wir darauf hingewiesen, daß an den manifest werdenden „Scheidungssymptomen" und „Scheidungsfolgen" die Belastungen, welchen die Kinder in der Vor-Scheidungs-Zeit ausgesetzt waren, einen nicht unbeträchtlichen Anteil haben könnten.[3]

---

[3] Psychoanalytische Untersuchungen über den Zusammenhang von Lebensgeschichte und der spezifischen Weise, wie Kinder die Scheidung ihrer Eltern erleben bzw. auf sie reagieren, bestätigen diese Annahme voll und ganz (vgl. Figdor 1991).

3. Differentialdiagnostische Abklärung

Für die Praxis professioneller Hilfestellungen haben diese Überlegungen natürlich eine eminente Bedeutung. Der Betreuer, der sich für die geschilderten näheren Umstände der Trennung interessiert, wird sich aller Voraussicht nach weniger damit befassen, durch therapeutische Arbeit Robert von seinen Symptomen zu befreien, sondern den Eltern therapeutisch und/oder beratend zu helfen, mit ihrer Krise anders umzugehen.

So würde wohl an den meisten Beratungsstellen mit Roberts Fall umgegangen. Der erwähnte Zusammenhang zwischen aktuellen Reaktionen und der Lebensgeschichte vor der Trennung führt uns aber ein Stück weiter. Zwar ist nicht abzustreiten, daß Robert mit seiner Ablehnung der Mutter auf die Unentschlossenheit und die Konflikte der Eltern reagiert, aber es stellt sich erstens die Frage, warum er gerade so und nicht anders reagiert und zweitens, wie diese Reaktion mit der bereits erworbenen psychischen Struktur – etwa mit den Ausgestaltungen der primären Objektbeziehungen bis zum Zeitpunkt der Trennung – zusammenhängt.

Im Laufe der weiteren Gespräche mit den Eltern stellte sich heraus, daß Robert und seine Mutter schon einen schlechten „Start" hatten. Robert ließ sich kaum beruhigen und „schrie drei Monate durch", was natürlich die Sicherheit, das mütterliche Selbstvertrauen und damit die frühe Beziehung zum Kind schwer belastete. Damit hängt wohl zu einem Gutteil zusammen, daß es Robert von ganz klein auf schwer erträglich war, wenn sich Situationen auch nur geringfügig veränderten. Mit zunehmender körperlicher Autonomie vermochte er zur Kontinuitätssicherung selbst beizutragen: indem er auf krabbelnde Entdeckungsreisen verzichtete, keine Neugier entwickelte, auf Reize nicht zu-, sondern abneigend reagierte. Wie so oft geschieht es dann gerade solchen Kindern, daß die normalen Entwicklungskrisen durch besondere Belastungen verschärft werden:
– Das ganze erste Lebensjahr war die Mutter praktisch 24 Stunden am Tag mit Robert zusammen. Von einem Tag auf den anderen mußte sie ihre ganztätige Berufstätigkeit wieder aufnehmen. Robert kam in die Krippe (Krabbelstube), wurde mittags vom – bis dahin nicht sehr präsenten – Vater abgeholt, mit dem er dann bis zum Einschlafen zusammenblieb.
– Durch drei Monate hindurch entwickelte sich eine sehr enge, eher mütterliche Beziehung zum Vater. Dann aber nahm der Vater eine Stelle als Vertreter an, wodurch er mehrere Tage pro Woche nicht

nach Hause kam. Robert mußte den ganzen Tag in der Krippe bleiben und sah seinen Vater nur mehr an den Wochenenden.

– Die Wiederannäherungsphase wird durch eine schwere Krise der elterlichen Beziehung, eine neue Schwangerschaft der Mutter und schließlich die Geburt des Bruders überschattet.

– An der Wende zum dritten Lebensjahr beginnt der Vater, Hockey zu spielen, trainiert mehrmals pro Woche und fährt am Wochenende im Zuge der nationalen Meisterschaft durch halb Österreich, so daß Robert seinen Vater praktisch völlig aus den Augen verliert.

In jener Zeit wird Robert immer stiller, zeigt in den Bereichen Lokomotorik, Autonomie und Sprache bereits deutliche Entwicklungsrückstände. In der Krippe und nachher im Kindergarten fällt er wegen seiner Zurückgezogenheit und Verweigerung von Körper- und Blickkontakt auf, redet mit niemandem mehr als die nötigsten Worte und spielt, wenn überhaupt, allein. Bereits als er 4 Jahre alt war, wurde den Eltern von der Erzieherin geraten, Robert wegen seiner „autistischen Züge" untersuchen zu lassen.

Die ausführliche anamnestische Untersuchung konfrontiert uns also mit dem Umstand, daß das erste „Trennungssymptom" (der soziale Rückzug in der Schule) zwar zeitlich mit der familiären Krise vor der Trennung zusammenfällt, aber in Wirklichkeit ein „altes Symptom" aus den präödipalen Trieb- bzw. Objektbeziehungskonflikten darstellt. Ja, genaugenommen trifft das auch auf das Verhalten gegenüber der Mutter zu. Der reaktive Anteil reduziert sich darauf, daß Robert sein typisches Sozialverhaltensmuster gegenüber Personen, die nicht zur Familie gehören, nun auch auf die Mutter richtet. Nach der projektiven Testuntersuchung überrascht uns das auch nicht: Roberts Abwehrmechanismen sind die eines Zwei- bis Dreijährigen: Verneinung/Verleugnung, Projektion und Spaltung. Daher mußte er den Loyalitätskonflikt, in den er natürlich geriet, möglichst bald durch Spaltung in ein gutes und böses Objekt lösen.

Daß Roberts Entscheidung zugunsten des Vaters ausfiel, hat mehrere Gründe. Erstens dürfte sich ihm die derzeitige Situation so darstellen, daß der zur Rückkehr bereite Vater jedesmal von der Mutter wieder vertrieben wird; zweitens ist Robert mit dem (auch vor der Trennung häufig abwesenden) Vater identifiziert; drittens dürfte die Trennungsbelastung zu einer Reaktivierung der Erlebnisse, der Angst und Aggressionen geführt haben, welche einst die Geburt des Bruders nach sich zogen; schließlich war da die Angst, ohne Parteinahme für den Vater diesen (schließlich doch noch) ganz zu verlieren.

4. Indikationsstellung

Der Gewinn solcher diagnostischer Bemühungen besteht in der (sich daraus ergebenden) Möglichkeit einer recht differenzierten Indikationsstellung:

1. Natürlich wäre es sehr begrüßenswert, wenn es den Eltern gelänge, Klarheit über ihre gegenwärtige Beziehung zu gewinnen. Aber abgesehen davon, daß es ziemlich ungewiß erscheint, wieviel Zeit eine solche Klärung braucht, können wir das Beratungsziel im Interesse Roberts (und auch seines Bruders) nun viel konkreter formulieren:

– Man müßte seiner Version der Trennungsumstände eine gemeinsame Version der Eltern entgegenstellen, die eine einseitige Schuldzuweisung an die Mutter erschwert.

– Das bedeutet mehr als bloß ein Gespräch. Dazu gehört auch, die indirekten und z.T. unbewußten Botschaften der Eltern – ganz besonders des Vaters – zu erkennen, die Roberts Version zu bestätigen scheinen.

Bei diesen Beratungszielen geht es dabei durchaus um mehr als bloß um kognitive Orientierungen. Es gilt, das dynamische Moment der Spaltung zu schwächen: den Loyalitätskonflikt Roberts.

2. Es wäre im Zuge der Beratung zu prüfen, ob sich im Alltag den Eltern nicht Gelegenheiten bieten, Robert im direkten Ausdruck aggressiver Gefühle zu unterstützen, wodurch ein weiteres Spaltungsmotiv geschwächt würde.

3. Die Ablehnung der Mutter ist, wie die diagnostische Abklärung ergab, keine reine Erlebnisreaktion, sondern eine erlebnisreaktive Verstärkung bzw. Ausweitung einer bereits bestehenden Symptomatik, die mit der aktuellen Trennungssituation nicht unmittelbar zusammenhängt, sondern schon viele Jahre besteht. Daher sind über die Beratung hinaus therapeutische Maßnahmen angezeigt.

4. Wir können auch etwas über die Therapiemethode sagen:

– Die Unabhängigkeit der Rückzugstendenz Roberts von der aktuellen Trennungssituation bedeutet, daß die Therapie wohl nicht speziell auf die Trennung hin fokussiert werden dürfte.[4]

– Ob Trieb- oder Ichfixierungen Phänomene einer Regression aufgrund innerer Konflikte sind oder das Ergebnis einer retardierten oder

---

[4] In der Psychotherapie von Scheidungskindern ist es oft angezeigt, die Therapie auf das Trennungserlebnis hin zu „fokussieren". Die Publikation einer Psychotherapie mit einem achtjährigen Scheidungskind ist in Vorbereitung und wird voraussichtlich 1994 in „Kinderanalyse" erscheinen.

defizitären Entwicklung, läßt sich aus dem projektiven Testmaterial oft schwer herauslesen. Die Anamnese hingegen deutet doch darauf hin, daß wir es in erster Linie nicht mit einem „reifen" neurotischen Konflikt, sondern einer sehr frühen Störung zu tun haben. Daher wäre vom Therapeuten das Hauptaugenmerk auch weniger auf abgewehrte ödipale Konfliktkonstellationen zu richten, sondern auf die primitiven Mechanismen der Angstbewältigung. Diese wiederum gälte es in der Folge nicht bloß aufzudecken, sondern die Therapie müßte Robert einen geschützten Raum zur Verfügung stellen, in welchem er sich mit aktiver Hilfe des Therapeuten traut, neue Wege der Konfliktlösung auszuprobieren.

II.Probleme der Elternarbeit

5. Zur Indikationsstellung „Elternberatung" (statt Arbeit mit den Kindern)

Robert ist ein Kind, das von den Eltern zwar anläßlich von Verhaltensänderungen vorgestellt wurde, die mit der elterlichen Trennung zusammenhängen, aber Robert ist auch ein Kind, dem – vom psychotherapeutischen Standpunkt her – schon vor bzw. auch ohne Trennung der Eltern geholfen hätte werden müssen. Bei einem großen Teil der Scheidungskinder sind dagegen die spontanen Symptome, die der elterlichen Trennung/Scheidung folgen (ich rede hier nicht von den eventuellen Langzeitfolgen), unmittelbare Reaktionen auf den Eindruck, den dieses Ereignis auf die Kinder macht, Reaktionen auf die Phantasien, die sich daran knüpfen und Ausdruck der Gefühle und Affekte, die in diesem Zusammenhang frei werden. In diesem Sinne sprechen wir mit W. Spiel von Erlebnisreaktionen.[5]

Erlebnisreaktionen sind (im engeren Sinn) keine pathologischen Erscheinungen, sondern im Grunde normale und gesunde Antworten auf ver-rückte Lebensumstände. Solche erlebnisreaktiven Symptome bilden sich demnach auch wieder zurück, wenn die auslösenden Belastungen (das „Trauma") wegfallen.

---

[5] Spiel (1967) stellt die Erlebnisreaktionen auf der einen Seite den neurotischen Symptomen i.e.S. (die Ausdruck eines unbewußten innerpsychischen Konfliktes sind) und auf der anderen Seite den Persönlichkeitsentwicklungsstörungen (Defizite der psychischen Strukturentwicklung aufgrund defizitärer Sozialisationsbedingungen) entgegen. (Zum näheren psychodynamischen Zusammenhang von Erlebnisreaktionen und neurotischer Abwehr vgl. Spiel 1967, 3 ff. und Figdor 1991, 128 ff.)

In solchen Fällen ist es zumeist angezeigt, von therapeutischen Maßnahmen gegenüber den Kindern abzusehen:

– Die Einleitung einer Psychotherapie könnte von vielen Kindern so erlebt werden, daß sie es sind, mit denen zur Zeit etwas nicht in Ordnung ist. Ich halte es hingegen für sehr wichtig, Kindern in dieser Situation das Gefühl zu lassen (bzw. zu geben), daß ihre Trauer, ihre Wut und Angst und ihr (daraus resultierendes) „Spinnen" verständlich und legitim sind.

– Psychotherapie als Antwort auf erlebnisreaktive Scheidungssymptome könnte auch deshalb eine Fehlentscheidung sein, weil diese Symptome nicht nur (normale) Reaktionen, sondern zugleich Aktionen zur Wiederherstellung des psychischen Gleichgewichts sind.

So hilft etwa das Trauern, mit Verlust fertigzuwerden; die regressive Anhänglichkeit vieler Scheidungskinder erlaubt, das erschütterte Vertrauen in die Eltern, von ihnen nicht verlassen zu werden, wiederzugewinnen; die Ängste und die Wut der Kinder stehen auch für die Frage, ob sie denn von den Eltern, die ihnen gerade so viel Schmerz antun, überhaupt noch geliebt werden; oder auch für die Frage: „Bin ich schuld?" oder: „Was bedeutet das für die Zukunft?"

Sie sind also Hilferufe, erklärt zu bekommen, getröstet zu werden usw. Aber man hilft üblicherweise nur, wenn man bemerkt, daß jemand Hilfe braucht. Verleugnen und unterdrücken die Kinder jedoch ihren Schmerz oder erwarten sich die Eltern, die Therapie würde ihnen ihr Gleichgewicht schon wieder zurückbringen, kann es leicht geschehen, daß sie die Gelegenheit nicht wahrnehmen, den Kindern jene Antworten zu geben, nach denen sie mit ihren Symptomen verlangen.

– Hier könnte man einwenden, daß eine psychoanalytisch orientierte Psychotherapie sich ja gar nicht zum Ziel setzen würde, in erster Linie die Symptome zu beseitigen, sondern die zugrundeliegenden Probleme zu bearbeiten. Dadurch wäre sie in jedem Fall entlastend (und daher günstig). Der Einwand ist zwar richtig, entschärft aber erstens nicht die anderen Bedenken (bezüglich der Verantwortlichkeit für die gegenwärtige Situation bzw. deren Verbesserung). Zweitens wäre zu bedenken, ob nicht gerade der psychoanalytische Ansatz – nicht an den Symptomen, sondern an der unbewußten Abwehrstruktur zu arbeiten – bei Kindern (und nicht nur bei Kindern), die in einer akuten, (auch) äußeren Lebenskrise stecken, kontraindiziert sein könnte.[6]

---

[6] Darauf hat schon Freud (1937c, 372) hingewiesen.

Natürlich soll damit nicht behauptet werden, daß jede Art professioneller Hilfe für jene Kinder abzulehnen sei. Manchmal mag es notwendig sein, Krisenintervention zu leisten; auch stützende, im engeren Sinn pädagogische Programme, insbesondere wenn sie im Rahmen von Gruppen betroffener Kinder angeboten werden, können Entlastung und Hilfe leisten: als Ergänzung zur Elternberatung oder in den Fällen, in welchen eine Arbeit mit den Eltern – aus welchen Gründen auch immer – nicht möglich ist.[7] Jene Erfahrungen jedoch, die wirklich in der Lage sind, die Phantasien der Kinder realitätsgerecht zu korrigieren, ihre Ängste zu besänftigen, Schuldgefühle zu nehmen, Vertrauen und Zuversicht wiedergewinnen zu lassen, können nur von dort kommen, wo auch die Erschütterung ihren Ausgang genommen hatte: von den Eltern.

6. „Arme Kinder" und „böse Eltern"

Über die üblichen Inhalte der Arbeit mit sich trennenden oder geschiedenen Eltern brauche ich hier nicht viele Worte zu verlieren, die Probleme scheinen stets sehr ähnlich zu sein:

– Mütter, die die fortgesetzte Beziehung der Kinder zum weggeschiedenen Vater behindern, indem sie die Besuchskontakte unterbinden oder erschweren.
– Väter, die sich um ihre Kinder nicht oder zu unregelmäßig kümmern.
– Mütter und Väter, die ihre ungelösten Partnerkonflikte auf dem Rücken der Kinder austragen; etwa dadurch, daß sie den anderen Elternteil offen oder subtil schlechtmachen, abwerten oder – z.B. über Schuldgefühle – das Kind solidarisch an sich zu binden trachten.
– Mütter und Väter, die nach der Trennung ihre Kinder als Partnerersatz mißbrauchen.
– Mütter und Väter, die nur das eigene Interesse – welches sich zumeist gegen den Expartner richtet – im Auge haben und gar nicht bemerken, wie schlecht es zur Zeit den Kindern geht. Das führt oft genug dazu, daß die (erlebnisreaktiven) Symptome nicht zum Anlaß von besonderer Zuwendung und Hilfestellung, sondern den Kindern als „Spinnereien", „Undankbarkeit", „Gemeinheit" u.a.m. zum Vorwurf gemacht werden; oder daß die Eltern für die Kinder noch weniger Zeit erübrigen als bisher, obwohl sie gerade jetzt besonders viel Zuneigung benötigen würden.

Die Frage, um die es mir im folgenden hauptsächlich geht, ist die

---

[7] Vgl. unten, S. 150 und Anm. 11.

nach den Bedingungen, unter denen Eltern in die Lage kommen, solche, für die Entwicklung der Kinder bedenkliche Verhaltensweisen aufzugeben bzw. zu verändern.

Beginnen möchte ich mit einem Phänomen, dem ich in meiner Supervisionstätigkeit immer wieder begegne: Wohl die meisten Psychotherapiemethoden – und erst recht die psychoanalytische – setzen voraus, daß der Therapeut in der Lage ist, sich mit seinem Patienten zu identifizieren. Handelt es sich hingegen nicht um eine Therapie oder persönliche Lebensberatung, sondern um eine Eltern- bzw. Erziehungsberatung, findet zwar ebenfalls eine Identifizierung des Beraters statt – aber sehr häufig nicht mit dem Klienten, also Mutter und/oder Vater, sondern mit dem abwesenden Dritten, dem Kind. Das führt dazu, daß er sehr bald die von den Eltern erzählte „Geschichte" mit den Augen des Kindes betrachtet. Das hat den Vorteil, recht schnell zu einer Idee darüber zu kommen, wie sich das Kind fühlt. Allerdings um den Preis, die Motive, Probleme, Gefühle und Ängste der Eltern nicht zu spüren. Das Ergebnis einer solchen (unbewußt bleibenden) Beziehungskonstellation, in welcher ein Teil der Eltern-Kind-Konflikte nun zwischen Eltern und Berater reinszeniert wird, ist sehr häufig eine Art von Beratung, die ich als Vermittlung von Überich-Botschaften bezeichnen möchte. Solche Überich-Botschaften – d.h. Botschaften, die sich an das elterliche Gewissen richten – sind zum Beispiel:

– „Sie dürfen nicht immer nur an sich, sondern müssen an das Kind denken!"
– „Ich verstehe schon, warum die Besuchswochenenden für Sie störend sind, aber: das Kind braucht seinen Vater!"
– „Tja, vielleicht macht Ihrem Kind die Trennung vom Vater doch mehr aus als Sie dachten?!"
– „Sie können kaum erwarten, daß Ihnen Ihr Kind um den Hals fällt, wenn Sie sich wochenlang nicht rühren!"
– „Haben Sie schon einmal daran gedacht, daß Ihr Kind Sie jetzt ganz besonders braucht?"
– „Sie mögen sich zwar als Partner getrennt haben, als Eltern aber tragen Sie weiter die Verantwortung für Ihr Kind!"

Usw. Ich habe den Eindruck, daß diese Art, Eltern zu belehren und ihnen ins „Gewissen" zu reden, eine sehr verbreitete Methode ist. Aber ist sie eine geeignete Methode? Ich bezweifle das. Erstens ist jede Art der Belehrung in Beratungssituationen höchst problematisch. Denn der erhobene („pädagogische") Zeigefinger provoziert sehr häufig massive Widerstände bei den Eltern. Zumal – und das ist der zweite Grund – ein großer Teil der Eltern über das, was sie den Kindern eigentlich schuldig wären, ohnedies erstaunlich gut Bescheid wissen. Daß die meisten dieses Wissen nicht in Handeln umsetzen, liegt meiner Erfahrung nach auch nicht daran, daß sie nicht die grundsätzliche Bereitschaft hätten. Das eigentliche Problem ist, daß die meisten Eltern aufgrund ihrer persönlichen Situation vor, während und nach der Scheidung einfach nicht in der Lage sind, ihren Kindern wirksam zu helfen:

– Vor allem Mütter stehen nach der Scheidung zumeist unter einem enormen ökonomischen und sozialen Druck (vgl. z.B. Napp-Peters 1985), was dazu führt, daß sie für jene wichtige „Erste Hilfe", nach welcher die Kinder mit ihren Erlebnisreaktionen rufen, einfach nicht die notwendige Geduld, Ruhe und Empathie aufzubringen vermögen oder ganz schlicht dazu keine Zeit haben. So kommt es zu einem schier unlösbaren Widerspruch: Die Kinder würden nach der Scheidung Mütter benötigen[8], die so perfekt sind, wie sie bislang – vielleicht mit Ausnahme des ersten Lebensjahres – nie sein mußten. Zur gleichen Zeit würden die Mütter Kinder benötigen, die so anspruchslos sind, wie sie es bislang nie sein mußten.

– Auch unsere Forderung nach geteilter Erziehungsverantwortung hat einen Haken. Eine solche Kooperation setzt ein Mindestmaß an Vertrauen in den anderen voraus. Gerade aber das Vertrauen ist bei den meisten Scheidungspaaren bis an die Grundfesten erschüttert.

Daß dem so ist, liegt häufig an einem, oft Jahre dauernden unbewußten Prozeß, im Laufe dessen die ursprünglich ambivalenten Bilder vom Partner (als Träger positiver und negativer Eigenschaften) sich so verändern, daß dem Partner nur mehr negative Eigenschaften zugeschrieben werden, man sich selbst hingegen als weitgehend gut und als Opfer erlebt. Solche „Spaltungsprozesse" resultieren nicht nur aus schmerzvollen Erfahrungen mit dem Partner, sondern sind auch unbewußte Strategien, die es erst möglich machen, sich vom (einst geliebten) Partner loszumachen: „Von einem solchen Menschen muß ich mich ja trennen und kann es auch!"

Solche Spaltungen können aber auch als Reaktion auf das Verlassenwerden entstehen, um die Kränkung bewältigen zu können. Z.B.: „Von so Einem/Einer verlassen zu werden, macht mir nichts aus! Hätte ich früher gewußt..."

Wenn es aber einmal soweit gekommen ist, daß ein Elternteil in den Augen des anderen nur mehr egoistisch, verantwortungslos und bösartig ist, kann er es (bei sich) gar nicht verantworten, daß es

---

8 Ich bezeichne der Einfachheit halber den Elternteil, bei welchem das Kind lebt, den statistischen Verhältnissen entsprechend, als „Mutter".

zwischen dem geliebten Kind und dem Ex-Partner zur Fortsetzung einer intensiven Beziehung kommt. Welche liebende Mutter (Vater) würde sein Kind einem „Teufel" oder einer „Hexe" ausliefern? Das bedeutet aber, daß ein großer Teil der Kämpfe, die Eltern über ihre Kinder austragen, im Bewußtsein der Eltern notwendig sind, um das Kind vor (befürchtetem) Schaden zu bewahren.

– Zu den sozialen und ökonomischen Belastungen der Scheidungseltern kommen die seelischen hinzu. Für viele Eltern ist die Scheidung unmittelbar traumatisch, indem sie alte Trennungs- und Einsamkeitsängste aktiviert. In solchen Situationen benötigt man die fortdauernde unbezweifelbare Liebe wenigstens eines Menschen. Wer anderer aber sollte das naheliegenderweise sein, wenn nicht das eigene Kind? Damit meine ich, daß Mütter und Väter ihre Kinder sehr oft als primäre Liebespartner benötigen, daß also der sogenannte „Mißbrauch des Kindes als Partnerersatz" mitunter notwendig ist, um psychisch überleben zu können. Das hat weitere Konsequenzen: Solche Eltern müssen danach trachten, sich die Liebe des Kindes durch diverse Bindungsstrategien zu sichern. Diese aber richten sich natürlich in erster Linie gegen den als bedrohlich erlebten Ex-Partner: Angst, die Liebe des Kindes zu verlieren, ist ein überaus häufiges Motiv, warum Mütter der Beziehung ihrer Kinder zum Vater entgegenarbeiten und Mütter und Väter einander bei den Kindern (offen oder subtil) anschwärzen. Sehr häufig ist diese Angst auch die ganz unmittelbare Folge der (oben beschriebenen) Spaltung.

– Eine weitere Konsequenz dieser elterlichen Abhängigkeit von der Liebe der Kinder ist die leichte Verwundbarkeit der Eltern durch aggressives Verhalten der Kinder. Dadurch kann eine der häufigsten und wichtigsten Erlebnisreaktionen von den Eltern nicht aufgenommen, akzeptiert und mit Zuwendung beantwortet, sondern muß bekämpft werden – aus eben jener Angst vor Liebesverlust, oder weil sie an die erlebte Aggression des Ex-Partners erinnert. Dieser Kampf wird dann entweder direkt mit dem Kind ausgetragen (wodurch sich die Beziehungskonflikte – und damit auch die Angst der Kinder – verschärfen), oder aber mit dem anderen Elternteil, dessen Einfluß auf das Kind die alleinige Schuld an dessen Aggressionen gegeben wird.

– Bei diesen Schuldzuweisungen spielt ein weiterer Umstand eine oft verhängnisvolle Rolle: die Illusion vieler Eltern, den Kindern würde die Scheidung nicht allzuviel ausmachen. Verhängnisvoll deshalb, weil man nur dann Anstrengungen unternimmt, jemandem zu helfen, wenn man weiß, daß er Hilfe benötigt. Das häufigste Motiv dieser

Illusion bilden die Schuldgefühle sich scheidender Eltern – vor allem des Elternteils, der die Scheidung initiierte – gegenüber den Kindern. Die Unerträglichkeit der Vorstellung, dem eigenen Kind großen Schmerz zuzufügen, führt dazu, die entsprechenden Reaktionen der Kinder zu verleugnen bzw. nicht als Folge der Scheidung, sondern als „Spinnereien", als „Ekelhaftigkeit", „Undankbarkeit" oder eben als Resultat der Aufhetzung durch den Ex-Partner wahrzunehmen und dementsprechend zu verurteilen und zu bekämpfen.

Häufig kommt es auch zu einer „Koalition der Verleugnung": Die Kinder spüren, daß die Eltern von ihnen Gelassenheit erwarten. Wenn dazu noch eine diesem Kind eigene Tendenz, unangenehme Gefühle von sich wegzuschieben, dazukommt, muß das Leid der Kinder von den Eltern gar nicht übersehen werden: Es bleibt dann in der Tat unsichtbar.

– Schließlich ist da noch eine Gruppe seelischer Regungen der Eltern, welcher wir weit respektvoller zu begegnen hätten, als dies zumeist geschieht: der aus Kränkung und Enttäuschung entstammenden Wut auf den früheren Partner. Aggressive Impulse haben Triebcharakter wie die Sexualität, d.h. es ist ihnen ein unbezwingbares Drängen nach Abfuhr eigen (oder sie müssen abgewehrt, verdrängt werden). Und es kann der Fall sein, daß ein Mindestmaß an Vergeltung unerläßlich ist, um selbst wieder in den Spiegel schauen zu können. Allein, das Problem besteht darin, daß der geschiedene Partner unangreifbar, weil unabhängig geworden ist. Mit zwei Ausnahmen: Er bleibt verwundbar durch seine Liebe zu den Kindern. Also können die (andauernden) aggressiven Konflikte zwischen den Ex-Partnern in den meisten Fällen nur über die Kinder ausgetragen werden. Die andere erwähnte Möglichkeit bildet die finanzielle Abhängigkeit der Mutter von den väterlichen Unterhaltszahlungen – das zumeist einzige dem nicht-sorgeberechtigten Vater verbleibende reale Machtmittel gegenüber der Mutter.

Gerade für die Befriedigung aggressiver Regungen erweist sich die oben erwähnte Spaltung als „vorteilhaft". Dem Partner nur mehr negative Eigenschaften zu lassen, hilft nicht nur, sich trennen zu können oder das Verlassenwerden leichter zu ertragen. Davon leitet sich auch die Berechtigung ab, gegen den Partner bzw. gegen dessen Beziehung zum Kind zu kämpfen. Auf diese Weise kann unbezwingbare Vergeltung geübt werden, ohne sich die Vergeltungswünsche eingestehen zu müssen: Denn es geschieht allein zum Wohl des Kindes.

Berücksichtigt man in dieser Weise die psychische Situation der Eltern, gelangt man zu der Einsicht, daß ein großer Teil der

„pädagogischen Fehler", die Eltern im Zuge oder nach der Scheidung begehen – „Egoismus", „Verantwortungslosigkeit" eingeschlossen – eine große Ähnlichkeit mit neurotischen Symptomen hat. Das heißt, das Handeln dieser Eltern erfüllt eine wichtige Abwehrfunktion (im psychoanalytischen Sinn): Ihr Verhalten, ihre Einstellungen, ihre Beurteilung von Personen und Situationen haben wesentlich die Funktion, wichtige Bedürfnisse, Regungen zu erfüllen, ohne daß die Existenz oder die große Bedeutung dieser Bedürfnisse und Regungen offensichtlich wird. Wobei es weniger um ein Verbergen vor anderen geht, sondern darum, sich selbst bestimmte Wünsche, Gefühle und Neigungen nicht zu- bzw. einzugestehen.

7. Ziele der Elternberatung aus psychoanalytisch-pädagogischer Sicht

So wie wir bei allen Scheidungskindern – ungeachtet der Individualität ihres Reagierens – annehmen können, daß ihnen die Trennung der Eltern Angst macht, Wut entfacht, die mit Schuldgefühlen alterniert, das Selbstwertgefühl beeinträchtigt und die anhaltenden Konflikte zwischen den Eltern Loyalitätskonflikte provozieren, können wir auch damit rechnen, daß Überforderung, Schuldgefühle, Spaltungsmechanismen, Rachegefühle und Liebesverlustängste bei allen Eltern eine Rolle spielen. Es versteht sich aber von selbst, daß die Gewichtungen, die Intensität und der Grad der Bewußtheit dieser Regungen von Fall zu Fall sehr verschieden ist, damit aber auch der potentielle Widerstand, welcher einer Beratung entgegengesetzt wird. Das Wissen um die möglichen unbewußten Hintergründe dieser Widerstände vermag den Berater in die Lage versetzen,
- nicht zu voreilig zu versuchen, sich für die unmittelbaren Interessen der Kinder einzusetzen, sondern die Probleme der Eltern im Auge zu behalten;
- das Setting der Beratung (Einzel- oder Paarberatung, Familienberatung bzw. -therapie) sehr sorgfältig zu überlegen.
Das hohe Maß an methodischer Flexibilität, das vom Erziehungsberater zweifellos gefordert ist, verführt mitunter zu einer Geringschätzung (scheinbar) bloß formaler Arrangements, wie etwa des Prinzips der Diskretion oder der Exklusivität der Beratungsbeziehung. Eine Vernachlässigung von solchen Fragen des Settings kann einerseits die Entwicklung einer tragfähigen Vertrauensbeziehung behindern, andererseits die Gefahr einer (unbewußten) Verstrickung des Beraters in die Beziehungskonflikte der Eltern erhöhen. Dabei denke ich z.B. an die (häufig vorgenommene) Erweiterung des Settings von der Einzelbera-

tung zur Paarberatung; an den umgekehrten Weg von der Paar- zur Einzelberatung; an die alternierende Beratung des einen und des anderen Elternteils durch denselben Berater; an das fallweise Einbeziehen der Kinder usw. Bedenkt man die seelische Situation von Scheidungseltern, läßt sich ermessen, wie leicht solche Veränderungen des Settings mißtrauisch machen können; der Berater in eine ausweglose Schiedsrichterfunktion zu geraten droht; er in die Bindungsstrategien der Eltern gegenüber ihren Kindern einbezogen werden kann, was bei ihm zu Loyalitätskonflikten zu führen vermag, die denen der Kinder entsprechen. (So ist etwa das Prinzip der Diskretion bereits verletzt, wenn man den einen Partner mit den Aussagen des anderen konfrontiert oder gar dem gerade anwesenden Partner Beweggründe des abwesenden erklären möchte.) Natürlich stehe ich nicht auf dem Standpunkt, man dürfe solche Veränderungen des Settings nie vornehmen. Aber es handelt sich hier um äußerst heikle Schritte, die wohlüberlegt, vorbereitet und in ihren möglichen Auswirkungen – gegebenenfalls mit den Klienten gemeinsam – kontrolliert werden müssen.

Die Probleme der Eltern im Auge zu behalten, erfordert vom Berater, sich zunächst mit den Eltern zu identifizieren. Nur so ist zu verhindern, daß es – als Folge eines vorzeitigen Identifiziertseins des Beraters mit dem Kind – zu einer unbewußten Reinszenierung der Eltern-Kind-Konflikte und/oder des Partnerkonfliktes in der Beratungssituation – zwischen Eltern bzw. einem Elternteil auf der einen und dem Berater (eventuell in Koalition mit dem anderen Partner) auf der anderen Seite – kommt. Ziel dieser Bemühungen ist: den Eltern in ihrer schwierigen Situation beizustehen, zu helfen, um sie dadurch zu befähigen, nun ihrerseits ihren Kindern beizustehen und zu helfen. Erst wenn sie ein gutes Stück ihrer elterlichen Fähigkeiten zurückgewonnen haben, sind sie auch empfänglich, sich unserer Erfahrung, unseres Wissens und unseres Verständnisses für die Situation des Kindes zu bedienen und in der Lage, eventuelle Empfehlungen unsererseits in die Tat umzusetzen.

Gelingt den Eltern diese „Erste-Hilfeleistung" nicht, kann es leicht passieren, daß sich die seelische Lage des Kindes in den Monaten nach der Scheidung nicht beruhigt, sondern im Gegenteil weiter zuspitzt. Die Erlebnisreaktionen verfehlen dann ihre wichtige Anpassungsfunktion, indem sie von den Eltern nicht entsprechend „beantwortet" werden können: Die Trennungs- und Verlustängste bleiben bestehen, ja ihre Berechtigung scheint sich angesichts der Ereignisse – z.B. Unterbrechung des Kontakts zum Vater, Verschlechterung des Klimas in der Beziehung zur Mutter – sogar zu bestätigen; Wut und Schuldgefühle können sich nicht beruhigen, wodurch die Angst vor Liebesverlust und/oder Vergeltung bestehen bleibt; dazu kommen noch die Loyalitätskonflikte angesichts der Auseinandersetzungen zwischen den Eltern usw. Die Unerträglichkeit dieser Situation kann soweit gehen, daß dem Kind nichts anderes übrigbleibt, als einen Teil seiner Wünsche, Gefühle und Phantasien zu verdrängen. Verdrängte seelische Inhalte aber leben unbewußt weiter und sind der Stoff, aus dem künftige Neurosen entstehen. Ist es soweit gekommen, müßte sich das Schwergewicht professioneller Interventionen von der Elternberatung zur psychotherapeutischen Arbeit mit den Kindern verlagern, was – im Vergleich zur Elternberatung – mühsamer ist und auch weit mehr Zeit erfordert.

Aber das ist meiner Erfahrung nach gar nicht das größte Problem versäumter Erster Hilfe durch die Eltern. Folgenreicher ist der Umstand, daß jene „posttraumatische Verdrängung bzw. Abwehr" zumeist mit einem Abklingen oder gar Verschwinden der sichtbaren unmittelbaren Scheidungssymptome (Erlebnisreaktionen) einhergeht. Das bedeutet, daß gerade jene Veränderung im Verhalten oder Wesen des Kindes, die den meisten Eltern (und wohl auch vielen Beratern) als Anzeichen gilt, daß die Kinder über das Ärgste hinweg sind, in Wirklichkeit den Punkt bezeichnet, ab welchem die Scheidung für die Kinder tatsächlich zum Trauma wird: das heißt, zu einem unbewältigten und das künftige Leben (mehr oder minder) belastenden Ereignis. Oder anders ausgedrückt: Das Abklingen oder Verschwinden der unmittelbaren Scheidungssymptome bezeichnet in diesen Fällen den Beginn der neurotischen Bewältigung des Scheidungserlebnisses. Bleibt aber diese psychische Dynamik unerkannt, wird die Hilfe für das Kind zu jenem Zeitpunkt eingestellt, zu welchem es sie ganz besonders benötigen würde.

III. Psychoanalytisch-pädagogische Elternarbeit

8. Die Indikation „Psychoanalytisch-pädagogische Elternberatung"

Man könnte den psychoanalytisch-pädagogischen Ansatz u.a. charakterisieren als Versuch, die Relation zwischen der (psychischen) „Innenwelt" und der „Außenwelt" des Kindes theoretisch zu konzeptualisieren.[9]

Zur Außenwelt des Kindes zählt an hervorragender Stelle die

---

[9] Zu den theoretischen und wissenschaftstheoretischen Grundlagen der neueren Psychoanalytischen Pädagogik siehe Muck/Trescher 1993.

Innenwelt der Eltern. Gerade mit dieser aber haben wir es in der Beratung zu tun. Somit kann sich der psychoanalytisch-pädagogische Ansatz als Reflexionsinstrument professioneller Elternberatung bewähren. In diesem Sinne sind auch die Überlegungen der Abschnitte I und II dieser Arbeit zu verstehen.

Darüber hinaus jedoch habe ich in den letzten Jahren versucht, die psychoanalytisch-pädagogische Erziehungsberatung als ein besonderes, methodisch und technisch definiertes Verfahren der pädagogischen Elternarbeit zu entwickeln, das einer umschriebenen Indikationsstellung folgt und darauf gerichtet ist, unbewußte Konflikte der Eltern bzw. Erzieher (möglichst rasch) soweit zu bearbeiten, daß sie sich dem hilfreichen pädagogischen Umgang mit den Kindern nicht mehr hinderlich entgegenstellen.

Unbewußte psychische Konflikte der Eltern (Erzieher) spielen zwar in der Erziehung eine zentrale Rolle, müssen aber im konkreten Anlaßfall nicht unbedingt das Hauptproblem von Erziehungsberatung ausmachen. Insofern erhebt die psychoanalytisch-pädagogische Erziehungsberatung auch keinerlei Monopolanspruch. Das gilt natürlich auch für die Scheidungsberatung:

– Häufig wissen Eltern tatsächlich zu wenig von der Psychologie ihrer Kinder in außerordentlichen Belastungssituationen. Diesbezügliche Mißverständnisse lassen sie falsche Konsequenzen ziehen, führen zu Schuldzuweisungen an den Ex-Partner u.a.m. Hier kann einfache Information Wunder wirken und den Raum für konkrete Beratung eröffnen.

– Die Sprachlosigkeit in vielen Familien ist ein mächtiges Hindernis, gemeinsame Krisen zu bewältigen bzw. Ausgangspunkt weiterer Konfliktverschärfung. Familientherapeutische Verfahren können in solchen Fällen Kommunikation (wieder) in Gang bringen, die Sensibilität für das Empfinden und die Bedürfnisse des anderen sowie die Selbstwahrnehmung schärfen, wodurch sich neue Handlungsmöglichkeiten eröffnen.

– In den letzten Jahren gewinnt eine aus den USA kommende Beratungsart, die sogenannte „Mediation", zunehmend an Bedeutung. Mediation setzt an lebenspraktischen Problemen, wie Vermögensfragen, Unterhaltszahlungen, elterliche Aufgabenteilung, Besuchsregelungen usw., an und hat zum Ziel, im außergerichtlichen Raum gemeinsame Vereinbarungen zwischen den sich scheidenden Partnern zu erzielen.[10]

[10] Vgl. z.B. Proksch 1993.

– Jede Art der Elternarbeit setzt ein Mindestmaß an Bereitschaft der Eltern bzw. eines Elternteils voraus, mit dem Berater oder einer beratenden Institution zu kooperieren. Wo diese Bereitschaft fehlt, müssen u.U. andere Wege gesucht werden, z.B. unterstützende Arbeit mit den Kindern, und zwar selbst dann, wenn diese aufgrund der Diagnose nicht oder nicht primär indiziert sein sollte (s.o.).[11]

Die psychoanalytisch-pädagogische Elternberatung wurde an Eltern entwickelt, deren Schwierigkeit, den Kindern wirksam zu helfen, aber weniger in Wissensdefiziten oder „einfachen" Kommunikationsproblemen mit dem Ex-Partner begründet sind, sondern die eben – wie oben beschrieben – gar nicht anders können, weil ihre scheinbaren „pädagogischen Fehlhaltungen" oder „falschen Situationsbeurteilungen" usw. in Wirklichkeit eine wichtige Abwehrfunktion erfüllen: Bedürfnisse, Wünsche zu erfüllen oder Ängste zu bekämpfen, ohne sich dieser Regungen bzw. ihres Ausmaßes und ihrer Bedeutung bewußt werden zu müssen, weil sie unerträgliche Angst, Scham, Schuldgefühle hervorrufen würden oder mit dem (gewünschten) Selbstbild nicht in Einklang zu bringen sind. Ist das der Fall, bleibt eine Beratung, die primär an der Einsicht in (pädagogische) Handlungsnotwendigkeiten ansetzt, sich also an das elterliche Überich wendet, zumeist unwirksam, weil mit dem Aufgeben der gegenwärtigen und als pädagogisch ungünstig qualifizierten Haltungen das seelische Gleichgewicht selbst gefährdet würde.

In diesen, freilich sehr häufigen, Fällen bedarf es einer Methode, die in der Lage ist, die problematischen Haltungen der betreffenden Eltern von jener Bedeutung für das seelische Gleichgewicht zu entlasten, oder anders ausgedrückt: sie von ihrer Abwehrfunktion zu befreien. Wenn das gelingt, sind sie nicht mehr unverzichtbar, um seelisch überleben zu können. Dann aber sind sie auch veränderbar – etwa unter dem Einfluß von Einsicht in das, was die Kinder brauchen.

Frau G. verweigerte ihrem geschiedenen Mann seit einigen Wochen die vierzehntätigen Besuchswochenenden, weil ihr Sohn Bertram, 6 Jahre alt, in den diesen Wochenenden folgenden Tagen „völlig durcheinander und aggressiv" sei, was auch die Lehrerin bereits bemerkt hätte. Sie suchte mich auf, um sich meiner fachlichen Unterstützung gegen die Proteste des Vaters zu versichern. Ich zweifelte nicht an ihrer Beobachtung von Bertrams Verhalten, wohl aber war es für mich nicht ausgemacht, daß ihre Interpretation (daß ihrem Sohn die Besuche beim

---

[11] Es gibt inzwischen einige gruppenpädagogische Modelle für Scheidungskinder, s. z.B. Pedro-Caroll/Cowen 1985, Kavanagh 1989, Rudeck 1993, Schmitz/Schulte 1993, Ayalon/Flasher 1993.

Vater nicht guttäten) und die daraus gezogene Schlußfolgerung richtig sei.

Im Laufe der Beratung ergab sich, wie schwer es Frau G. gefallen war, sich von ihrem Mann, der seine Lebensinteressen immer mehr von der Familie abzog, zu trennen. Nach dem letzten Seitensprung „gelang" es ihr, ihn so zu hassen, daß sie sich trennen konnte. Gleichzeitig vermochte sie mir und sich selbst einzugestehen, welche Schuldgefühle gegenüber Betram dieser Entschluß auslöste, und wie sie versuchte, diese Schuldgefühle wegzuwischen. Das konnte aber nur klappen, wenn sie nicht das Gefühl haben mußte, daß der Bub unter der Trennung sehr leide. Als es ihr mit meiner Hilfe gelang, sich mit ihren Schuldgefühlen zu konfrontieren, konnte sie auch erkennen und verstehen, daß Bertrams Verhalten eine Trennungsreaktion war, und daß ihre Interpretation, es gehe ihm an den Wochenenden beim Vater schlecht, genau die Funktion hatte, sich nicht eingestehen zu müssen, daß es die Trennung ist, unter welcher Betram litt. Ab dem Moment, in welchem sie es fertigbrachte, ihre Schuldgefühle zu ertragen, bedurfte sie der Version, die Besuche beim Vater seien schädlich, nicht mehr, um das Aufkommen der Schuldgefühle zu verhindern. Da nun aber ihre Situationseinschätzung der Abwehrfunktion enthoben war, konnte sie beginnen, sich gedanklich, „vernünftig", unter Einbeziehung fachlicher Erwägungen, mit ihrer eingeschlagenen Haltung zu beschäftigen, womit der Weg zu einer Veränderung bereitet war.

9. Zur Methode und Technik der psychoanalytisch-pädagogischen Elternberatung

9.1 Beratung versus Therapie

Das Beispiel von Frau G. macht deutlich, was ich mit „Entlastung der Abwehrfunktion" einer bestimmten, pädagogisch problematischen Haltung meine. Ich glaube, es macht aber noch etwas deutlich. Obwohl im Zentrum dieses Vorgehens das Bewußtwerden der abgewehrten Strebungen, Gefühle usw. steht (hier in erster Linie der Schuldgefühle, von denen der Trennungswunsch begleitet war), haben wir es doch nicht mit einer psychoanalytischen Therapie zu tun: Die Schuldgefühle sind wohl nicht ganz verschwunden, ebenso der Haß auf den geschiedenen Partner als Reaktion auf die erlittenen Kränkungen, die es noch zu bearbeiten gälte, und vielleicht auch die Angst, Bertram könnte ihr als Vergeltung seine Liebe entziehen: Diese Gefühle sind zwar zu einem Teil „normale" Erlebnisreaktionen, zu einem anderen Teil aber sicher auch in der unbewußten Persönlichkeit Frau G.'s verankert, also mit den tiefen, bis in die Konflikte der frühen Kindheit reichenden Verdrängungen verbunden. An diese unbewußten Anteile der elterlichen Scheidungsreaktionen käme man wohl nur im Rahmen einer analytischen Therapie heran. Wir rechnen also auch in der psychoanalytisch-pädagogischen Beratung mit dem Bewußtwerden von abgewehrten Inhalten, aber im Hinblick auf ein weit bescheideneres Ziel als in der Psychoanalyse bzw. psychoanalytischen Therapie. Geht es uns dort um die Veränderung der Dynamik und Ökonomie der bis in die Kindheit zurückreichenden zentralen innerpsychischen Konflikte mit dem Ziel einer erheblichen Persönlichkeitsentwicklung, beschränken wir uns hier

— erstens auf einen umschriebenen Bereich der Persönlichkeit, nämlich bestimmte, pädagogisch bedenkliche Haltungen;
— zweitens geht es uns nicht um die Bearbeitung des ganzen Komplexes unbewußter Konflikte, dem diese Haltungen aufsitzen, sondern nur um die „Abkoppelung" jener Haltungen vom ganzen neurotischen Komplex.

Die Intention, diese Mutter/dieser Vater möge sich der unbewußten Anteile des Umgangs mit der Trennung bzw. ihrer Folgen bewußt werden, beschränkt sich also auf die oberste Ebene der Abwehr, gewissermaßen auf die äußere Hülle der Neurose.

Dennoch handelt es sich dabei um einen erheblichen Eingriff in das psychodynamische Gleichgewicht, andernfalls könnten die so herbeigeführten Veränderungen bei den betreffenden Eltern nicht wirklich bedeutsam, vor allem jedoch nicht dauerhaft sein. Womit sich die Frage stellt, wie dies zu bewerkstelligen sein soll unter Setting-Bedingungen, die von jenen des psychoanalytisch-therapeutischen Vorgehens doch erheblich abweichen:

— Anders als bei unseren Patienten können wir bei Eltern, die „bloß" Beratung wünschen, nicht mit der Bereitschaft zur Selbstreflexion bzw. Selbsterfahrung rechnen. Sie wollen nicht etwas leisten, sondern etwas bekommen: Rat und Hilfe.
— Damit müssen wir aber auf das wichtigste Hilfsmittel für das Bewußtwerden von Unbewußtem verzichten: die Grundregel der freien Assoziation.
— Darüber hinaus vollziehen sich die Bewußtwerdungsprozesse in der psychoanalytischen Therapie zumeist nicht „direkt" an den unbewußten Anteilen der Lebenspraxis, sondern an den unbewußten Anteilen der Beziehung des Patienten zum Analytiker (Übertragung) und hier besonders über die Bearbeitung der (im Zusammenhang der Übertragung auftretenden) Widerstände. Zwar rechnen wir auch in der

Beratung mit einer „positiven Übertragung", müssen uns aber vor negativen Übertragungsprozessen und Widerständen hüten, da sie – wegen des Fehlens des therapeutischen Arbeitsbündnisses – aller Voraussicht nach zum Scheitern oder zum Abbruch der Beratung führen würden.

– Ein weiterer Grundpfeiler des psychoanalytisch-therapeutischen Arbeitens ist das Abstinenzprinzip: Statt Wünsche zu erfüllen, gilt es, sie zu analysieren. Wie aber sollen wir die Eltern – ohne ihre Therapiebereitschaft – „abstinent" halten, wo sie doch gerade mit der Erwartung zu uns kommen, wir könnten in ihrer schwierigen Situation, angesichts ihrer augenblicklichen Ohnmacht, helfen, sie stärken und unterstützen. Sind Bewußtwerdungsprozesse bei einer gewährenden Haltung unsererseits dann überhaupt möglich?

– Der Verzicht auf Abwehr ist stets mit Angst erkauft – andernfalls wäre die Abwehr ja nicht nötig gewesen. Um diese Ängste ertragen zu können, bedarf es einer verläßlichen, stabilen (therapeutischen) Beziehung und vor allem viel Zeit. Wie sollen wir also ein solches Vorhaben in wenigen Stunden zuwegebringen?

– Schließlich hat der Psychoanalytiker eine sehr lange und sehr spezielle Ausbildung hinter sich. Heißt das, daß psychoanalytisch-pädagogische Elternberatung nur von Analytikern vorgenommen werden darf? Dann freilich hätte diese Methode angesichts des großen Bedarfes an Beratung wenig praktische Relevanz.

Die technischen Probleme erscheinen jedoch nur solange unüberwindlich, als man den Prozeß des Bewußtwerdens nur unter dem topographischen Gesichtspunkt[12] betrachtet und die „ökonomischen Verhältnisse", d.h. die Quantität der Besetzungs- und Gegenbesetzungsenergien außer acht läßt. Oder anders ausgedrückt: Wenn man das Ausmaß der Abwehr bzw. die „Tiefe" der Verdrängung nicht mitberücksichtigt. Die Konflikte der psychischen Oberfläche sind nämlich zumeist sehr „schlecht" abgewehrt, was meint, daß die Ohnmachts- und Schuldgefühle, der Haß und die Vergeltungsbedürfnisse, der verletzte Stolz, die Angst vor Alleinsein und Liebesverlust usw., also jene seelischen Regungen, die durch das problematische Verhalten der Eltern unbewußt gehalten werden sollen, so bewußtseinsnah sind, daß sie „fast gespürt" werden, daß sie immer wieder zum Bewußtsein drängen. Und gerade weil sie so nachhaltig zum Bewußtsein drängen, müssen sie

---

[12] Unter der psychischen „Topographie" versteht man in der Psychoanalyse die Strukturierung des Psychischen, die drei „Räume" Bewußtsein, Vorbewußtes und Unbewußtes.

andauernd in relativ dramatischen Aktionen abgewehrt werden. Wir haben also – anders als in der therapeutischen Analyse der unbewußten Konflikte – die ökonomischen Verhältnisse „auf unserer Seite".

9.2 „Aufklärung" als technisches Instrument

Aus diesem Grund bedürfen wir auch nicht des komplizierten psychoanalytischen Settings, das entwickelt wurde, um die Macht der Verdrängung zu brechen. Diese Macht ist in den meisten unbewußt determinierten Handlungen, um die es uns in der Scheidungsberatung geht, eben gar nicht so groß. Ja, wir haben es zumeist gar nicht mit Verdrängungen i.e.S., sondern mit dem Phänomen des „Agierens" zu tun: Konfliktuöse Regungen werden – statt gespürt und gedacht (also „symbolisiert") zu werden – unmittelbar in Handlungen umgesetzt.

Um sie spür- und denkbar, also dauerhaft bewußt zu machen, muß es uns nur gelingen, die mit diesen Regungen verbundene Angst ein kleines Stück zu reduzieren, wodurch der Konflikt an der Oberfläche soweit entlastet wird, daß auf die Abwehr durch Agieren verzichtet werden kann.

Das technische Instrument, diese Reduzierung von Angst zu erreichen, ist nun nicht in erster Linie die Deutung, erst recht nicht die Deutung von Übertragungsreaktionen oder Widerständen, sondern etwas, das man als tiefenpsychologische Aufklärung bezeichnen könnte. Ich verwende ganz mit Absicht für das, was ich meine, den Begriff „Aufklärung" und nicht etwa das vielleicht naheliegendere Wort „Information". Information meint lediglich einen Zuwachs an Wissen. Aufklärung dagegen vermittelt ein besonderes Wissen, ein Wissen, das die Welt anders erscheinen läßt, den Sprung auf eine neue Bewußtseinsebene bedeutet, Einschränkungen durch tradierte, mythische, beängstigende Vorstellungen niederreißt und endlich ein Gefühl von Freiheit des Selbstgestaltenkönnens (Emanzipation) vermittelt. Es geht also nicht um irgendeinen Wissenszuwachs, sondern um einen wirksamen, Veränderung initiierenden Wissenszuwachs. (In diesem Sinn ist auch die Deutung von unbewußten seelischen Inhalten im Rahmen der psychoanalytischen Therapie aufklärend.)

Nicht zufällig wird der Begriff Aufklärung auch für die Einweihung in die Geheimnisse der Sexualität verwendet. Wissen wir doch – gerade dank der Psychoanalyse – wie beunruhigend, verwirrend und ängstigend die infantilen Sexualtheorien sind bzw. das, was die Kinder von der Sexualität (ihrer Eltern) unwissend mitbekommen. Aber noch mehr: Die sexuelle Aufklärung eröffnet dem Kind das Wesen einer Liebe, die anders ist, als die Liebe zu den Eltern. Sie verspricht eine Liebe jenseits von Abhängigkeit und der Angst vor der Macht der Großen. Besonders beeindruckend kommt diese Polarität von Wissen und Angst/Abhängigkeit in der rituellen Form der sexuellen Aufklärung junger Männer, in der „Initiation", wie sie noch in vielen Kulturen üblich ist, zum Ausdruck. In der Initiation wird der Unterschied festgeschrieben „zwischen den Männern, die das Geheimnis wußten, und den Frauen und Kindern, die es nicht kennen durften" (Erdheim/Hug 1990).[13] Die hauptsächliche Bedeutung der Initiation besteht nach Erdheim und Hug in der Offenbarung, „daß es die Geister, die ihnen zuvor solche Angst bereitet hatten, nicht gab, daß sie nur dazu dienten, die Frauen zu ängstigen, um sie besser unter Kontrolle zu halten" (ebd.).

Welches sind nun die „Geister", die es im Rahmen einer Beratung geschiedener bzw. sich scheidender Eltern zu vertreiben gilt? Bleiben wir gleich bei jenen, die Eltern – wie auch Frau G. – so große Schuldgefühle machen. Zum Beispiel:

– „Von einer guten Mutter/einem guten Vater wäre zu erwarten, daß sie/er eigene Bedürfnisse – etwa sexuelle, emanzipatorische usw. Bedürfnisse – hinter jene des Kindes zurückstelle. Ich hab das nicht getan."
– „Mit der Trennung füge ich meinem Kind Schmerz zu, nehme ihm das Gefühl von Geborgenheit und schädige es vielleicht für sein ganzes Leben."
– „Mit der Entscheidung zur Trennung verrate ich meinen eigenen Lebensplan."
– „Das Zerbrechen der Ehe – selbst wenn der Partner Schuld sein sollte – beweist meine Unfähigkeit, meinem Kind die Sicherheit einer intakten Familie zu erhalten."

Aufs engste mit den Schuldgefühlen verbunden ist die Unfähigkeit, die Aggressionen der Kinder zu ertragen:

– „Durch die Trennung (an der ich direkt oder indirekt schuld, zumindest mitschuldig bin) habe ich die Liebe meines Kindes verloren."
– Eine häufige Variation: „Wenn ich nichts gegen die Aggressionen unternehme, wird es seine ganze Enttäuschung an mir abladen und sich dem Ex-Partner zuwenden, mich verlassen, so daß ich völlig allein zurückbleibe."
– „Ich hab mich von meinem Mann/meiner Frau getrennt, weil er/sie mich nicht mehr liebte und seine/ihre Aggressivität unerträglich

---

[13] Zit. nach Janata 1992.

geworden ist. Jetzt passiert mir das Gleiche mit dem eigenen Kind. Vor der Aggressivität des Kindes aber gibt es für mich kein Entrinnen."

– „Die Aggressivität des Kindes macht mich so wütend, daß ich Angst vor meinem eigenen Haß dem Kind gegenüber bekomme."

Nicht nur die Wut auf das Kind macht Angst, auch Wut, Haß und Vergeltungswünsche gegenüber dem Partner sind schwer einzugestehen:

– „Man darf nicht wütend sein – ich werde wohl Mitschuld tragen."

– Selbst wenn man sich Wut zugesteht: „Wütend sein – gut und schön. Aber ich darf mich nicht vom Haß beherrschen lassen."

– „Wenn ich meinen Ex-Partner auch hasse, ist es verwerflich, auf Vergeltung zu sinnen."

– „Meine Wut wertet ihn/sie auf und demütigt mich. Das gönne ich ihm/ihr nicht."

– „Es ist für den Erhalt bzw. die Rückgewinnung meines Stolzes von entscheidender Bedeutung, daß ich das Gefühl habe, die ganze Sache macht mir nichts aus."

Zu den häufigsten Folgeerscheinungen solcher abgewehrter Gefühle und Phantasien von geschiedenen Müttern gehört die Erschwerung bis Verhinderung der Fortsetzung der Beziehung zwischen Vater und Kind. Neben den schon genannten sprechen in diesem Zusammenhang folgende Gefühle und Phantasien eine besondere Rolle:

– „Der (böse) Vater schädigt mein Kind."

– „Der Vater wird seine ganze Liebe gewinnen, für mich bleibt dann nur mehr der Haß des Kindes. Das halte ich erstens nicht aus, zweitens kann ich dem Vater diesen Triumph nicht vergönnen."

– „Wenn die Beziehung zum Vater zu intensiv bleibt, wird es mich (einst) verlassen."

– „Ich habe mich getrennt, um einen Schlußstrich zu ziehen und ein neues Leben zu beginnen. Ich ertrage es daher nicht, daß der Vater – real und in Gestalt der Liebe meines Kindes – in meinem Leben (für immer) präsent bleibt."

Ebenso häufig geht die Unterbrechung der Vater-Kind-Beziehung vom Vater aus. Die speziellen „Geister" der Besuchsväter sind:

– „Ich habe überhaupt nichts mehr zu reden. Wehe, wenn ich mich einmische, was für mein Kind gut oder schlecht ist: Damit riskiere ich eine Krise und in der Folge vielleicht die Behinderung der Kontakte zum Kind. Es ist demütigend, als Vater auf die Rolle eines älteren Bruders reduziert zu werden, der die Anweisungen der Mutter zu befolgen hat."

- „Diese Entmündigung ist nicht nur demütigend für mich. Verliere ich nicht mein Gesicht vor meinem Kind?"
- „Wenn das Kind von mir Unterstützung bei Problemen mit der Mutter erhofft, bin ich machtlos, ihm zu helfen. Kann ich so überhaupt noch ein Vater sein?"
- „Ich habe nur drei, vier Tage im Monat Zeit, die Beziehung zu meinem Kind zu festigen. Wenn ich ihm während der Besuche nicht genug biete, verliere ich vielleicht seine Liebe."
- „Während das Kind bei mir ist, fragt es immer wieder nach der Mutter, die ihm abgeht. Offenbar bedeute ich ihm nicht (mehr) sehr viel, jedenfalls nicht genug, um sich mit mir richtig wohl zu fühlen."

Soweit einige Beispiele für Gedanken, Gefühle und innere Konflikte von Eltern, die so unerträglich sein können, daß sie verdrängt, noch häufiger jedoch durch „Agieren" abgewehrt werden müssen. Ich breche die Aufzählung an dieser Stelle ab und wende mich der Frage zu, durch welche Art von „Aufklärung" jene „Geister" vertrieben oder wenigstens so weit entmachtet werden können, daß sich die betreffende Mutter/der betreffende Vater mit den eingeschlagenen Handlungsstrategien rational auseinanderzusetzen vermag.

Nehmen wir als Beispiel wieder die Schuldgefühle der Eltern. Stellen wir uns vor, mir wäre im Laufe der ersten zwei, drei Sitzungen klar geworden, daß Schuldgefühle bei dieser Mutter und/oder diesem Vater eine zentrale Rolle spielen und die Probleme des Kindes wesentlich daher rühren, daß die Eltern diese Schuldgefühle immer aufs Neue abwehren müssen. In diesem Fall könnte ich vorsichtig beginnen, die Mutter/den Vater etwa darauf hinzuweisen,

- daß der unmittelbare Schmerz des Kindes über die Trennung der Eltern normal, ja ein Zeichen für eine bisher weitgehend „gelungene" psychische Entwicklung ist;
- daß das auch für die daraus resultierenden „Symptome" gilt, die darüber hinaus eine Hilfe sind, das seelische Gleichgewicht wiederzufinden;
- daß der aktuelle Schmerz des Kindes keineswegs ausschließt, daß die Trennung für das Kind unbewältigbar ist, ja unter Umständen sich langfristig als Chance erweisen kann. Umgekehrt aber die Möglichkeit, daß die Trennung für das Kind langfristig die bessere Lösung darstellt, nichts daran ändert, daß es jetzt darunter leidet;
- daß es gut ist, Lebenspläne zu haben und sich um ihre Realisierung zu bemühen, etwa den Plan, dem Kind die Sicherheit einer intakten Familie zu bieten. Daß man aber auch sich selbst seinem eigenen Lebensglück gegenüber verantwortlich ist;

- daß dieses Kümmern um das eigene Wohlergehen und Glück keineswegs in einem prinzipiellen Widerspruch zum Wohl des Kindes steht: Zwar sind zufriedene Erwachsene nicht automatisch gute Eltern, aber umgekehrt sind unglückliche Eltern kaum je wirklich „gute", d.h. für das Kind optimal förderliche Mütter und Väter. Denn erstens ist es für die emotionale Entwicklung des Kindes von großer Bedeutung, sich mit Eltern identifizieren zu können, die das Leben bejahen und genießen können. Zweitens bedeutet es für die Kinder eine schwer zu bewältigende Last, wenn die Eltern ihnen zuliebe das eigene Lebensglück opferten. Unbewußt wird von ihnen erwartet, dankbar zu sein, Freude zu machen, die Eltern nicht zu enttäuschen. Darüber hinaus erzeugen (zu große) Opfer notwendig Aggressionen, die die Kinder früher oder später zu spüren bekommen, und sei es in subtiler Form, etwa als Reizbarkeit, mangelndes Einfühlungsvermögen, als Ungerechtigkeiten u.ä.
- Schließlich rede ich davon, daß es wohl zu den schwierigsten Dingen im Leben gehört, akzeptieren zu können, daß wir mitunter unseren Kindern weh tun, einfach, weil wir müssen – seien es gesellschaftliche Zwänge, gesundheitliche Rücksichten oder (eben auch) die legitime Sorge um ein ausreichendes Quantum an eigenem Lebensglück. Aber diese Schuld an Frustration und/oder Leid unserer Kinder ist leichter zu ertragen, wenn ich mir klarmache, daß mir im Grunde nichts anderes übrigblieb und daß meine Handlungen langfristig dem Kind auch zugutekommen können, daß ich also das, was ich tat, auch als Mutter/Vater verantworten kann. Wenn ich aber meine Schuld (am augenblicklichen Weh des Kindes) verantworten kann, muß ich sie nicht verleugnen und abwehren: Ich gewinne die Freiheit, daß mir mein Kind für das, was ich ihm angetan habe, wirklich und ehrlich leid tut. Dieses Bedauern und Mitleid ist aber die Voraussetzung jedes Bemühens um Wiedergutmachung: Erst wenn ich mir meine Schuld eingestehen kann – weil sie verantwortete Schuld ist – kann ich mich wirklich darum bemühen, mein Kind zu trösten und ihm zu helfen, mit seiner schwierigen Situation fertigzuwerden.

9.3 Inhalte und Wirkung „aufklärender" Interventionen

Besehen wir uns näher, welcher Art die Inhalte jener „Aufklärungen" sind. Einen Teil bilden einfach Forschungsergebnisse, wie ich sie auch vor Fachpublikum – wenngleich mit anderen Worten – berichten würde. Etwa über die Anpassungsfunktion der „Erlebnisreaktionen" oder über den Umstand, daß alle Kinder unter der Scheidung leiden, langfristig betrachtet die Trennung der Eltern aber auch eine Entwicklungschance darstellen kann.[14]

Vielleicht erzähle ich ihnen auch über das Hospitalismus-Syndrom, wenn ich ihnen klarmachen will, daß Irritationen nach den Besuchswochenenden auch positiv zu sehen sind, bzw. „Ruhe" und „Ausgeglichenheit" nicht unbedingt positiv zu werten sind. Oder über die Triangulierungsfunktion des Vaters (vgl. Figdor 1991, 88ff. und 165f.), die dazu führen kann, daß die fortgesetzte Beziehung des Kindes zum Vater mittelfristig die aggressiven Konflikte zwischen Mutter und Kind eher entlasten als – wie befürchtet – verschärfen wird. Und ich spreche davon, daß die psychischen, sozialen und ökonomischen Belastungen der Scheidung es Eltern fast unmöglich machen, das Richtige zu tun. Von ganz besonderer Bedeutung ist auch die Aufklärung über die prinzipielle Ambivalenz von Liebesbeziehungen. Die Anerkennung des Umstandes, daß Enttäuschungen und Kränkungen einen notwendigen Bestandteil aller Liebesbeziehungen darstellen, läßt verstehen, daß Aggressionen Begleiterscheinungen von Liebe sind. Das erleichtert Eltern zum einen, sich die eigene Wut gegenüber dem (notwendig schwierigen) Kind einzugestehen, ohne darum noch größere Schuldgefühle zu bekommen. Zum anderen hilft es ihnen, die Aggressionen des Kindes leichter zu ertragen, weil sie nicht mehr als untrügliches Zeichen dafür wahrgenommen werden, daß „mein Kind mich nicht mehr liebt". Man kann in diesem Zusammenhang den Eltern auch sagen: „Vertrauen Sie ruhig, daß Ihr Kind Sie liebt und lieben wird!" Das – zusammen mit der Triangulierungsfunktion des Vaters – mildert die Angst, die Liebe des Kindes an den Partner zu verlieren. Und es entlastet die Väter, die sich durch die Vorstellung stressen, der Unterhaltungswert und die Konfliktfreiheit der Besuchswochenenden wäre eine Voraussetzung für das fortgesetzte Bedürfnis des Kindes, einen Vater zu haben.

Es geht dabei nicht nur um sachliche Informationen. Äußerungen wie „Unglückliche Eltern sind selten gute Eltern", „Man ist auch seinem eigenen Wohlergehen gegenüber verantwortlich" oder die Formulierung „Gute Erziehung ist ein Kompromiß zwischen den eigenen und den Interessen der Kinder, der niemanden überfordert" lassen sich zwar prinzipiell auch theoretisch begründen, einfach so hingesagt wirken sie

---

[14] So gesehen eignen sich fast alle Erkenntnisse über die Bedeutung der Scheidung für Kinder und Eltern bzw. über die möglichen Folgen der Scheidung für die kindlichen Entwicklung, wie ich sie bereits (Figdor 1991) dargelegt habe, für die „aufklärende Arbeit" mit den Eltern.

jedoch eher wie Anschauungen, Meinungen. Als solche werden sie glaubhaft, wenn sich die Mutter/der Vater auf der Basis einer positiven Übertragungsbeziehung mit dem Berater identifiziert.

Außer der Vermittlung von Wissen und „Anschauungen" geschieht im Zuge solcher Aufklärung noch etwas. Der Satz etwa „Es ist für uns schwer zu akzeptieren, daß wir unseren eigenen Kindern wehtun" macht das Problem dieser Mutter/dieses Vaters zu einem allgemein-menschlichen Problem. Man kann auch sagen, daß mit solchen Formulierungen die betreffenden Einstellungen, Gefühle und Wünsche enttabuisiert werden. Dafür eignen sich auch besonders psychoana-lytische Grunderkenntnisse. Etwa die eben erwähnte Ambivalenz von Liebesbeziehungen oder des Schwankens zwischen (progressiven) Auto-nomiebedürfnissen und den (regressiven) Wünschen nach Geborgenheit und Abhängigkeit; die Natürlichkeit und Unbezwingbarkeit von Aggres-sionen; die Normalität narzißtischer Strebungen (Aufmerksamkeit, Stolz, Selbstachtung ...) usw.

Mit unserer fachlichen Kompetenz, unseren „Anschauungen", unse-rem Wissen über die menschliche Natur und vor allem unserer bejahenden, freundlichen und verständnisvollen Einstellung dieser Natur gegenüber, bieten wir den moralisierenden, scheltenden und ängstigenden „Geistern" die Stirn – jedenfalls so weit, daß die Eltern ihre eigenen Erlebnisreaktionen auf die Trennung und ihre Folgen nicht mehr abzuwehren brauchen.

Schließlich ist auf einen weiteren Aspekt unserer aufklärenden Gespräche hinzuweisen: Ihre Wirksamkeit besteht nicht allein in einem Zuwachs von Erkenntnissen, sondern auch im Abbau von Illusionen. Oder anders ausgedrück: Die „Geister" haben oft eine verlockende Gestalt. Dazu gehört etwa die Vorstellung eines reibungslosen Ablaufs der Trennung oder daß man mit der Trennung einen Schlußstrich unter das bisherige Leben ziehen könnte. Die Informationen über das Leid der Kinder, die Aufklärung der Abwehr von Schmerz und Kränkung konfrontiert die Eltern mit der Realität einer schweren persönlichen und familiären Krise. Aber erst wenn die Krise auch wirklich als Krise erkannt wird, kann sie bewältigt werden. Manchen Eltern fällt dieses Akzeptieren der Realität so schwer, daß man um eine aktive Konfronta-tion nicht herumkommt. Die Geschichte von den „drei Packerln" eignet sich ganz gut, um zu verhindern, daß die Konfrontation allzu moralisierend wird:

„Wie gut auch immer es gelingen mag, die Trennung zu bewältigen, an zumindest einem unliebsamen Packerl haben alle drei Beteiligten zu tragen: das Kind (die Kinder) an der Entbehrung, die beiden liebsten

Menschen nicht mehr unter einem Dach bei sich zu haben; die Mutter am Umstand, daß der Vater trotz Trennung (zumindest) in Gestalt der Liebe des Kindes für alle Zukunft einen gewissen Raum im Leben einnehmen wird und somit auch sein Einfluß auf die Entwicklung des Kindes unverhinderbar ist – das ist selbst dann der Fall, wenn der Vater den äußeren Kontakt zum Kind einbüßt; schließlich muß sich der Vater damit abfinden, daß er dennoch einen Großteil seines Einflusses auf das Kind (und natürlich auf seine frühere Frau) verliert und selbst in den (zumeist) spärlichen Kontakten mit dem Kind von der Bereitschaft der Mutter, die nun die reale Macht hat, abhängig ist. Für die Kinder bedeutet das eine jahrelang (unbewußt mitunter lebenslang) unerfüllte Sehnsucht; für die Mutter die Desillusionierung, sich von der (unglücklichen) Vergangenheit völlig losmachen zu können; und für den Mann eine schwere narzißtische Kränkung. Die Frage, ob es den Kindern gelingt, mit dieser Entbehrung zurechtzukommen, hängt nicht zuletzt davon ab, ob und wie es den Eltern gelingt, ihr ‚Packerl' ertragen zu können ..."

10. Anmerkungen zum Setting

Grundsätzlich kann die psychoanalytisch-pädagogische Beratung sowohl als Einzel- als auch als Paarberatung durchgeführt werden. Die Beziehung geschiedener oder sich scheidender Eltern ist aber in sehr vielen Fällen bereits so feindlich – etwa als Folge unbewußter Spaltungsprozesse (s.o.) – daß die Anwesenheit des anderen die Möglichkeit, sich mit der eigenen Abwehr auseinanderzusetzen, ausschließt. Denn zu den inneren Konflikten tritt dann noch die Angst hinzu, dem Ex-Partner mit der Offenbarung von Ängsten, Schwächen, Unsicherheiten, Skrupeln und Widersprüchlichkeiten Angriffspunkte für dessen „böse", d.h. auf den eigenen Vorteil abgestellte Absichten zu bieten.

Man kann den Berater – über seine Funktion als positives Übertragungsobjekt hinaus – auch als eine Art Übergangsobjekt im Sinne Winnicotts (z.B. 1971) betrachten. Auf der einen Seite ist er eine reale, eigenständige Person, die mir als Mutter/Vater hilft, mich bzw. meine Ansichten und Gefühle zu überprüfen. Auf der anderen Seite aber ist er auch jemand, der „mir gehört", so daß ich nichts zu befürchten habe, wenn ich Positionen „hergebe", mich meinen Schwächen, Rachegelüsten, Egoismen usw. stelle. Das aber erfordert eine Exklusivität der Beziehung, die durch die Anwesenheit eines Dritten unter Umständen nicht erreichbar ist. Und zwar umso weniger, je weniger Gemeinsames die Ex-Partner noch verbindet und je weiter die aggressiv-paranoide Spaltung fortgeschritten ist. Dann nämlich kann es leicht passieren, daß der Berater – obwohl ein Stück positiver Übertragungsbeziehung bestehen bleiben mag – statt Übergangsobjekt zu sein in eine Schiedsrichterposition gerät. In dieser aber muß er – gemessen an den Zielen der psychoanalytisch-pädagogischen Beratung – scheitern, weil die Parteien nicht Gegner in einem Spiel mit vereinbarten Regeln, sondern Feinde in einem (psychischen) Überlebenskampf sind.

In solch einem Fall wären die Chancen der Beratung dadurch zu wahren, daß für den Vater und die Mutter – wenn beide zur Beratung bereit sind – ein je eigener Berater zur Verfügung steht.

Ein letzter Hinweis erscheint mir im Zusammenhang der Setting-Frage wichtig: Die psychoanalytisch-pädagogische Einzelberatung vermag nicht nur in Bezug auf die Haltungen des je beratenen Elternteils wirksam zu sein, sondern unter Umständen auch das Verhalten des abwesenden Partners zu verändern – selbst dann, wenn dieser sich seinerseits nicht in Beratung befindet. Wenn es mir gelang, einem Vater oder einer Mutter dabei zu helfen, seine/ihre Abwehr aufzugeben, konnte ich wiederholt die Erfahrung machen, daß er/sie das eigene Verhalten allmählich so veränderte, daß auch der Ex-Partner begann, sich anders zu verhalten. Diese initialen Verhaltensänderungen betrafen oft nur subtile Details, die aber offenbar genügten, daß nun auch der andere die Situation allmählich anders zu erleben begann, etwa weniger kränkend oder minder bedrohlich.[15]

11. Die handlungsrelevanten Ergebnisse psychoanalytisch-pädagogischer Beratung

11.1. Veränderte Haltungen

Wir versuchen, wie gesagt, mit unseren Bemühungen, die pädagogisch problematischen Haltungen der Eltern von ihrer Abwehrfunktion zu befreien. Dadurch sollen sie dem rationalen Diskurs wieder zugänglich werden. Im Grunde ist das in den meisten Fällen jedoch eine fast zu bescheidene Formulierung. Unsere Weise der aufklärenden Gespräche schafft nämlich zumeist nicht nur die Voraussetzung für eine (spätere) Veränderung elterlichen Verhaltens, sondern hat an sich bereits, mitunter nur geringfügig scheinende, Modifikationen der ursprünglichen Haltungen zur Folge, die jedoch von eminenter praktischer

---

[15] Vgl. das Fallbeispiel in Figdor 1991, 179 ff.

Relevanz sein können. Einige der wichtigsten Modifikationen möchte ich in diesem abschließenden Abschnitt beschreiben.

a) Die Milderung der Spaltung

Wie oben beschrieben, ermöglicht Spaltung vor allem den Trennungsentschluß und/oder die Abwehr von schweren Kränkungen, rationalisiert Aggressionen, erleichtert die Abwehr der Schuldgefühle durch Projektion auf den Partner und wird durch die Ängste, die Liebe des Kindes an den Partner zu verlieren, verstärkt. Das Verständnis der „aufgeklärten Eltern" für die Ambivalenz von Autonomie- und Abhängigkeitsbedürfnissen, die positive Übertragung und die Enttabuisierung narzißtischer Strebungen, die es erlaubt, über Kränkung zu reden, das Bewußtmachen von Aggressionen und Schuldgefühlen und die Minderung der Liebesverlustängste nimmt folgerichtig der Spaltung zentrale unbewußte Motive, wodurch sie gemildert, manchmal sogar aufgehoben wird. Beeindruckend formulierte das eine Mutter mit folgenden Worten:

„Ich sag Ihnen ganz ehrlich, ich halte es kaum aus, daß mein Martin seinen Vater so anhimmelt. Am liebsten wär es mir, er würde vom Erdboden verschwinden, und wir hätten nur mehr uns drei. Aber (mit Seufzen) ich verstehe schon, er braucht eben seinen Vater, und es wird mir – und meinem Freund – wohl nichts anderes übrig bleiben, als in diesen sauren Apfel zu beißen. Hoffentlich schaff ich es – helfen Sie uns dabei?"

Da wußte ich, das Wichtigste ist für dieses Kind, für diese Familie geschafft. Jetzt war der Raum frei für u.U. ganz konkrete Rat- und Vorschläge.

b) Die „Packerln" tragen können

Die Rede dieser Mutter zeigt uns auch, daß sie bereit und fähig ist, ihr „Packerl" der Scheidung zu akzeptieren. Ist den Eltern einmal klargeworden, daß sie um dieses „Erbe" der Scheidung nicht herumkommen, werden automatisch die Strategien hinfällig, sich dieses Erbes zu entledigen: die Geschichte (mit dem Vater) ungeschehen machen bzw. sich die einstige Macht in der Familie erhalten zu wollen u.ä.m.

c) Von der Hoffnung, es würde den Kindern nichts ausmachen, zur Erwartung von Scheidungsreaktionen

Diese Haltungsänderung erübrigt die Verleugnung der Scheidungsreaktionen und Beschuldigungen des Ex-Partners, wodurch die Erlebnisreaktionen der Kinder eine weit größere Chance haben, richtig beantwortet zu werden bzw. die Spannungen zum Ex-Partner sich verringern können.

d) Die Aggressionen der Kinder verstehen, akzeptieren und entschuldigen können

Müssen die Scheidungsreaktionen der Kinder nicht mehr verleugnet werden und verstehen die Eltern die Ambivalenz von Liebesbeziehungen, so daß Aggressionen nicht mehr mit Liebesverlust gleichgesetzt werden, verringert sich auch die Verwundbarkeit durch Zorn-, Wut- und Haßreaktionen des Kindes. Zugleich hilft das den Eltern, vor ihrer eigenen Wut gegen die Kinder nicht allzu sehr zu erschrecken. Wird sie bewußt ausgehalten, kann sie auch kontrolliert werden.

e) Vom Gefühl der Ohnmacht zum Gefühl, herausgefordert zu sein

Wenn es gelungen ist, durch unsere Hinweise und Mitteilungen die Eltern zur Einsicht zu bringen, daß die Scheidung eine Krise für alle Beteiligten ist, ja vielleicht sogar eine der größten Krisen, die sich im Laufe des Lebens einstellen können, kommt es normalerweise zu einer Haltungsänderung gegenüber den eigenen Fähigkeiten. Führte angesichts der sich einstellenden Probleme (z.B. mit dem Kind) die Verleugnung der Krise zu Gefühlen der Ohnmacht und Unfähigkeit, kann es nun sein, daß der/die Betreffende eine Art „Jetzt-erst-recht-Haltung" entwickelt, d.h. sich herausgefordert fühlt, es trotz aller widrigen Umstände doch zu schaffen, das Richtige zu tun.

f) „Verantwortete Schuld"

Zum Schluß meiner Darlegungen komme ich auf jene Haltung zu sprechen, die zwar nicht alle (genannten und nicht genannten) Einstellungsmodifikationen umfaßt, aber doch so etwas wie einen Angelpunkt der psychoanalytisch-pädagogischen Beratung darstellt. Ich habe sie „Verantwortete Schuld" genannt, und ich kann mich an keine Beratung der letzten Jahre erinnern, in der die Haltung bzw. die Fähigkeit zur „Verantworteten Schuld" nicht eine zentrale Rolle gespielt hätte. Was darunter zu verstehen ist, habe ich oben, im Zuge des aufklärenden Umgangs mit Schuldgefühlen, bereits ausführlich dargelegt. Worum es dabei geht,

- ist die Fähigkeit, ertragen zu können, am Schmerz unserer Kinder schuld zu sein;
- was mir aber dadurch möglich (erleichtert) wird, ist, daß ich diese Schuld (pädagogisch) verantworten kann, weil meine entsprechenden Handlungen erstens unumgänglich waren und zweitens dem Kind – bei allem aktuellen Schmerz – neue Entwicklungschancen (wieder)eröffnen;
- wodurch ich die innere Freiheit gewinne, (als Schuldiger) mein Kind

zu trösten, ihm zu helfen, verursachtes Leid wiedergutzumachen. Der „Verantworteten Schuld" kommt deshalb der zentrale Stellenwert eines Angelpunktes für alle erzielten Veränderungen zu, weil sie im Zusammenhang fast aller Einstellungsveränderungen eine Rolle spielt: Gelingt es nämlich, sich den eigenen Schuldgefühlen bewußt zu stellen, entlastet das die aggressiv-paranoide Spaltung; erspart die Verleugnung der Scheidungsreaktionen, ja der Krise überhaupt; erhöht Sensibilität und Empathie gegenüber den Kindern; führt dazu, daß man die Aggressionen der Kinder eher akzeptieren kann; führt zum Bemühen um „Wiedergutmachung" und in diesem Zusammenhang zu einer größeren Bereitschaft, die Beziehung des Kindes zum anderen Elternteil (ungestört) zuzulassen; macht irrationale Schuldzuweisungen unnötig, wodurch auch die eigene Beziehung zum Ex-Partner entlastet wird, was als Konsequenz u.a. die Loyalitätskonflikte der Kinder entlastet usw.

Gegenüber den Eltern ist die Erklärung dessen, was ich unter „Verantworteter Schuld" verstehe, nicht allzu schwierig und führt in fast allen Fällen zu einer augenblicklichen Entlastung der Mutter/des Vaters. Bereits in der darauffolgenden Stunde hören wir zumeist, daß diese spontane Entlastung begonnen hat, sich auf die gesamte familiäre Situation auszudehnen.[16]

11.2. Jenseits der „Aufklärung"

Mit der psychoanalytisch-pädagogischen „Aufklärung" ist die Beratung natürlich noch nicht zu Ende. Was nun jedoch folgt, ist Routine: Wie informiere ich die Kinder über die bevorstehende Trennung? Wie arrangieren wir den Auszug? Wie ist die schwierige Situation der „Übergabe" an den Besuchswochenenden zu gestalten? Wie helfe ich dem Kind beim Ausdrücken der Erlebnisreaktionen (Wut, Trauer, Ängste, Schuldgefühle, Scham, Loyalitätskonflikte, Regression) bzw. wie kann ich hilfreich reagieren? Welches Besuchsarrangement ist günstig? Wie gestalte ich – nun ohne die Anwesenheit des anderen Elternteils – meine „Nach-Scheidungs-Beziehung" zum Kind? usw. Ferner wird es um Fragen praktischer Lebenshilfe gehen: die Gestaltung des Lebens zwischen der Identität als Mutter/Vater auf der einen und als

---

16 Die „Verantwortete Schuld" ist eine Haltung, deren praktische pädagogische Relevanz weit über die Probleme der Eltern im Umgang mit Scheidung hinausreicht. Es handelt sich m.E. um ein Konzept, das den Kern einer künftigen (neuen) psychoanalytisch-pädagogischen Erziehungslehre bilden könnte – insbesondere was den Umgang der Erzieher mit den Bedürfnissen des Kindes und mit Grenzen anlangt.

Frau/Mann auf der anderen Seite; die Organisation zusätzlicher, stützender Hilfe für das Kind; der Umgang mit schulischen Problemen usf.

Natürlich fordern auch diese Fragen unsere Kompetenz heraus, auch kann eine psychoanalytisch geleitete Reflexion bei der Beantwortung dieser Fragen im konkreten Fall viel beitragen.[17]

Es handelt sich dabei jedoch um Inhalte und nicht um Probleme der methodischen Gestaltung der Elternberatung. Denn die Vermittlung diesbezüglicher Vor- und Ratschläge macht nach der erreichten Veränderung der ursprünglichen, durch unbewußte Abwehr gestützen (un)pädagogischen Haltungen, keine unüberwindlichen Schwierigkeiten mehr. Ebenso können wir nun mit der Bereitschaft der Eltern rechnen, unseren Vor- und Ratschlägen zu folgen.

Man darf freilich nicht unerwähnt lassen, daß es einzelne Fälle gibt, bei welchen sich herausstellt, daß das Aufbrechen der „äußeren Hülle" der Abwehr nicht ausreicht, um diese Bereitschaft auch in verändertes Handeln umzusetzen. Es sind dies Eltern, deren Handlungsflexibilität trotz „Aufklärung" an die Grenzen ihrer spezifischen neurotischen Organisation stößt. Eine solche Mutter mag z.B. bereit sein, sich den Wutanfällen ihres Kindes zu stellen, muß jedoch erfahren, daß sie trotz Verstehens und trotz Eingeständnisses ihrer (verantwortbaren) Schuld in solchen Situationen ihrerseits so große und unbeherrschbare Wut entwickelt, daß alle vernunftgeleiteten Vorsätze auf der Strecke bleiben. Hier nun ist allerdings ein Stück psychoanalytisch-therapeutisches Arbeiten indiziert. Das muß gar keine elaborierte Therapie sein, oft genügt eine fokussierte therapeutische Intervention von wenigen Stunden. Bei besagter Mutter etwa stellte sich heraus, daß sie Erfahrungen aus ihrer eigenen Kindheit mit einer offenbar recht sadistischen Großmutter, bei welcher sie aufwuchs, unbewußt in die Beziehung zum eigenen Kind übertrug. Sollte der Berater über keine psychoanalytische Ausbildung i.e.S. verfügen, müßte er der Mutter empfehlen, zusätzlich therapeutische Hilfe in Anspruch zu nehmen.

Doch auch in jenen Fällen hat die psychoanalytisch-pädagogische Beratung sehr viel geleistet, indem die Mutter ihr neurotisches Versagen nicht mehr mit „pädagogischen" Anschauungen, Schuldzuweisungen, Situationseinschätzungen u.a.m. rationalisiert, sondern erkennen kann, daß ihr Versagen Symptomcharakter i.e.S. hat. Das eigene Verhalten und Denken wird ichdyston, was die Voraussetzung dafür ist,

---

[17] Überlegungen zu dieser und anderen praktischen Fragen habe ich an anderer Stelle angestellt (Figdor 1991).

therapeutische Schritte zu erwägen. Vielleicht können wir dann schon kurze Zeit später mit der inhaltlichen pädagogischen Beratung fortfahren.

Literatur

Ayalon, O. und Flasher, A.
1987   Chain Reaction. Children and Divorce. London/Bristol 1993
Figdor, H.
1991   Kinder aus geschiedenen Ehen. Zwischen Trauma und Hoffnung. Mainz [4]1994
Freud, S.
1937   Die endliche und die unendliche Analyse. Stud.A./Erg.-Bd. Frankfurt/M. 1975
Janata, A.
1992   Höhere Weihen der Misogynie. In: Düriegl, G. und S. Winkler (Hg.): Freimaurer. Solange die Welt besteht. Wien (Eigenverl. d. Museen der Stadt Wien) 1992
Kavanagh, J.A.
1989   Rainbows for all God's Children: A Case Study. Loyola Univ. of Chicago
Menne, K., Schilling, H. und Weber, M. (Hg.)
1993   Kinder im Scheidungskonflikt. Beratung von Kindern und Eltern bei Trennung und Scheidung. Weinheim, München
Muck, M. und Trescher, H.-G. (Hg.)
1993   Grundlagen der Psychoanalytischen Pädagogik. Mainz
Napp-Peters, A.
1985   Ein-Elternteil-Familien. Soziale Randgruppe oder neues familiales Selbstverständnis? Weinheim-München [2]1987
Pedro-Caroll, J.L. und Cowen, E.L.
1985   The Children of Divorce Intervention Program. J. of Consulting and Clinical Psychology 53, 603-611
Proksch, R.
1993   Vermittlung. Verwirklichung von Elternrecht und Kindeswohl durch Vermittlung. In: Menne, K., Schilling, H. und Weber, M. Weinheim, München 1993
Rudeck, R.
1993   Kindergruppenarbeit im Feld Trennung und Scheidung. In: Menne, K., Schilling, H. und Weber, M. Weinheim, München 1993
Schmitz, H. und Schulte, S.
1993   Gruppenintervention für Kinder aus Trennungsfamilien. Köln (unv. Diplomarbeit)
Winnicott, D.W.
1971   Vom Spiel zur Kreativität. Stuttgart, 2. dt. Aufl., 1979

Die Autoren und Autorinnen

Rosemarie Nave-Herz, Prof. Dr., Studium der Soziologie, Wirtschaftswissenschaften und Germanistik an der Universität Köln; 1963 Promotion (Hauptfach: Soziologie); 1965 bis 1967 wissenschaftliche Mitarbeiterin am Max-Planck-Institut für Bildungsforschung, Berlin; 1967 bis 1971 Hochschuldozentin; 1971 bis 1974 Lehrstuhl für Soziologie/ Universität Köln; seit Wintersemester 1974/75 Professur für Soziologie mit dem Schwerpunkt Familie, Jugend und Freizeit an der Universität Oldenburg; Frühjahr- und Sommersemester 1985 Gastprofessur an der University of Sussex/England.

Ulrike Prokop, Professorin am Fachbereich Erziehungswissenschaften der Philipps-Universität Marburg. Veröffentlichungsschwerpunkt: Geschlechterverhältnisse in soziologischer, psychoanalytischer und historischer Perspektive.

Felicitas Weis, Dipl.Päd., ist Psychotherapeutin und Gruppenanalytikerin in freier Praxis in Frankfurt am Main. Neben dem besonderen Interesse an der Arbeit mit Paaren sind Jugendlichen-Psychotherapie im Heimbereich sowie Supervision und Leitungsberatung in Heimen und Kindergärten weitere Schwerpunkte.

Bärbel Bauers, M.A., Studium der Pädagogik, Analytische Kinder- und Jugendlichenpsychotherapeutin und analytische Familientherapeutin in Teilzeitpraxis. Als Psychotherapeutin tätig in der Ärztlich-Psychologischen Beratungsstelle für Studierende der Universität Göttingen, Abteilung Psychosomatik und Psychotherapie.

Karin Flaake, Dr. phil., Hochschullehrerin am Psychologischen Institut der F.U. in Berlin. 1982–1986 Ausbildung zur Gruppenanalytikerin in Heidelberg, Institut für Gruppenanalyse. 1975–1987 Mitarbeiterin am Institut für Sozialforschung Frankfurt. Schwerpunkt: Interpretation von Interviews mit Verfahren tiefenhermeneutischer Textinterpretation. Mitarbeit an einem Forschungsprojekt über das Verhältnis von Beruf und Identität bei Lehrerinnen und Lehrern. Besonderes Interesse: psychoanalytische Erklärungsansätze zu Problemen weiblicher Identität und des Geschlechterverhältnisses.

Annelinde Eggert-Schmid Noerr, Dr. phil., Dipl.-Päd., Gruppenanalytikerin. Psychotherapeutin und Supervisorin in freier Praxis. Vostandsmitglied des Frankfurter Arbeitskreises für Psychoanalytische Pädagogik und des Instituts für Gruppenanalyse in Heidelberg, Lehrbeauftragte der Universität Frankfurt und der Fachhochschule Darmstadt. Veröffentlichungsschwerpunkte: Geschlechtsspezifische Sozialisation, Randgruppenproblematik und soziale Berufe.

Heinz Krebs, geb. 1953, Dr.phil., Dipl.-Päd., Psychoanalytischer Pädagoge; Mitarbeiter einer Erziehungsberatungsstelle sowie Tätigkeit in freier Praxis mit den Schwerpunkten der psychoanalytisch-pädagogischen Arbeit mit Heranwachsenden, Elternberatung, Supervision, Fortbildung; Veröffentlichungen zu den Fachgebieten; Lehrbeauftragter an der EFH Darmstadt; Vorstandsmitglied (Weiterbildung) des Frankfurter Arbeitskreises für Psychoanalytische Pädagogik e.V.

Helmuth Figdor, geb. 1948, Dr. phil, Psychoanalytiker, analytischer Kinderpsychotherapeut, psychoanalytisch-pädagogischer Erziehungsberater. Lehrbeauftragter am Institut für Sonder- und Heilpädagogik der Universität Wien. Wissenschaftlicher Mitarbeiter der Sigmund Freud-Gesellschaft Wien. Zahlreiche Veröffentlichungen, insbesondere zur Theorie und Praxis Psychoanalytischer Pädagogik.

Die HerausgeberInnen

Annelinde Eggert-Schmid Noerr, Dr. phil., Dipl.-Päd., Gruppenanalytikerin. Psychotherapeutin und Supervisorin in freier Praxis. Vostandsmitglied des Frankfurter Arbeitskreises für Psychoanalytische Pädagogik und des Instituts für Gruppenanalyse in Heidelberg, Lehrbeauftragte der Universität Frankfurt und der Fachhochschule Darmstadt. Veröffentlichungsschwerpunkte: Geschlechtsspezifische Sozialisation, Randgruppenproblematik und soziale Berufe.

Volker Hirmke-Wessels, geb. 1949, Diplompädagoge, arbeitet als Psychotherapeut und Supervisor in freier Praxis in Frankfurt/M. Schwerpunkte sind die Arbeit mit Kindern und Jugendlichen sowie Supervision und Fortbildung im Kindertagesstätten- und Schulbereich. Freier Mitarbeiter am Hessischen Institut für Lehrerfortbildung, Vorstandsmitglied des Frankfurter Arbeitskreises für Psychoanalytische Pädagogik e.V.

Heinz Krebs, geb. 1953, Dr.phil., Dipl.-Päd., Psychoanalytischer Pädagoge; Mitarbeiter einer Erziehungsberatungsstelle sowie Tätigkeit in freier Praxis mit den Schwerpunkten der psychoanalytisch-pädagogischen Arbeit mit Heranwachsenden, Elternberatung, Supervision, Fortbildung; Veröffentlichungen zu den Fachgebieten; Lehrbeauftragter an der EFH Darmstadt; Vorstandsmitglied (Weiterbildung) des Frankfurter Arbeitskreises für Psychoanalytische Pädagogik e.V.

Bücher für die Beratungsarbeit

Helmuth Figdor
Kinder aus geschiedenen Ehen: Zwischen Trauma und Hoffnung
Eine psychoanalytische Studie
Reihe Psychoanalytische Pädagogik, Band 6
4. Auflage. 246 Seiten. Kartoniert

In einer auf dem Gebiet der Scheidungsforschung bislang raren, überaus differenzierenden und abwägenden Betrachtungsweise des psychischen Scheidungsgeschehens ist es Helmuth Figdor gelungen, seine Erfahrungen festzuhalten und in ein theoretisches Konzept einzupassen, das eben gerade nicht theoretischen Ansprüchen dient, sondern von praktischer Relevanz ist. Figdors Buch hilft, kindliche Scheidungsreaktionen zu verstehen, zu verstehen im je konkreten Fall. Seine gesammelten Gedanken sind überaus anregend und in der beraterischen Praxis von hohem Nutzen.
Informationen für Erziehungsberatungsstellen

Monika Jonas
Trauer und Autonomie bei Müttern schwerstbehinderter Kinder
Ein feministischer Beitrag
Reihe Psychoanalytische Pädagogik, Band 3
4. Auflage. 160 Seiten. Kartoniert

„Immer stand die Förderung behinderter Kinder im Mittelpunkt des Interesses, ohne daß die einzelnen Personen einer Familie in ihrem Erleben wahrgenommen wurden, und wenn, dann nur unter dem Gesichtspunkt, wie sich ein bestimmtes Verhalten ändern läßt, um die Förderung noch erfolgreicher zu machen. Diese Ignoranz macht mich zornig, denn in meiner täglichen Arbeit in der Frühberatung erfuhr ich von einer anderen Realität, nämlich der Realität der Mütter." – Aufgrund dieser Erfahrung rückt die Autorin das subjektive Erleben der Mütter schwerstbehinderter Kinder in den Mittelpunkt, um die psychosoziale Situation dieser Frauen sichtbar und verstehbar zu machen. Um den Müttern Freiräume für ihre autonome Entwicklung und soziale Integration zu schaffen, fordert sie eine Neuorientierung der Frühförderung
Soziale Arbeit

Matthias-Grünewald-Verlag